职业教育市场营销专业精品教材

门店运营实务

主　编　曾洁贤　高翠英
副主编　章诗颖　艾　丹　李庆振

電子工業出版社
Publishing House of Electronics Industry
北京 • BEIJING

内 容 简 介

本教材共8个项目23个任务，内容包括门店零售业态与职业岗位角色认知、门店创办准备、门店日常作业管理、门店促销管理、顾客管理、人事管理、财务管理、安全管理。本教材中的各项目和任务均按照由简单到复杂、由单一到综合的逻辑关系编排，基本涵盖门店运营实践中经常用到的知识，充分体现了“工学结合、任务驱动”的教学理念，着重培养学生的职业岗位实践能力。另外，本教材为部分重点、难点知识配备了精美的微课，把“互联网+”思维融入到教材中，以二维码的形式加以展现，采用线上和线下相结合的教学方式，使学生可充分利用智能手机等信息化学习手段，激发学习兴趣，提高学习效率，是一本有趣的、实用的、操作性强的理实一体化教材。

本教材配有教学资料包，有需要的教师可以登录华信教育资源网（www.hxedu.com.cn）免费下载。

本教材适合作为职业院校市场营销及相关专业教材，也可供相关从业者作为参考用书。

图书在版编目（CIP）数据

门店运营实务 / 曾洁贤，高翠英主编. —北京：电子工业出版社，2020.8
ISBN 978-7-121-39400-3

Ⅰ. ①门… Ⅱ. ①曾… ②高… Ⅲ. ①商店－运营管理－中等专业学校－教材 Ⅳ. ①F717

中国版本图书馆 CIP 数据核字（2020）第 150652 号

责任编辑：陈　虹
印　　刷：北京捷迅佳彩印刷有限公司
装　　订：北京捷迅佳彩印刷有限公司
出版发行：电子工业出版社
　　　　　北京市海淀区万寿路 173 信箱　邮编 100036
开　　本：787×1 092　1/16　印张：14.5　字数：371.2 千字
版　　次：2020 年 8 月第 1 版
印　　次：2025 年 7 月第 5 次印刷
定　　价：39.50 元

凡所购买电子工业出版社图书有缺损问题，请向购买书店调换。若书店售缺，请与本社发行部联系，联系及邮购电话：（010）88254888，88258888。

质量投诉请发邮件至 zlts@phei.com.cn，盗版侵权举报请发邮件至 dbqq@phei.com.cn。

本书咨询联系方式：chitty@phei.com.cn。

前　　言

随着服务业的兴起，门店购物已成为现代人快节奏生活的方式之一。作为门店的员工，最大化地满足顾客的需求是其价值的体现。因此，学习如何有效地进行门店运营，更好地满足顾客的需求，对门店员工来说是非常重要的。

门店运营是理论与实操并重的一门课程。根据职业教育课程改革的思路与职业学校人才培养目标的要求，职业院校开设门店运营课程，必须做到重过程、重实践、重能力，使职业能力对接职业岗位，教学标准对接职业标准，尽力满足职业院校学生的需要。因此，编者在总结多年教学实践经验的基础上，充分吸收"项目化课程开发"和"典型工作任务导向"的职业教育教学改革成果，按照"适度、够用"的原则，对教材内容进行了基于门店工作流程的整合编写，目的是通过学习门店运营所涉及的各个项目使学生得到系统性的强化训练，确保学生在学完具体项目后能够掌握门店运营所需要的知识，具备日后成为店长所需要的综合能力。

本教材具备以下特点。

1．教材体系贴近岗位工作实际

本教材充分体现了"工学结合、任务驱动、项目导向"的教学理念，以门店运营的职业岗位要求的工作任务和职业能力分析为依据，按照门店运营的流程组织内容，整合成 8 个相互关联的项目，做到了项目内容项目化、项目实施任务化、任务落实情景化，教材体例严谨、逻辑清晰。

2．教学内容简练易懂

区别于传统门店运营教材提供过多的理论性内容，本教材在编写上针对职业院校学生的学习特点，对内容进行了优化，用最简练的文字阐述最核心的概念，运用大量的图片和表格替代大段的文字描述，突出最实用、最具操作性的内容，增加了学习的趣味性，并易于学生理解。

3．学习方式创新展现

本教材融入"互联网+"思维，为一些核心的、操作性强的重要知识点配置了 10 余个微课，以二维码的形式加以展现。通过采用线上和线下相结合的学习方式，学生可充分利用智能手机等信息化教学手段，提升学习兴趣，提高学习效率。

4．教学素材新颖丰富

本教材采用最新的文献资料、数据、案例、图片等教学素材，紧贴时代发展脉搏，注重内容的新颖性，以保持本教材的生命力。

5．知识层面拓宽深入

针对职业院校学生的知识结构特点，本教材增加了知识链接栏目，旨在使学生能够利用课余时间，学习更多相关知识，从而提高其专业素养。

本书的编写人员均为教学一线教师，由佛山市陈登职业技术学校曾洁贤、高翠英担任主编，其中曾洁贤负责全书架构的搭建和统稿。佛山市陈登职业技术学校艾丹、李庆振，珠海市第一中等职业学校章诗颖担任副主编。全书具体编写分工为：项目一由冯莉莉、高翠英编写，项目二由高翠英、李思泳、吴建平、马舒琴、李庆振编写，项目三由李庆振、高翠英、艾丹、曾洁贤编写，项目四由艾丹编写，项目五由章诗颖编写，项目六由黎肖凤、丁文玉编写，项目七由张路秀 、叶维芳编写，项目八由官志恒、梁绮雯编写。

由于编者水平有限，本书难免存在不足和疏漏之处，敬请广大读者批评指正。

编　者

目　　录

项目一　门店零售业态与职业岗位角色认知

项目描述

零售门店是直接面向顾客的经营单位，它既是顾客购物及体验的场所，也是企业参与市场竞争的主战场，主要承担着商品销售和服务职能。零售门店作为专门的销售业务单位，根据企业的要求和服务规范，直接为终端顾客提供产品和服务，创造顾客价值。如果没有门店提供商品和服务，顾客价值和企业利润就无法实现。

本项目共有两个任务，主要介绍门店零售业态与职业岗位角色的基本内容，旨在帮助学生了解目前零售业态的分类及特点，熟悉零售门店各种岗位工作职责和工作流程。

项目目标

知识目标	技能目标
（1）能列举有店铺零售业态与无店铺零售业态的类型。 （2）能解释“新零售”的概念。 （3）能用自己的话说出“新零售”与传统零售的关系与区别。 （4）能区分门店各职业岗位角色的工作职责。 （5）能以思维导图的形式归纳门店各职业岗位的工作流程	（1）能对生活中的各种门店进行归类。 （2）能模仿店长、导购员、理货员、采购员、收银员的角色进行相应岗位工作的训练

任务1　认识门店业态

【工作情景图】

工作情景图如图 1-1 所示。

图 1-1　工作情景图

任务情景

小店也来拥抱新零售

在杭州的"梦想小镇"有一家网红店——"味来家超市"。这家超市是阿里巴巴零售通的用户。每到"双11""618"、年货节等网上购物节时，这家迈入新零售时代的小店就通过零售通，把阿里巴巴电商平台的"天猫爆款"网红商品如"小猪佩奇""三只松鼠"等同步呈现在超市门口的货架上。同时，店内陈设了无人售货机，实现了24小时营业。另外，这家超市还接入了"饿了么"平台，周边顾客可通过"饿了么"平台购买该超市的商品，从而使其经营半径扩展至周边5km。该超市老板小钟说，这个200m^{2}的店的单日营业额超过10万元，平均每位顾客消费达50多元。据了解，这样的小店在全国已经超过130万家，它们或者开设在街头巷尾，或者开设在社区的角落；经营者或者是老人，或者是学历不高的中年人。它们在进入阿里巴巴生态后，轻松开辟了新的生存空间，成为新零售时代的"小确幸"。

一、认识门店零售业态

（一）零售业态的定义

"业态"一词来源于日本。安士敏先生认为："业态是定义为营业的形态，它是形态和效能的统一。形态即形状，它是达成效能的手段。"

一般把"业态"理解为：零售店向确定的顾客群提供确定的商品和服务的具体形态，是零售活动的具体形式。也就是说，业态是指零售店卖给谁、卖什么和如何卖的具体经营形式。

（二）零售业态的分类

零售业态是动态的、发展的概念。随着网络的发展，近年来网上零售的增长速度远超店铺零售，越来越多的顾客开始选择线上消费，传统的零售门店正面临着巨大的挑战。

零售业态可以分为有店铺零售业态和无店铺零售业态两类。

1. 有店铺零售业态

1）有店铺零售业态定义

有店铺零售业态指的是能给顾客提供相对固定的场所和空间，使其完成对所需商品消费的零售业态。

2）有店铺零售业态分类

有店铺零售业态具体有以下几种类型。

（1）食杂店。

食杂店也称为小卖部。主要经营日用品、冷饮、休闲食品及一般的香烟和酒，如图1-2所示。

（2）便利店。

便利店是一种以满足顾客便利性需求为主要目的，主要销售快速周转的便利品的小型商店，如图1-3所示。便利店通常分布在居民区，一周七天长时间营业，经营的品种有限、周转率高。常见的便利店有7-11便利店、全家便利店、喜士多便利店等。其优点主要体现在以下几方面。

① 距离的便利性：便利店与超市相比，在距离上更靠近顾客，一般情况下，步行 5～10 分钟便可到达。

② 购物的便利性：便利店商品突出的特性是即时性消费、小容量、急需性等。与超市相比，便利店的卖场面积小（50～200m^2），商品种类少（超市商品通常在 2000～3000 种之间），商品陈列简单明了，货架低，从而使顾客能在最短的时间内找到所需的商品。另外，便利店实行进出口同一的服务台收款方式，避免了超市结账排队的现象。据统计，顾客从进入便利店到付款结束平均只需三分钟。

③ 时间的便利性：一般便利店一天内营业 16～24 小时，且全年无休，所以有的学者称便利店为顾客提供的购物服务是“Any Time”式。

④ 服务的便利性：很多便利店将其塑造成社区服务中心，努力为顾客提供多层次的服务，如速递、存取款、发传真、复印、代收公用事业费、代售邮票、代订车票和飞机票、代冲胶卷等。顾客对购物便利的追求是社会发展的大趋势，这就决定了便利店具有强大的生命力和竞争力。

图 1-2　食杂店

图 1-3　便利店

（3）折扣店。

折扣店出售价格低、利润低、销量大的标准商品。其很重要的一点是降低成本，在商品的品种选择上也必须符合当地顾客的消费情况，同时针对周边竞争对手的情况，做出商品结构的调整。折扣店常常分为品牌折扣店和非品牌折扣店。

① 品牌折扣店。

品牌折扣店对于年轻人来说更具吸引力，适合开设在一些城市的闹市区和商业中心。随着国内居民消费水平的提高，顾客的品牌消费意识逐渐增强，但由于自身的经济能力有限，他们直接到大商场或高级专卖店购物难免囊中羞涩，到街边市场购买名牌又怕真假难辨。折扣店的出现使这些问题迎刃而解，从而满足了部分顾客对名牌商品的购买需求。

② 非品牌折扣店。

非品牌折扣店既适合开设在城市居民区，又适合向中小城市和农村市场拓展。非品牌折扣店其实有点类似于现在国内的传统食品杂货店，除低价销售这个共同特点外，其销售方式也相似。可以说非品牌折扣店是几个传统杂货店面积的相加。但两者最根本的区别是进货渠道不同。非品牌折扣店更多是直接从厂家进货和生产自有品牌，因此商品价格更低，而国内传统食品杂货店一般都是从一些批发商处进货，而且目前批发行业的混乱状况也导致杂货店商品质量无法得到保证。

（4）超市。

超市一般指商品开放陈列、顾客自我选购、排队收银结算，以经营生鲜食品、日杂用品为主的商店，是一种顾客自助选购、统一收银结算的零售企业。

超市一般以经销食品和日用品为主，其特点主要是：①薄利多销，基本上经营中低档商品；②商品采用小包装形式，标明分量、规格和价格；③备有小车或货筐，顾客自选商品；④出门一次结算付款。

（5）大型综合超市。

大型综合超市是采取自选销售方式，以销售大众化实用品为主，并将超市和折扣店的经营优势结合为一体的品种齐全且可满足顾客一次性购齐的零售业态。根据商品结构，大型综合超市可以分为以经营食品为主的大型综合超市和以经营日用品为主的大型综合超市。目前，比较知名的大型综合超市有好又多、大润发、沃尔玛、家乐福等。

（6）仓储会员店。

仓储会员店又称仓储式超市，它以会员制为基础，在庞大却相对简陋的仓库式设施中经营，只提供很少的附加服务。其主要客户对象为小型零售商、批发商或职业购买客户，通常不提供送货服务。如我国的吉林万佳福仓储超市（如图 1-4 所示）、武汉中百仓储超市（如图 1-5 所示）等。

图 1-4　吉林万佳福仓储超市

图 1-5　武汉中百仓储超市

（7）百货商店。

百货商店指在一个大的建筑物内，根据不同的商品设立销售区，开展订货、管理、营运，满足顾客对时尚商品多样化选择需求的零售业态。如北京新光天地（如图 1-6 所示）、广州广百百货（如图 1-7 所示）等。

图 1-6　北京新光天地

图 1-7　广州广百百货

百货商店与超市的本质区别有以下几点。

① 所经营商品定位不同：百货商店主要经营耐用品，商品档次以中高档为主。超市主要经营快速消费品、生活必需品，商品档次以中低档为主。

② 盈利模式不同：百货商店向管理要效益，即主要通过租赁场地获取利润。超市则是向采购要效益，即通过扩大销售量来获取利润。

③ 百货商店导购尤为重要，以专业的导购引导消费，结算时分别结账。超市以顾客自选为主，除需要外，一般实施“无打扰服务”，结算时采取集中一次性付款方式。

（8）专业店。

专业店是以专门经营某一大类商品为主的零售业态。如办公用品专业店、玩具专业店、家电专业店、药品专业店、服饰店等。

专业店的特点有以下几点。

① 选址多样化，多数店设在繁华商业区、商店街或百货店、购物中心内；

② 营业面积根据主营商品特点而定；

③ 商品结构体现专业性、深度性，品种丰富，选择余地大，主营商品占经营商品的90%；

④ 经营的商品、品牌具有自己的特色；

⑤ 采取定价销售和开架销售模式；

⑥ 从业人员需具备丰富的专业知识。

（9）专卖店。

专卖店是指专门经营或被授权经营某一主要品牌商品为主，以适应顾客对品牌选择需求的零售业态。例如，服装行业的李宁、耐克、佐丹奴等专卖店，电器行业的海尔、格力、TCL 等专卖店，汽车行业的本田、丰田、宝马等专卖店。专卖店必须有品牌商品支撑，装修要别具一格，它是公司品牌、形象、文化的窗口，有利于公司品牌的进一步提升。

知识链接

专业店与专卖店的比较

相同点为：（1）两者都是一种零售业态；（2）两者都注重树立品牌形象；（3）两者都是采用定价销售和开架销售模式。

不同点为：（1）专业店是销售同类产品中的不同品牌，一个专业店里有多个品牌，而一个专卖店只销售同类产品中的一个品牌；（2）专业店的店铺面积一般比较大，而专卖店的店铺面积比较小。

（10）购物中心。

购物中心是指一群建筑，是组合在一起的商业设施，按商圈确定其位置、规模，将多种店铺作为一个整体来计划、开发和经营，并且拥有一定规模的停车场。它是多种零售店铺、服务设施集中在由企业有计划地开发、管理的一种建筑物内或一个区域内，向顾客提供综合性服务的商业集合体。购物中心是服务功能齐全，集零售、餐饮、娱乐、休闲为一体的零售业态。购物中心分为以下几类。

① 社区购物中心：常建在城市的区域商业中心，面积在 5 万 m^2 以内。

② 市区购物中心：常建在城市的商业中心，面积在 10 万 m^2 以内。

③ 城郊购物中心：常建在城市的郊区，面积在 10 万 m^2 以内。

2. 无店铺零售业态

（1）无店铺零售业态定义。

广义的无店铺零售业态是与有店铺零售业态相对应的概念，是指经销商不通过店铺而直接向顾客销售商品和提供服务的零售业态。无店铺零售业态是现代市场营销的重要形式之一，其与各种类型的有店铺零售业态之间有着运作流程和管理方式上的巨大差异。无店铺零售业态在信息技术迅猛发展的今天具有良好的发展前景和深远的经济意义。

（2）无店铺零售业态分类。

继仓储会员店、大型综合超市、便利店之后，无店铺零售业态成为国内零售市场上新的关注热点。它主要分为以下五种形式。

① 电视直销。

电视直销是以电视作为向顾客进行商品推介展示的渠道，并取得订单的零售业态。电视直销主要有两种形式：电视直销广告和互动电视广告。

电视直销广告是经销商买下电视节目的一个时段，然后在该时段里介绍产品并劝说人们购买，一般会向顾客提供一个免费的订购电话号码或网站、二维码。

互动电视广告是一种较新的电视直销广告形式，它可以让观众与电视节目进行互动。互动电视广告可为营销人员提供一个以互动、参与度更高的方式接触目标受众的机会，顾客可以使用他们的电视遥控器、手机或其他设备来获取更多的信息或直接通过电视广告购买商品。

② 邮购。

邮购是以邮寄商品目录为主向顾客进行商品推介展示的渠道，并通过邮寄等方式将商品送达给顾客的零售业态。这种方式可以节省顾客的往返时间和费用，便于顾客远距离购买商品。如成立于 1996 年的上海麦考林国际邮购有限公司，是中国第一家获得政府批准的从事邮购业务的三资企业。该公司主要经营服装、首饰、家居用品、健康用品、宠物用品等多种商品，邮购业务覆盖全国。现今，由于网上商店的出现，邮购方式已不常见。

③ 网上商店销售。

网上商店销售是通过互联网络进行买卖活动的零售业态。网上商店又称“虚拟商店”、电商平台，是电子零售商业的典型组织形式。网上商店是开设在互联网上的店面，是一个可以让顾客通过家里的计算机购物，商家既可以售卖产品或服务，又可以缩减维护实际店面管理成本的地方。常见的网上商店有：淘宝、天猫商城、京东商城、苏宁易购、腾讯电商、唯品会、亚马逊中国、拼多多等。

④ 电话销售。

电话销售是一种主要通过电话完成销售或购买活动的一种零售业态。设计得当、定位准确的电话销售会带来很多好处，包括方便的购买过程及更丰富的产品和服务信息。但是，如果电话销售活动过于频繁，会容易让顾客感到非常困扰。

⑤ 社交媒体营销。

社交媒体营销是利用社会化网络、在线社区、博客、百科或其他互联网协作平台和媒体来传播和发布资讯，从而形成的营销、公共关系处理和客户关系服务维护及开拓的零售业态。中国社交媒体经过多年的发展，类别呈现多样性，主要有论坛社区、社交网站、微博、微信、博客等类型。社交媒体营销可以在任何时间、任何地点为客户提供关于品牌时间和活动相关的内容。对比昂贵的传统媒体，社交媒体的投资回报率通常会比较高。

二、新零售

2016 年 10 月，当时的阿里巴巴集团董事局主席马云在杭州云栖大会上，提出了影响未来发展的“五个新”，即新零售、新制造、新金融、新技术、新能源，并将 2017 年定义为阿里启动“五新”元年，此举备受关注。此后，“新零售”很快成为一个业界新词并被广为传播，很多企业家、学者和媒体对其热议不断。关于“新零售”的新商业发展模式，马云称：未来 30 年单纯的线上电商将消失，取代它的，将是线上、线下、物流相融的“新零售”。

（一）“新零售”的概念

新零售，即企业以互联网为依托，通过运用大数据、人工智能等先进技术手段并运用心理学知识，对商品的生产、流通与销售过程进行升级改造，进而重塑业态结构与生态圈，并对线上服务、线下体验及现代物流进行深度融合的零售新模式。

“新零售”的核心意义在于推动线上与线下的一体化进程，其关键在于使线上的互联网力量和线下的实体店终端形成真正意义上的合力，从而完成电商平台和实体零售店面在商业维度上的优化升级。同时，新零售将促成价格消费时代向价值消费时代的全面转型。

（二）“新零售”模式的特点

结合马云及阿里研究院的观点，“新零售”可以定义为一种以互联网技术为手段，线上线下、物流相融合，以实现全渠道售卖和顾客运营的全新零售模式。“新零售”模式主要有以下特点。

1．渠道一体化

渠道一体化即多渠道深度协同，融合成“全渠道”。当今，顾客已经可以实现想买就买的愿望，他们随时随地出现在实体门店、淘宝或京东电商平台、美团等外卖平台、微店及网红直播频道等各种零售渠道。在新零售时代下，零售商不仅要打造多种形态的销售场所，还必须实现多渠道销售场景的深度融合，这样才能满足顾客想买就买的需求。

2．经营数字化

当今商业变革的目标就是一切在线。新零售以大数据、智能服务为依托，通过把顾客的各种行为搬到线上去，深度分析用户行为，实现商品精准推送，改造买卖方式，构建多样化零售场景。商家通过沉淀商品、会员、营销、交易等零售数据，实现真正的数字化管理，提升管理效率。

3．门店智能化

大数据时代，一切皆智能是必然的趋势。为了提升经营效率，增强顾客体验感，商家可在实体店中引入智能触屏、智能货架、电子价签、智能收银系统、人脸识别、客流统计、VR、直播等物联设备，增强卖场体验感，提升购物便捷性。

4．商品共享化

在新零售时代下，商家通过线上平台对实体店铺进行品类管理优化，重新组建商品共享联盟，参与商品共享体系，售卖现货、预售货、其他商家商品等多样化商品，再结合现代物流，从而去库存，降成本。

5. 物流智能化

传统零售只能到店消费，现取现卖，新零售使得顾客可以全天候、全渠道、全时段都能买到商品，并能实现到店自提、同城配送、快递配送等。这就提高了配送要求，需要对接第三方智能配送、物流体系，以此缩短配送周期，减少库存量。

（三）"新零售"与传统零售的关系与区别

"新零售"是在传统零售的基础上发展而来的，它正是针对传统零售的困境和弊端寻找新的出路而出现的互联网时期的新生事物。具体来说，"新零售"其实就是要以基于互联网的新型零售业态的发展带动传统实体零售业发展，将互联网新技术融入传统实体零售，从而重新振兴传统实体零售业，同时使互联网零售业获得新的增长点。新旧零售业相互促进与融合，并与源头的制造业在信息和服务方面互联互通，可以更好地促进流通经济良性发展。

新零售与传统实体零售之间存在明显的区别，具体表现在以下几个方面。

（1）经营范围方面。经营范围包括顾客地域范围及产品经营范围。传统零售较多地受到物理空间的限制，经营范围相对较窄，店铺选址、商品品类选择及陈列方式等均是影响其发展的关键要素，如实体零售的辐射范围大致在 1～10km；新零售产品展示主要通过图片、文字或多媒体等形式完成，依赖网络和服务器的虚拟容量，同时在物流不受限制的情况下，其产品销售几乎不受物理空间的限制，因此商品丰富程度可以做到极致，如淘宝的一个店面能够面对 5 亿多个消费者，覆盖全国乃至全球市场。

（2）经营灵活性方面。实体零售经营相对缺乏灵活性，其经营时间、商品调整、规模扩张、进入退出等均受较大的限制；新零售突破了时间的限制，原则上顾客 24 小时均可以在网站下单，商品的上架下架、价格等信息调整可以通过后台高效快捷地完成，同时规模扩张和进入退出等也很少受到实体约束。

（3）经营环节方面。实体零售大多构筑在多级代理的基础上，流通环节众多，对产业链上游的把握能力相对较弱，经营成本和产品价格高；新零售可以省去一切不必要的流通环节，缩减经营成本，形成价格优势。

（4）竞争态势方面。传统零售受经营范围的限制，单店的规模经济性相对较弱，企业的规模经济性主要通过连锁体现出来，同一业态内及实体零售不同业态之间的竞争相对较弱；新零售规模经济性明显，同时消费者转换成本低、客户黏性弱、竞争激烈，企业的生产经营很大程度上依赖于规模经济。

（5）消费者成本与体验方面。实体零售消费者除要支付较高的购物价格外，还要支付交通、时间等交易成本，但可以享受购物的娱乐、社交等派生价值，同时场景化特征也更加明显；新零售能够大大节省消费者的购物成本，但在购物体验方面存在短板。

课堂小实训 1-1

北京 7-11 全面介入美团外卖

以前声称不考虑外卖渠道的便利店第一品牌 7-11，如今也妥协了。

现在，北京市所有 7-11 门店已全面接入美团外卖平台，上线的商品数超过 1000 种，但仍低于其线下门店 2000 种商品的数字。而在美团外卖平台上，7-11 的竞争者众多，不仅有全家、罗森等外资便利店，好邻居鲜生活、京东便利店等依赖线上渠道的便利店，还有以家乐福、卜蜂莲花为代表的大卖场。

便利店接入外卖平台早已经不是新鲜事了。2015 年 2 月，全家便利店就在其 1000 多家门店中挑选了大约 280 家与百度外卖合作；2016 年，重庆 7-11 也接入了美团、京东到家等平台；2018 年 2 月，全家在北京、上海、深圳、成都等城市的 212 家核心地段门店已入驻京东到家；后续将会有更多个便利店陆续入驻各外卖平台。

思考：

便利店介入外卖，究竟是零售之幸，还是快餐之忧？

（四）新零售产生的原因

（1）消费升级。

（2）科技创新。

（3）流量融合促进零售转型。

（以上内容的详细阐述请扫描右侧二维码）

知识链接

盒马鲜生新零售

即买即食。盒马鲜生门店内，从水里捞出来的波士顿龙虾、阿拉斯加帝王蟹等生鲜食品可现场加工堂食，还有碳烤牛排、原麦山丘、贡茶等丰富的餐饮品牌供顾客选择。盒马鲜生在不同城市所开的门店会引入不同的餐饮品牌，使餐饮更加贴近当地人的口味。

悬挂链系统。“三公里半小时送达”依靠的不仅是充足的配送人力，同样还有背后的基础设施支撑。在盒马鲜生店内的屋顶处，可以看到链条式的传送带。在客流火爆的时候，部分员工会不时地从货架上拿出商品放入配送袋中，由悬挂链系统传输至打包区。这套悬挂链系统缩短了店内商品从前台到后台的拣货、运输时间。

家庭救急（SOS）便民服务。顾客通过盒马鲜生 App，不仅可以买到各类生鲜蔬菜，同样也可以买到一些应急用品。此前，盒马鲜生 App 上线了家庭救急频道，每天 8 点到 22 点 30 分提供“30 分钟内必达”服务，除电池、充电线、插座、灯泡、雨伞等日常急需商品外，还有暖宝宝、内衣等女性用品，以及创可贴等日用品。

任务 2　门店职业岗位角色认知

【工作情景图】

工作情景图如图 1-8 所示。

图 1-8 工作情景图

任务情景

刚刚大学毕业的小陈，在父母的支持下，与朋友合伙筹办了一家便利店。门店已经建好，现在缺的就是人手，现在他们准备招聘员工。那么，他们应该招聘哪些员工？员工都应该做些什么呢？

一、影响门店职业岗位设置的因素

实体门店运营开始，依据门店管理的需要，会设置不同的职业岗位，以实现门店的管理目标。门店在设置职业岗位的时候，需要考虑的因素有以下几个方面。

（一）门店执行的职能

在现实的经营中，门店执行怎样的职能就决定了它的职业岗位设置。例如，有的门店是实实在在的连锁门店，可为公司带来源源不断的利润，那么，根据门店的实际情况，就要设置与服务功能相适应的各种岗位，做到岗位齐全而且有重点；如果门店是公司设置的体验店，那么就需要设置与体验功能相关的职业岗位，做好对顾客的服务工作，还要对顾客的意见进行收集，对顾客的购买进行追踪等。

（二）门店费用承担能力

如果门店的规模大，承担费用的能力强，那么为了提供更好的服务以实现更大的销售利润，就需要设置更多、更全的职业岗位；反之，则需要细致计算，设置好职业岗位，做到精简，从而更好地实现销售。

（三）门店的零售业态

门店的零售业态也直接决定了职业岗位的设置。例如，便利店的职业岗位设置就简单而精致，有服务员、店长就可以了。而如果是百货商店，则因为涉及更多的货品，规模也大，就需要设置更多的职业岗位。

二、职业岗位角色描述

（一）店长

店长是一个门店的领导者，是门店的核心。此外，店长又是企业文化信息传递的纽带，是企业政策的执行者和具体操作者，是企业产品的代言人。店长只有认清自己的角色定位，才能明确自己的工作范围和职责，才能充分发挥自己的才能。

知识链接

店长角色认知

1. 店长是管理者而不是销售者

对店铺——店长是灵魂人物，相当于我们人类的大脑，指挥着身体各部分的活动。

对公司——店长是桥梁，架起员工与公司之间的上传下达；是树干，树枝（员工）通过它给予树根（公司）氧气，树根通过它给予树枝水分与氧分。

对市场——店长是眼睛，将外界信息及时反馈到公司、员工。

2. 店长应具备的素质

① 店长素质要求：要有健康强壮的身体素质，要有积极主动、忍耐力强、乐观开朗、包容力强的性格。

② 店长能力要求：经营管理能力，组织领导能力，培训辅导能力，专业技术能力，自我学习提高的能力，诚信的职业道德，作为榜样和承担责任的能力。

1. 岗位职责

（1）负责本门店的全面工作，严格执行公司的各项规章制度和工作作业流程。

（2）负责本门店的业务处理（通信、工商、税务、城管关系）和顾客的投诉处理。

（3）负责店内每日盘点工作，对店内所有物资的安全负责。

（4）按公司要求做好本店的店面宣传工作。

（5）积极开展营业推广及各项促销活动。

2. 工作流程

店长要关注门店的所有问题：人员、货品、卫生、陈列……方方面面都要照顾到，任何一个小的工作细节都要考虑到。店长的具体工作流程如表 1-1 所示。

表 1-1 店长的具体工作流程

工作流程	具体内容	
营业前	① 开启电器及照明设备。 ② 带领员工打扫店面卫生。 ③ 召开晨会。 ④ 检查员工仪容仪表。 ⑤ 检查员工出勤情况。 ⑥ 公布传达公司政策及当天的营业活动。 ⑦ 分析前日营业情况，检讨工作表现。 ⑧ 培训新员工。 ⑨ 交流成功售卖技巧。	⑩ 激发工作热情，鼓舞员工士气。 ⑪ 清点货品。 ⑫ 特价商品是否已经陈列齐全。 ⑬ 特卖商品 POP 广告是否已经悬挂。 ⑭ 商品是否已经陈列完毕。 ⑮ 购物袋是否已经摆放到位。 ⑯ 督导收银台营业前的准备情况。 ⑰ 核对前日营业报表，传送给公司

续表

工 作 流 程	具 体 内 容
营业中	① 随时检查员工仪容仪表、整理工服、佩戴工牌情况。 ② 督导收银作业，掌握销售情况。 ③ 检查商品陈列是否规范、标签填写是否清楚、是否对位。 ④ 备齐包装盒、包装袋，以便随时使用。 ⑤ 维护卖场、库房的环境整洁及产品整齐。 ⑥ 及时更换、撤增促销特卖展示。 ⑦ 注意形迹可疑人员，防止货物丢失和意外事故的发生。 ⑧ 及时主动协调顾客解决消费过程中的问题。 ⑨ 收集市场信息，做好销售分析。 ⑩ 整理公司公文及通知，做好促销互动开战前的准备和结束后的收尾工作
营业后	① 核对账务，填写好当日营业报表。 ② 总结当天销售情况，核实是否已完成销售目标，分析问题并提出解决办法。 ③ 制作销售统计报表，制作订货单以备第二日通知配送中心补货。 ④ 督导收银员清机、结账及缴款，合计每日营业额的呈报分析。 ⑤ 核对并妥善保存营业额，留好备用金，整理顾客档案并做好归档工作。 ⑥ 检查电器设备（如音响、空调等）是否关闭，杜绝火灾隐患。 ⑦ 检查门窗是否关好，店内是否还有其他人员。 ⑧ 填写店长工作日记，总结一天的工作

（二）导购员

导购员通常也叫营业员，一般是厂家或代理商派往零售终端的销售人员，在商品销售的过程中扮演着非常重要的角色。

知识链接

导购员角色认知

（1）商店或企业的代表者。

（2）信息的传播沟通者。

（3）顾客的生活顾问。

（4）服务大使。

（5）商店或企业与消费者之间的桥梁。

1．岗位职责

（1）主要负责店铺产品销售，引导更多顾客进入公司店面，增加店面顾客进店率。

（2）通过自身所学的专业知识及沟通技巧引导顾客选购公司产品。

（3）通过销售技巧提高所售产品的利润率及关联产品的销售。

（4）负责店面日常的维护、店面商品的安全、完成商品的来货验收、上架陈列摆放、补货、退货、防损等日常营业工作。

2．工作流程

导购员要以“诚心待客从微笑开始、热情服务从小事做起”的服务理念，整洁的仪表，积极用心的态度做好服务工作。导购员的具体工作流程如表 1-2 所示。

表 1-2　导购员的具体工作流程

工 作 流 程	具 体 内 容
岗前准备	① 按规定的班次上下班，如有特殊情况需要更换班次，必须事先征得部门批准，办妥手续。 ② 及时签到，规范着装，整理仪表，佩戴好工牌。 ③ 认真完成柜内清洁，整理补充商品，检查标价签、照明器具、道具、POP 广告等，做营业准备工作，准时认真参加早会
在岗	① 开始营业时，站在规定位置对进店顾客行礼致意：“早上好，欢迎光临！”面带微笑，精神饱满。 ② 在不影响销售的情况下，时常整理货架，更换新品，检查标价签。 ③ 集中精力，注意观察，防止偷窃等各种意外事件的发生。 ④ 对离开柜台的顾客表示感激，热情送客
交接班	① 中班人员须按时到岗与早班人员办理交接手续，认真清点商品并做好交接记录，要求边营业边交接，力求准确、快速。 ② 早班人员如遇到接班人员未到岗，不得随意离岗，在主管安排好接岗人员后才能下班。 ③ 交接班时不得高声喧哗，不得影响顾客购物。 ④ 交接班后须按时下班，不得无故在门店逗留
打烊送客	① 打烊曲响起时，对尚未离去的顾客要有耐心，不可无视顾客而收拾商品，要尽职尽责服务到最后一位顾客满意离去。 ② 站姿端正，在指定的位置向顾客行礼致意。 ③ 清点货物，做好清洁，锁好柜橱，盖上盖布。 ④ 切断照明电源和一切电器开关插座，将电熨斗放置规定位置。 ⑤ 按时参加晚会。 ⑥ 签退后井然有序地按规定路线及时撤离卖场
盘点	① 每月盘点一次，全体营业员参加。 ② 认真盘点，做到账物相符，店长全面检查，部门经理负责抽查。 ③ 对卫生包干区域进行彻底清扫整理，主管、经理认真检查

课堂小实训 1-2

一次成功的推销经历

潜在顾客：这台冰箱看起来不错，外表设计挺吸引人，就是太贵了。

导购员：您的眼光真不错，一下子就看上了这台冰箱。价格是稍微贵了一些，但这款是最新推出的节能环保冰箱，很省电的。

潜在顾客：哦！不知道质量有没有保证？

导购员：您放心好了！我们的产品率先通过了国家相关质量认证，喏，您看！（指着冰箱上的认证标志。）产品刚面世，我们的销售量就非常大，顾客也给了我们很高的评价。（拿出销售记录。）

潜在顾客：我想知道你们的售后服务怎么样？我家那台旧冰箱整天轰隆隆地，吵死人了，那家公司派人来修理过，不过经常不准时，害得我每次都等很久。

导购员：我能理解您的感受。我们公司产品质量有保证，就算哪天冰箱出了什么问题，您只要打一个电话，我们立即派人上门为您免费服务。

潜在顾客：那太好了！我就要这台！

问题：

1. 这次成功的推销经历对你有什么启发？
2. 导购员做到了哪些促使销售成功？

（三）理货员

理货员是在以敞开式销售方式为主的企业发展过程中产生的一个新名词，表面上类似于传统的柜台式销售的百货商店的营业员。在柜台销售服务中，营业员的工作重心是接待服务，通过语言、体态、表情，在与顾客沟通的过程中完成商品交易活动。而理货员则是通过理货活动，依靠商品展示与陈列、POP 广告、标价、排面整理、商品补充与调整、环境卫生、购物工具准备等，与顾客间接或直接地发生联系。

1. 岗位职责

（1）保障库存商品销售供应，及时清理端架、堆头和货架并补充货源。
（2）保持销售区域（包括货架、商品）的卫生。
（3）保持通道的顺畅，无空卡板、垃圾。
（4）按要求码放排面，做到排面整齐美观，货架丰满。
（5）及时收回零星物品和处理破包装商品。
（6）保证销售区域的每一种商品都有正确的条形码和价格卡。
（7）整理库存区，做到商品清楚，码放安全，规律有序，先进先出，并检查保质期。
（8）整理好退货物品，办好退货手续。

2. 工作流程

理货员的工作流程见项目三任务 11。

（四）采购员

采购员的人数要根据门店的大小设置。如果规模比较大，就要设立专门的采购部，由采购经理、市场审计、采购员、库管员组成。如果是小型的店铺，只设置一名采购员就可以。一般采购员的直接领导有两位：采购经理和财务经理。采购经理主要负责日常工作安排及考勤管理，财务经理主要负责账务的监督管理。

1. 岗位职责

（1）协助采购经理做好日常采购工作。
（2）开展市场调查，包括市场信息和供应商信息的收集和调研。
（3）按流程执行采购任务，包括询价、比价、订样、采购合同的谈判等。
（4）负责采购合同订单的下发、物料验收及付款流程，履行跟进落实工作。
（5）维护并评估现有合格供应商，收集潜在供应商信息，持续开发新供应商。
（6）完成有关发货情况、成本控制及折扣情况的各类报表，提供和保存采购信息记录。
（7）负责供应商资料与产品资料的管理工作。
（8）对采购业务进行汇总、分析，需要时向管理层提供采购报告。

（9）遵守公司规章制度，廉洁自律，遵守大公无私的职业道德，做到诚实虚心，尽职尽责。

2. 工作流程

采购员的具体工作流程如表 1-3 所示。

表 1-3　采购员的具体工作流程

工作流程	具体内容
制订采购计划	① 根据采购请求，制订采购计划或直接按照企业年/月度计划制订采购计划。 ② 采购部门在收到原材料或设备购买需求时，要进行确认审查，然后汇总物资，制作签发采购订单，分配人员进行采购。采购员应根据采购请求信息，制订具体的采购计划，一般包括采购市场调查、供应商分析、确定采购方法，以及支付款项等
对供应商进行选择确认	采购员可通过网上订货系统向目标供应商发送采购意向。在复杂的采购过程中，则需要采用采购招标方式，通过审阅投标建议书后，就相关采购项目与投标供应商洽谈，评估选择，或者直接发布招标信息进行招标
合同洽谈	这是采购工作的核心，同时也是考验采购员能力的关键方面。采购员需要与选定好的供应商进行谈判磋商，确定采购价格、质量、运输条件、服务、风险赔付等条款，并以书面形式签字盖章。采购员在这一步要以企业利益为出发点全盘考虑，最终达到共赢
签发采购订单	合同签订完毕后，即进入双方合同履行阶段。采购员可向供应商发送采购订单，一般要同时发给企业会计部门、用料单位、收货部门等，并保留原件备查
跟踪订单，进行进货控制	在下完订单后，采购员要对货物进行实时跟踪，确保按时到货。一旦出现问题，及时采取必要的行动和措施
接受、检验货物及入库	到货后，采购员要督促质检人员验收入库，以确保货物的质量、数量与订购要求相吻合。必要时确定货物的破损情况，之后，通知结算部门进行货款结算
核对发票，划拨货款	结算部门对采购订单、收货报告、发票进行核对，支付货款进行结算。这虽不是采购员的职责，但需要采购员与结算部门实时沟通，以确保整个采购过程正确无误

（五）收银员

收银员指超市、商场、宾馆、酒店等经营场所给顾客结账的雇员，一般在收银台工作，并使用收银机辅助工作。收银员是一个专业化的职业。收银员要清楚地了解自己职业的基本常识、特点及职业环境，为实施收银规范化服务打好基础，做好准备。

知识链接

收银员作业纪律

（1）在营业时身上不可带有现金。
（2）在进行收银作业时，不可擅离收银台。
（3）使用规范的服务用语。
（4）不为自己的亲朋好友结算收款。
（5）在收银台上，不放置任何的私人物品。
（6）不任意打开收银机抽屉查看数字和清点现金。
（7）不启用收银通道时，必须用链条拦住。
（8）在营业期间不可做与收银结账无关的事情，如看手机、聊天等。
（9）熟悉门店的商品和特色服务内容。

1. 岗位职责

（1）正确、迅速地结账。具体要求包括：①熟悉收银机的操作；②价格的登记、打印；③熟悉促销商品的价格及促销内容。

（2）亲切待客。具体要求包括：①熟悉收银员的应对用语、应对态度、应对方法等待客之道；②适宜的仪容仪表；③永远保持笑容。

（3）迅速服务。具体要求包括：①为顾客提供咨询和礼仪服务；②熟练、迅速、正确地装袋；③能熟练地进行礼盒的包装；④不触犯收银员的服务禁忌，如仪容不整、出言不逊等。

（4）能熟练进行收银员的基本作业。具体要求包括：①站立工作，坚持唱收、唱付、唱找，准确、迅速地点收货款；②要保管好钱款，在上级规定时间内解款，确保货款安全；③做好记账、报账、对账工作，及时治理悬账，做到账证、账账、账表、账物相符；④经常检查并保养好收银设备；⑤配合卖场的安全管理工作；⑥如在工作中发现问题，应及时向店长或上级主管部门汇报。

2. 工作流程

收银员的工作流程见项目三任务 13 中的收银作业流程及作业规范。

课堂小实训 1-3

收银台前的一幕

某日上午，某购物广场迎来了客流高峰。一位顾客推着一车物品，在收银台前排队结账。当商品条码扫描进行到一半时，收银台前来了两位营运部门主管。只见这两位主管跟收银员说了几句话，收银员立即放下了手中扫描了一半的商品，跟那两个主管核对起什么来。顾客没说什么，只能等着。然而 5 分钟过去了，他们三个人的核对仍然没有结束，顾客还是没说什么。10 分钟过去了，核对没有结束，顾客与他的家人无奈地交换着表情。15 分钟过去了，顾客实在忍无可忍发了火：“你们有完没完？能不能把我的东西算完账再说？”顾客边说边向其他等待结账的顾客说：“连个招呼都没有，就把我们晾到一边去了。”其他顾客连连点头表示赞同。三个人这才结束了核对，收银员又继续工作，自始至终，没有人对该顾客说一句“对不起”，顾客很不满意地离开了。

问题：

请评价该案例中收银员的行为，并说说她违反了哪些收银作业纪律。

（六）其他岗位

门店根据日常经营管理需要，配备的岗位人员除店长、导购员、理货员、采购员、收银员等重要岗位外，还有其他岗位，如店长助理、前台客服员、客服助理、防损员、收车员、保安员等。对应的岗位职责请扫描右侧二维码查看。

【项目实训】

活动 1：请到附近门店进行调查，并填写门店业态调查表（见表 1-4）。

表 1-4　门店业态调查表

序　号	门店名称	门店业态	基本特点
1			
2			
3			
4			
5			
…			

活动 2：请利用学校的创业实训基地进行实际训练，按轮班上岗的形式体验各岗位的工作，并填写各岗位的体验与感受表（见表 1-5）。

表 1-5　各岗位的体验与感受表

序　号	体验岗位	工作内容	你的感受
1			
2			
3			
4			
5			

【项目检测】

一、单选题

1．服务功能齐全，集零售、餐饮、娱乐、休闲为一体的零售业态为（　　）。

A．百货商店　　B．购物中心　　C．超级市场　　D．仓储商店

2．下列（　　）属于有店铺零售业态。

A．电视购物　　B．网上商店　　C．专卖店　　D．电话购物

3．（　　）是指以专门经营或被授权经营某一主要品牌商品为主的零售业态。

A．专卖店　　B．专业店　　C．百货商店　　D．超市

4．（　　）是在城市的区域商业中心建立的，面积在 5 万平方米以内的购物中心。

A．城郊购物中心　　B．社区购物中心

C．市区购物中心　　D．超级购物中心

5．采取自选销售方式，以销售大众化实用品为主，并将超市和折扣店的经营优势结合

为一体的品种齐全，满足顾客一次性购齐的零售业态是（　　）。

A．大型综合超市　　B．市区购物中心　　C．百货商店　　D．仓储会员店

6．影响门店职业岗位设置的因素有门店执行的职能、门店费用承担能力和（　　）。

A．门店零售业态　　B．门店人才需求　　C．门店的规模　　D．门店的大小

7．（　　）是一个门店的领导者，是门店的核心。

A．店长　　B．店长助理　　C．导购员　　D．收银员

8．导购员在（　　）过程中扮演着非常重要的角色。

A．商品销售　　B．产品信息　　C．商品管理　　D．门店管理

9．（　　）负责供应商资料与产品资料的管理工作。

A．店长　　B．采购员　　C．导购员　　D．理货员

10．（　　）要整理好退货物品，办好退货手续。

A．收银员　　B．店长　　C．导购员　　D．理货员

二、多选题

1．下列关于新零售与传统零售的区别说法正确的有（　　）。

A．传统零售的经营范围更窄

B．新零售的经营灵活性更好

C．传统零售的经营环节更少

D．新零售能够大大节省顾客的购物成本

2．购物中心包括（　　）。

A．社区购物中心　　B．市区购物中心　　C．城郊购物中心　　D．折扣店

3．超市一般以经销食品和日用品为主，其特点主要有（　　）。

A．薄利多销，基本上经营中低档商品

B．商品采用小包装形式，标明分量、规格和价格

C．备有小车或货筐，顾客自选商品

D．出门一次结算付款

4．零售业态从总体上可分为（　　）。

A．有店铺零售业态　　B．无店铺零售业态　　C．新零售业态　　D．一体化零售

5．便利店具有以下（　　）的特性。

A．距离的便利性　　B．购物的便利性

C．时间的便利性　　D．服务的便利性

三、简答题

1．百货商店与超市的区别有哪些？

2．无店铺零售业态的形式有哪些？

3．什么是“新零售”？新零售模式的特点有哪些？

4．门店的岗位设置一般有哪些？

5．导购员的岗位职责有哪些？

四、案例分析题

大润发是一家中国的大型连锁量贩超市，是一个传统的零售企业。经过数十年的发展，大润发超市并没有变得越来越强大，反而在新消费群体崛起的今天，被时代所“抛弃”，流失了许多顾客。为了改变现状，大润发开始尝试走向新零售之路：天猫智能母婴区率先在大润发上海杨浦店落地，这是全国首个智能母婴区；盒马鲜生进驻大润发，升级改造大润发门店的生鲜餐饮板块；天猫对接管理的国内外众多品牌商，也陆续进入到大润发卖场。这就意味着，阿里巴巴不断用新技术、新场景，赋能于大润发，让大润发变得更加时尚，更加吸引人。

结合案例，请分析：

如何将传统零售和新零售进行有效结合？

【项目导航】

请回顾本项目的知识点，并扫描右侧二维码填写思维导图。

【项目评价】

教师组织学生填写任务完成情况评价要素表（见表1-6），对本次实训过程中学生的完成情况进行综合评估。

表1-6　任务完成情况评价要素表

组别：　　　　　　　　　　　　　　　学生姓名：

序号	考核点	分值（100分）	得分	累计积分账户
小组评价		共20分		
1	态度与纪律	3		
2	出勤情况	3		
3	参与讨论的积极性	4		
4	参与活动时与人沟通的能力	5		
5	团队合作的表现	5		
本人评价		共40分		
6	能列举有店铺零售业态与无店铺零售业态的类型	4		
7	能解释“新零售”的概念	5		
8	能用自己的话说出“新零售”与传统零售的关系与区别	5		
9	能区分门店各职业岗位角色的工作职责	6		
10	能以思维导图的形式归纳门店各职业岗位的工作流程	6		
11	能对生活中的各种门店进行归类	6		

续表

序号	考核点	分值（100分）	得分	累计积分账户
12	能模仿店长、导购员、理货员、采购员、收银员的角色进行相应岗位工作的训练	8		
教师评价		共40分		
13	对门店零售业态理论知识的掌握	10		
14	对门店零售业态技能的掌握	10		
15	对门店各职业岗位理论知识的掌握	10		
16	对门店各职业岗位技能的掌握	10		
本次实训分数小计				

累计积分账户说明：90～100分积5分，80～89分积4分，70～79分积3分，60～69分积2分，60分以下积1分。

项目二　门店创办准备

项目描述

门店经营得好，不仅可以养家糊口，还可以发家致富。不少成功的企业家，都是从门店经营起步的。然而，创办什么门店，门店如何命名，门店开在哪里，门店如何设计，这些并不是简单的事，其中有很多学问。如果在创办门店前能很好地做好规划和准备，掌握其中的基本规律，那么我们取得成功的可能性就很大。

本项目共有五个任务，主要介绍门店的投资分析、选址、命名、注册、设计的基本内容，旨在帮助学生学习门店创办的准备工作。

项目目标

知识目标	技能目标
（1）能区分筹措资金的方式。 （2）能计算新开门店的经营潜力、损益平衡。 （3）能应用商圈分析的内容对具体门店进行商圈分析。 （4）能概括门店选址的因素。 （5）能举例说明门店命名的常用方法。 （6）能应用门店命名的相关知识分析与门店命名有关的实际案例。 （7）能解释个体户和合伙企业的含义。 （8）能以思维导图的形式总结个体户的注册流程并梳理各个阶段需要准备的资料。 （9）能结合实例分析门店中关于招牌设计、店门设计、橱窗设计、照明设计的优缺点	（1）能结合具体门店创办的实例编制门店投资预算表。 （2）能完成一次门店选址活动。 （3）能给要经营的门店取合适的名字。 （4）能模拟个体户或合伙企业的注册流程完成一次门店注册活动。 （5）能根据不同形式门店的需求完成一次店面设计活动

任务 3　门店投资分析

【工作情景图】

工作情景图如图 2-1 所示。

图 2-1　工作情景图

任务情景

刚刚大学毕业的小陈在父母的支持下，准备开一家便利店。但他自己不清楚开店资金需要多少，自己的钱够不够；还对自己开店缺乏信心，想寻找一些合伙人，大家一起把店做起来。接下来，他应该怎样做呢？

创办门店，不可或缺的就是资金。资金是创业的开始，不管资金投入的额度有多大，钱一定要用得其所。此外，必须对资金有一个比较精确的估算，这样才能顺利地创办门店。

一、资金准备及构成

一般来说，门店运营的费用主要包括一次性费用和日常支出费用。一次性费用包括门店场地购买费用或租金、门店装修费用、门店登记注册费用、门店装修费用、设备购置费用、进货费用和其他杂费。日常支出费用包括员工工资、水电费、保险费、税费和管理费、办公用品费、广告费等。

此外还要注意，在门店开业后的几个月内（通常是3～6个月内），生意可能比较冷清，此时投资往往大于收益，因此必须不断地投入资金维持门店运转。下面以某中小型超市投资预算等为例，予以说明（见表2-1～表2-3）。

表2-1　某中小型超市投资预算表

（营业面积一层600m²）

一	一次性开办投资部分	范围：装修、改造、电力工程（供电所接入费用）		
	科目	数量/面积	单价	金额（元）
1	地面地砖	600m²	50元/m²	30 000.00
2	生鲜区下水道	80m	50元/m	4000.00
3	招牌	50m²	300元/m²	15 000.00
4	招牌射灯	8个	400元/个	3200.00
5	店内装饰气氛布置			10 000.00
6	灯光电线	600m²	40元/m²	24 000.00
7	网络布线工程			3000.00
8	广播系统			3000.00
9	其他			20 000.00
10	小计			112 200.00
二	固定资产投资部分	范围：发电机组、陈列工具、计算机、软件、办公桌、空调等		
	科目	数量	单价	金额（元）
1	收银软件	1套	7000元/套	7000.00
2	POS收款机	4台	2500元/台	10 000.00
3	激光平台	4台	2500元/台	10 000.00
4	收银台	4台	2000元/台	8000.00
5	防盗系统	1套	15000元/套	15 000.00
6	办公计算机	5台	3000元/台	15 000.00

续表

二	固定资产投资部分	范围：发电机组、陈列工具、计算机、软件、办公桌、空调等		
	科目	数量	单价	金额（元）
7	激光扫描枪	1 台	1500 元/台	1500.00
8	打印机	2 台	2000 元/台	4000.00
9	电子秤	2 台	2500 元/台	5000.00
10	UPS 不间断电源	8 台	600 元/台	4800.00
11	立柜、岛柜、鲜内柜	10m	7000 元/m	70 000.00
12	超市货架	80 组（1.2m）	600 元/组	48 000.00
13	生鲜区陈列道具			10 000.00
14	超市区促销陈列台			5000.00
15	服务台、名烟名酒柜			20 000.00
16	存包柜			8000.00
17	购物篮	50 只		2000.00
18	发电机组			5000.00
19	空调通风系统			10 000.00
20	办公家具			10 000.00
21	其他			10 000.00
22	小计			278 300.00
三	前期开办及备用金/采购资金			
1	前期开办费用			30 000.00
2	零钞备用金			20 000.00
3	商品采购资金			100 000.00
4	小计			150 000.00
四	房屋租金			18 000.00
	合计投资			558 500.00

表 2-2 每月各项支出预估表

指标名称	金额（元）	指标名称	金额（元）
水电费	10000.00	工资	25 000.00
税金	2000.00	广告快讯费	2000.00
房屋租金	7000.00	办公费	3000.00
包装费/物料费	5000.00	公共关系费用	5000.00
其他	10000.00	商品损耗	1000.00
合计支出			117 000.00
各项支出共计 10 项，合计月财务计划支出 117000.00 元			

表 2-3 每月各项收入预估表

指标名称	金额（元）	毛利率	毛利额（元）
销售收入	900000.00	14%	126 000.00
出租收入	20000.00	100%	20 000.00
通道费	10000.00	100%	10 000.00

续表

指标名称	金额（元）	毛利率	毛利额（元）
物料回收费（按销售收入的 0.2%计算）	900000.00	0.2%	1800.00
合计收入			157 800.00
各项收入共计 4 项，合计月收益金额为 157800.00 元，理论收回投资周期为 14 个月			

二、筹措资金方式

（一）自有资金的积累

店主自己经营门店，把工作过程中的资金积累下来，对资金拥有所有权，完全由其自主支配，使用时不需要支付利息。

（二）合伙筹资

当门店投资额较大，个人积累资金无法满足投资所需时，可通过寻找合伙人的方式，由全体合伙人共同出资来筹集资金。

（三）银行贷款筹资

投资者通过与银行达成借贷协议，向银行借贷相应资金并按约使用、支付利息，按期偿还。

（四）商业信用筹资

经营者在商品或劳务购销活动中因延期付款或预收货款以及票据贴现发生的信用，如：特许上提供的加盟设备资金支持，一些新办市场提供的免除摊位租金或允许租赁者延付租金的支持等。

（五）租赁筹资

租赁筹资有两种基本的形式：经营性租赁筹资和融资性租赁筹资。两种形式在很大程度上可解决资金的大量一次性流出问题，能很好地为企业节省开店的费用。

（六）风险投资

风险投资（Venture Capital，VC）简称风投，又称为创业投资。风险投资公司为专业的投资公司，由一群具有科技及财务相关知识与经验的人员所组合而成，经由直接投资获取被投资公司股权。如果创业者能够争取到风投公司的青睐，也可以选择这种筹集资金的方式。

（七）其他筹资方式

除以上筹资方式外，还有典当融资、政府为各种创业者提供优惠条件的筹资、向亲朋好友借款筹资等方式。

课堂小实训 2-1

一家位于广州市内商业闹区、开业近两年的某理发店，吸引了附近一大批稳定的顾客，每天生意不断，理发师傅难得休息，加上店老板经营有方，每月收入颇丰，利润可观。但由于受经营场所限制，该店始终无法扩大经营，老板很想增开一家分店。但由于本店开张不久，投入的资金较多，手头的资金还不够另开一家分店。

平时，不少熟客都要求理发店能打折、优惠，该店老板都很爽快地打了九折优惠。

该店老板冥思苦想如何筹措开分店的启动资金时，灵机一动，不如推出 10 次卡和 20 次卡，一次性预收顾客 10 次或 20 次理发的钱，对购买 10 次卡的顾客给予 8 折优惠，对购买 20 次卡的顾客，给予 7 折优惠。对于顾客来讲，如果不购理发卡，一次理发要 40 元；如果购买 10 次卡（一次性支付 320 元，即 10 次×40 元/次×0.8=320 元），平均每次理发只要 32 元，10 次理发可以省下 80 元；如果购买 20 次卡（一次性支付 560 元，即 20 次×40 元/次×0.7=560 元），平均每次理发只要 28 元，20 次理发可以省下 240 元。

该店通过这种优惠让利活动，吸引了许多新老顾客购买理发卡，结果大获成功，两个月内该店共收到理发预付款达 7 万元，解决了开办分店的资金缺口问题，同时稳定了一批固定的客源。通过这种办法，该理发店先后开办了 5 家理发分店、2 家美容分店。

问题：

这是一种什么样的筹措资金的方式？

课堂小实训 2-2

2018 年 1 月 24 日，翟天麟参加了中央电视台《创业英雄汇》节目泰州站海选，取得全省前六名的好成绩，从而使得我国唯一一项家族形式传承的“撕纸”非遗项目登上了中央电视台。

节目现场，翟天麟将自己创作的《创业英雄汇》主持人陈伟鸿的撕纸画像送给了他，相似度达 100%。她还在节目现场开设了手撕艺术品的练习课，带领 12 位投资者和观众们一起撕出小狗的造型。“这不仅是一个非遗项目，还在为自闭症儿童贡献力量，这是非常难能可贵的支持社会的正能量，也是政府引导基金的很重要的方向。”盛世投资合伙人第一个向翟天麟抛出了意向投资的橄榄枝。在投资谈判环节，翟天麟获得满堂彩。在终极谈判环节，翟天麟和御乾天使创始人苏杭携手坐上投资签约椅完成签约，她获得了意向融资 300 万元，同时出让 10%的股权。

问题：

1. 请问这个开店的项目是个什么项目？
2. 翟天麟运用了什么样的筹措资金的方式？

三、新创办门店经营潜力计算

新创办门店的经营潜力可通过预测门店销售额来确定。举例说明如下。

假设新开超级市场的商圈有三个层次：第一层次，核心商圈内的居民户数为 1000 户；第二层次：次级商圈内的居民户数为 2000 户；第三层次：边缘商圈内的居民户数为 3000 户。若平均每户居民每月去门店购买食品和日用品的支出为 800 元，则：

核心商圈居民支出总额为 800×1000÷10000=80（万元）

次级商圈居民支出总额为 800×2000÷10000=160（万元）

边缘商圈居民支出总额为 800×3000÷10000=240（万元）

据调查分析，新开超级市场的市场占有率在核心商圈为30%，在次级商圈为10%，在边缘商圈为5%，则：

核心商圈购买力为80×30%=24（万元）

次级商圈购买力为160×10%=16（万元）

边缘商圈购买力为240×5%=12（万元）

该新开门店经营潜力可估计为24+16+12=52（万元）

四、损益平衡点计算

损益平衡点是指门店收益与支出相等时的营业额，如果门店营业额超过此点即盈利，低于此点即亏损。损益的计算方法如下：

实际损益=税前损益-分担总部费用

税前损益=销售毛利-变动费用-固定费用

销售毛利=营业收入-销售成本

因为有些门店是连锁经营的，分店在经营过程中要分担一定的总店费用，所以实际损益计算中要扣除这一项；但如果不存在这种情况，门店属于独立店，则实际损益即为税前损益。

损益平衡点的计算方法如下：

损益平衡点销售额=固定费用÷（毛利率－变动费率）

说明如下。

固定费用是与销售额的变动没有直接关系的费用支出，如工资、福利费、折旧费、水电费、管理费等。

毛利率是门店未扣除费用和税收前的利润率，毛利率=销售毛利÷营业收入。

变动费率是变动费用与营业收入的比例，变动费用是随商品销售额的变化而变化的费用，如运杂费、保管费、包装费、商品损耗、借款利息、保险费、营业税等。变动费率=变动费用÷营业收入。

经营安全率计算方法如下：

经营安全率=[1-（损益平衡点销售额÷预期销售额）]×100%

此比例是衡量门店经营状况的重要指标，一般测定为：安全率处于30%以上为优秀店，处于20%～30%为优良店，处于10%～20%为一般店，处于10%以下为不良店。

此外，有些零售商还会对新店未来的销售利润率、资产利润率和资金周转率等指标进行测算、评估，以全面分析该店的综合经济效益。

课堂小实训 2-3

假设一服装商店，预计其2020年的年营业收入为100万元，年工资和福利费总支出为10万元，年折旧、水电和管理费为8万元，销售毛利为50万元，年变动费用为10万元。请计算其损益平衡点的销售额和经营安全率。

任务4　门店选址

【工作情景图】

工作情景图如图2-2所示。

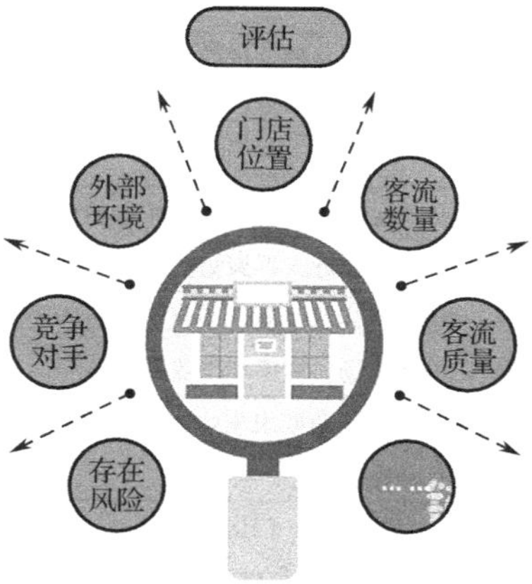

图2-2　工作情景图

任务情景

小陈毕业于广东某职业技术学校，在校期间参加了各种创新创业活动。今年毕业后想开一家便利店，目前也得到了父母的支持。现在小陈正和朋友一起选择门店的地址。为了找到一个理想的门店商铺，他和朋友跑了很多趟，既考虑到租金，又考虑到客流量等因素，目前还没能确定便利店的选址。这时他想起了在学校时老师讲授过的门店选址知识……

门店选址是指根据门店发展战略，对可能建店的地址进行调查、分析、比较、选定，并最终确定对该土地或房产的使用权的一种行为。门店选址是一种投资选择，是一种决策，更是一种合理判断的方法。

一、门店选址的重要性

（1）店址影响门店的前景。店址具有长期性、固定性的特点，一旦确定，就需要投入大量的资金去修建经营。门店选址是一项长期性的投资，因此在确定店址前，必须要有长远性的、可预见性的考虑。

（2）店址是制订经营战略的依据。不同的地区有着不同的地理环境、交通条件、人口状况、社会文化等，这些都会成为影响门店经营策略及经营目标能否实现的因素。

（3）店址影响门店的经营效益。店址要根据市场定位进行合理选择。如果能找到一个理想的地址，开店创业等于成功了一半。门店只有选择恰当，才能有良好的效益。

（4）好的店址能够吸引更多顾客。店址的选择要尽可能地接近顾客，满足顾客的需求，节省顾客的购买时间，从而最大化地方便顾客。

二、门店选址的原则

不管是在哪一个区域开设门店，经营者选择门店的地址时都要遵循一定的原则，如表 2-4 所示）。

表 2-4　门店选址原则

选 址 原 则	具 体 内 容
目标市场原则	符合门店的功能定位。所选择的地址要符合已设定好的门店功能定位，如果门店的功能主要是用于零售展示，那么门店就要考虑接近目标人群，如体育馆、体育运动用品市场及交通、停车的方便性等
便利性原则	方便顾客购买。门店选址时，要优先考虑顾客的便利性，要选择交通便利、顾客集中的地段，既要节约顾客的时间，又要靠近人群聚集的场所，方便顾客随时购买
经济性原则	有利于门店开拓发展。门店选址时，不仅要分析当前的市场形势，还要从长远的角度去考虑是否有利于扩充规模、提高市场占有率和覆盖率
合理运输原则	合理组织商品运送。现代商业要求集中进货、集中供货、统一运送，这有利于降低采购成本和运输成本，合理规划运输路线
可见性原则	形成综合服务功能，发挥特色。门店选址时，必须综合考虑行业特点、消费心理及顾客行为等因素，发挥门店的特色和优势，树立门店的形象

三、商圈分析

（一）商圈的含义与构成

1. 商圈的含义

商圈也称商业圈，是指门店吸引顾客的地理区域。商圈往往会沿着一定的方向和距离扩展。商圈的大小与顾客所购买商品的特性、消费习惯、交通因素等有很大的关系。

2. 商圈的构成

商圈通常包括 3 个层次，分别是核心商圈、次级商圈和边缘商圈，如图 2-3 所示。

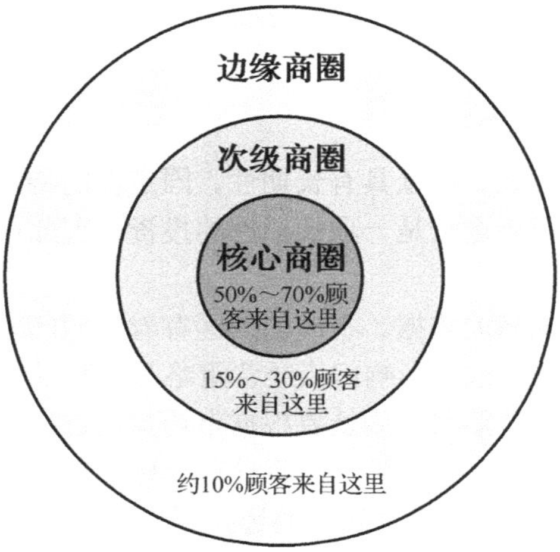

图 2-3　商圈层次示意图

（1）核心商圈是最靠近门店的区域，顾客在人口中所占密度最高，一般占 55%～ 70%，每个顾客的平均购货量大，很少与其他商圈发生重叠。

（2）次级商圈是位于中心商圈外围的商圈，顾客较为分散，顾客数占 15%～25%。

（3）边缘商圈是位于商圈的最外围，此圈包含了剩余部分的顾客，他们分布最分散，商店吸引力较弱，顾客数约占 10%。

（二）商圈形态的种类

商圈可根据吸引顾客的辐射范围划分为几种类型，如市级商圈、区级商圈、封闭商圈、旅游区、居民区等，以下五种是最常见的商圈形态。

（1）商业区。商业行业集中，商圈大，流动人口多，热闹，人气旺，各种商店林立，有集体吸引优势。其消费习性具有快速、迎合时尚、娱乐、冲动购买及消费金额不一等特色。

（2）住宅区。该区户数多，居住者有 1 万人以上。住宅区的消费习性及消费群稳定，具有便利性、亲切性等特点，家庭用品（包括衣、食、住、行等用品）购买率高。

（3）文教区。该区有大、中、小学等学校。文教区的消费群以学生居多，消费金额普遍不高，休闲用品、食品、文教用品购买率高。

（4）办公区。该区办公大楼林立，单位云集，工作人员多，附近或有政府、学校、医院等。其消费群为白领，消费金额高，具有便利性、稳定性等特点。

（5）混合区。商住混合，住教混合。由于社区功能趋于多元化，商圈形态也趋向复合式。混合区具备单一商圈形态的消费特色，具有多元化的消费习性。

（三）影响商圈大小的主要因素

一般来说，影响商圈大小的因素主要有八个方面，可分为两大板块——门店的内部因素与外部因素。

1. 门店的内部因素

（1）经营规模。

（2）经营商品的种类。

（3）经营水平及信誉。

（4）促销策略。

2. 门店外部的因素

（1）所在的位置。

（2）竞争对手的位置。

（3）居民环境。

（4）交通地理状况。

（以上部分的具体阐述请扫描右侧二维码）

（四）商圈分析的内容

1. 顾客群分析

划定有效商圈后，要对商圈内的顾客群开展调查。分析该商圈内的顾客是准顾客还是潜在顾客，是长期住户还是外来租住户等，对于地址的确定、门店的经营方式、策略的制订、产品的价格定位等具有重要影响。商圈内的顾客群分为两种：一是流动人口，二是住户。一个城市人口密度越大，顾客与商业设施之间的距离就会越近，购物的频率也会增加，因此门店选址的范围可以相应扩大。顾客群分析示意图如图 2-4 所示。

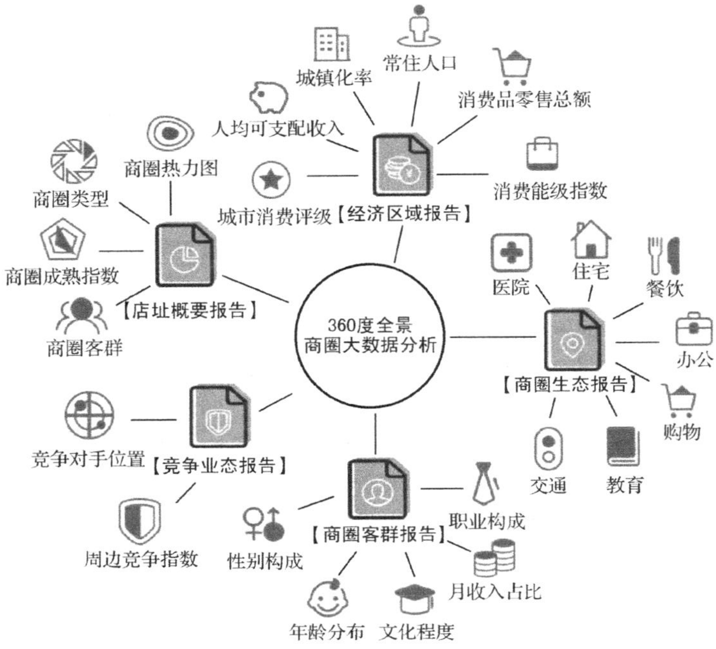

图 2-4　顾客群分析示意图

（1）流动人口测定的方式。

流动人口是指一个地区的非常住人口。流动人口可以分为常住流动人口和短期流动人口。流动人口的多少直接影响选择店址的地理位置，通过调查不同时段的流动人潮及入店率，可以推断出顾客的数量，预估每天的营业额。具体的测定方法主要有以下几种。

① 指定专人（最好是 2 人以上，可轮流测定，从而获得全天的测定资料）到预定的店址测定各年龄层的人数。

② 计算得出几个时段内测定的流动人口数的平均值，即可得到每小时平均人数。

③ 预估不同年龄层可能发生的客单价，即每一个顾客的购买金额。

④ 预估入店率，即流动人口中进入门店的人数比例。

（2）住户测定的方式。

家庭状况是影响消费需求的基本因素。家庭的基本情况包括人口、家庭成员年龄、收入状况、购买的决策权等。每户家庭的平均收入、家庭收入的分配情况、家庭的大小结构等都会直接影响未来商店的销售情况。住户测定是一项耗时长、工作量大的调查项目，但越详细的资料越有助于门店选址的确定。具体的测定方法主要有以下几种。

① 按商圈范围分层测定住户数。

② 根据远近距离估计入店率，中心商圈最高，次级商圈次之，边缘商圈最低。

③ 预估客单价。客单价常与入店率成反比，距离近、常上门的顾客，其购买单价通常不会太高，而距离远、上门次数少的顾客，其购买的单价通常较高。

2. 客流量统计与评估

（1）客流类型。

① 自身客流。指那些专门为到此门店购买商品的顾客所形成的客流，大中型门店的客流大部分属于自身客流。这是门店客流的基础，是门店销售的主要来源，所以，零售企业在选址时，应着眼评估自身客流的大小及发展规模。

② 派生客流。指那些顺路进店的顾客所形成的客流，这些顾客并非专门来店购买商品。在旅游点、交通枢纽、公共场所附近设立的门店要利用的就是派生客流。

③ 分享客流。指一家门店从临近门店形成的客流中获得的客流，这种分享客流往往产生于经常相互补充商品类型的门店之间。如邻近大商店的小商店，顾客主要目的不是到小商店购买商品，而是专门到大商店选购，只是顺便进入邻近的小商店逛逛，则这些客流就是小商店的分享客流。

（2）调查客流量。

在评估选址的地理条件时，需认真统计经过该地点行人的流量，这也就是未来门店的客流量。人流量的大小与在该地点上下车乘客人数有较大关系，调查上下车乘客人数的重点主要是以下几个方面。

① 各站上下车乘客人数历年来的变化。

② 上下车乘客人数越多的地方越有利。

③ 上下车乘客人数若减少，又没有新的交通工具替代的情况下，商圈人口也会减少。

④ 根据车站出入的乘客年龄结构，可注意不同年龄乘客的需求。

3. 竞争态势分析

分析竞争对手是门店选址的必要条件之一，知己知彼，才能百战百胜。调查商圈内的竞争门店时，主要分析下列因素：现有同种业态门店的数量、规模分布、新店开张率、各门店的优势和劣势、短期与长期的变动及饱和情况等。

商圈饱和指数是判断某个地区商业竞争激烈程度的一个指标，是门店选址的一个重要参考因素。一个饱和的商圈内的门店数目是恰好能够满足商圈内人口对特定产品与服务的需求的，但饱和度较高的商圈对于新开设的门店来说成功的可能性会大大降低。商圈饱和度指标计算公式为：

$$IRS = \frac{C \times RE}{RF}$$

式中，IRS 是指某商圈内某类商品的零售饱和指数；C 是指某商圈内购买某类商品的顾客人数；RE 是指某商圈内购买某类商品的人均消费支出；RF 是指某商圈内经营同类商品门店的营业总面积。

一般来说，应选择饱和指数大的商圈开设门店。饱和指数越大，意味着该商圈内的饱和度越低；相反，饱和指数越小，则意味着该商圈内的饱和度越高。

例如，某一零售商计划开设一家连锁店，经过初步调查分析，拟选了三个地区，决定从中选择一个适合建 $5000m^2$ 连锁店的地区。根据预测，所建的连锁店每平方米必须带来 20 元的销售额，以实现盈利。在这样的条件下，该零售商对三个地区的零售饱和指数进行了测算，如表 2-5 所示。

表 2-5　三个地区的零售饱和指数预测

项　　目	地区 A	地区 B	地区 C
需要该商品的顾客购买人数（人）	30000	15000	5000
顾客平均购买额（元）	20	24	30
经营该商品的营业面积（m^2）	15000	10000	2500
零售饱和指数	40	36	?

课堂小实训 2-4

请计算出表 2-6 中地区 C 的零售饱和指数，并指出该项目应该选择三个地区中的哪个地区开设连锁店，以及阐述选择的理由。

（五）划定商圈的方法

1. 雷利法则

2. 调查法

（以上内容的详细阐述请扫描右侧二维码。）

四、确定门店选址

（一）门店选址要考虑的因素

门店经营得成功与否，店址的选择非常重要。如果店址选择得当，客流质量与数量自然比较理想；反之，结果只能功亏一篑。因此，依据商圈调查结果，结合门店经营的特点进行店址选择会增加开店的成功率。门店选址时除要考虑门店因素外，还要考虑商业环境因素，如表 2-6 所示。

表 2-6　门店选址要考虑的因素

影响因素	子　因　素	具 体 内 容
门店因素	位置条件	① 邻近条件，包括附近的商业情况、道路情况、交通情况等； ② 用地条件，包括地理环境、法律规定的条件等
	相对条件	与竞争门店的竞争及互补效应
	潜力条件	商圈与购买力，包括购买频率、购买时间、采购距离等
商业环境因素	城市结构因素	① 城市特点，如产业结构、政府机构、历史沿革、自然环境、风土人情、文化氛围等； ② 城市规划，如土地征用规划、市政设施规划等； ③ 城市公共设施现状； ④ 交通条件，包括公路、铁路状况，以及车站设施及交通主管部门等
	消费结构因素	① 人口现状及动态，包括人口密度、人员构成、人口布局、人口的未来增减等； ② 人均收入、人均消费水平等； ③ 生活方式、消费习惯、休闲及购物倾向等
	商业结构因素	① 城市的商业结构； ② 商业的集中化程度及趋向，如商业街、购物中心等； ③ 行业竞争关系，如地区间竞争、地区内竞争等

（二）门店选址的策略

通常来说，好的店址都有几个共同的特点，如该地区商业活动频率特别高、人口密度大、街道客流量大、交通便利等。如果店址能具备其中 2～3 个特点，那一定是好的店址。门店选址时要考虑门店的经营模式，根据不同的门店模式采用不同的选址策略。

1．便利店的选址策略

（1）商圈内的常住人口应保持在 5000 人以上。

（2）靠近聚集人群的公共场所，如学校、剧院、旅游点等。

（3）月租应低于一天的销售额。

（4）竞争对手较少。

（5）附近最好有单身宿舍或办公楼。

2．超市的选址策略

（1）可选择在菜市场或农贸市场附近开店，互为补充。

（2）避免与具有生鲜食品经营范围的其他超市开在一起。

（3）可选择在无法开设大型综合超市的地区开店。

（4）贴近居民区。

（5）可选择在高档住宅小区内开店。

3．大型综合超市的选址策略

（1）2500～5000m^2 的超市，应选择在人口数量达到 5 万～10 万的较大规模居民区中开店。

（2）6000～10000m^2 及以上面积的超市，可选择在城乡结合处、商圈内居民数量达到 10 万～20 万的地区开店。

（3）尽量避免与同类型的大型综合超市开在同一商圈内，两店的距离至少应保持在 5km 左右。

4．仓储式超市选址策略

（1）一般选在租金便宜的城乡结合处。

（2）交通十分发达，最好周围有高速公路的出口。

（3）有宽敞的停车场，一般停车场面积与营业面积的比例为 1:1。

微课学 2-1

请观看微课“门店选址”（扫描二维码），然后把学习要点记录下来！

[微课：门店选址]

任务 5　门店命名

【工作情景图】

工作情景图如图 2-5 所示。

图 2-5　工作情景图

任务情景

小梅在一家儿童服装店当了十年的导购员，对于儿童服装市场的进货渠道和销售情况十分清楚，也积累了一定的资金和人脉，于是便想和朋友合伙开一家儿童服装店，自己做老板。为了节省资金，小梅并没有把门店开在繁华的商场附近，而是选择开在某小区附近。该小区的住户主要是工薪阶层，他们主要选择中低端价位的儿童服装。

小区附近原本就有两家类似的商店。小梅作为新进入的商家，要取个什么好听的店名来迅速吸引小区业主的眼球呢？

一、店名的作用

店名也叫门店名称，既是一家门店的招牌，也是给顾客留下第一印象的重要窗口。好的店名是成功的一半。店名不仅关乎门店的形象，还能向顾客传递重要信息。取一个朗朗上口又富有寓意的店名，能够迅速让顾客产生进店消费的欲望，在其心目中留下深刻的印象，从而更容易获得他们的青睐。

1. 塑造门店形象

店名是门店形象的象征。顾客可以从店名中了解到门店经营的风格和类型，从而在心中形成特有的门店形象。例如，餐饮行业中的川菜馆“武派”就是为了给顾客营造武侠文化的氛围。

2. 引导消费

店名是门店经营业务的标志。顾客通过店名可以第一时间了解门店具体经营什么业务。例如，常见的“某某肠粉店”“某某奶茶店”等店名让顾客对门店业务一目了然。

3. 激发消费欲望

新颖有创意的店名能够瞬间吸引眼球，让没有体验过的顾客产生强烈的消费欲望。例如，“厕所串串”“穿衣不戴帽”等店名让人感觉很独特，容易让顾客产生入店消费的冲动。

4. 树立品牌价值

店名是门店品牌的重要组成部分。顾客通常是记住店名才记住门店的品牌。店名使用时间越长，门店品牌的品牌价值也就越大。例如，1962 年成立的沃尔玛如今的品牌价值高达 615 亿美元。

二、门店命名的原则

好的店名不仅便于顾客记忆，还能给顾客带来好的印象，形成好的口碑，在顾客心目中形成影响力，给门店经营发展创造有利条件。门店命名并不是天马行空，而是要遵守一定的原则。

1．简洁明了

店名一般不宜过长，而要简洁明了，便于记忆。店名全称一般控制在 8 个字以内，其中核心字眼一般不超过 4 个。例如，石磨坊甜品店全称共 6 个字，其中，石磨坊为核心字眼。

2．便于传播

店名通常采用常见的字，让顾客看到时立刻就知道店名叫什么。店名念起来要顺口、响亮，这样才便于传播，不要为了追求个性而使用生疏字和繁体字，顾客担心念错字，这样便不利于传播。

3．产生联想

店名不仅要与门店的经营理念和形象特征相吻合，而且要体现门店的服务宗旨，让顾客看到店名时就能对门店的商品或服务产生好的联想，从而吸引他们入店消费。例如，“好又多”超市的名字就十分通俗易懂，很容易让顾客联想到超市商品质量好，品种多。

4．体现独特性

大众化的店名容易被顾客混淆。例如，“美甲店”“洗车店”“烧烤店”等店名过于大众化，顾客根本分不清具体是哪一家店。店名如果很相似，也会给顾客带来困惑。

5．规范可用

取店名时要注意店名的合法性，不得使用“违规”和“违法”的店名。例如，武汉有一家餐厅取名“囚饭餐厅”，由于不符合相关规定，被工商局责令停业。另外，不能使用已经被注册的店名。

三、门店命名的方法

每一位门店负责人都希望自己的店名既好听，又有内涵，能够在顾客群中产生良好的反响。如何才能取到一个合适的店名？接下来，介绍一下实践中常用的门店命名的方法。

1．效用命名法

用门店经营的商品和服务的质量或效果作为店名。例如，光明眼镜店（见图 2-6）、康乐大药店（见图 2-7）等属于这种类型的命名。采用效用命名法的店名可以让顾客联想到商品或服务的功效，增强顾客的消费信心。

2．典故命名法

店名取自于某个历史人物、历史传说或文学作品。例如，东坡酒楼（见图 2-8）、狗不理包子、乾隆御膳、水浒山庄（见图 2-9）等属于这种类型的命名。典故命名法最大的优势是可以提升门店的文化涵养。

图 2-6　光明眼镜店

图 2-7　康乐大药店

图 2-8　东坡酒楼

图 2-9　水浒山庄

3．地名命名法

对于经营具有地方特色商品的门店，特别是经营土特产的商店和具有地方风味的餐馆，通常在店名里加入地名，让顾客感受到商品的地道和纯正。如兰州正宗牛肉拉面（见图 2-10）、上海小笼包、沙县小吃、湖南大碗菜（见图 2-11）等。

图 2-10　兰州正宗牛肉拉面

图 2-11　湖南大碗菜

4．人名命名法

门店以经营者的姓名、姓氏或体貌特征命名，可拉近顾客和经营者之间的距离。如杨小贤甜品店（见图 2-12）、肥佬快餐店（见图 2-13）等。

图 2-12　杨小贤甜品店

图 2-13　肥佬快餐店

5．寓意命名法

店名中含有喜庆、吉祥、祝福含义的词语，让顾客感到入店消费会给自己带来好运，内心感到舒适愉悦。如长寿面馆（见图 2-14）、状元坊餐厅（见图 2-15）等。

图 2-14　长寿面馆

图 2-15　状元坊餐厅

6．市场命名法

门店根据自身的市场定位，从满足目标顾客心理需求的角度出发取名，更容易在目标顾客的心目中树立好的形象，吸引目标顾客。如都市丽人美容美体中心（见图 2-16）、10 元 10 分钟理发店（见图 2-17）等。

图 2-16　都市丽人美容美体中心

图 2-17　10 元 10 分钟理发店

7．谐音命名法

采用某个常见的成语或谚语的谐音作为店名，一语双关，赋予成语或谚语新的内涵，让顾客眼前一亮。如晶生晶饰水晶店（见图 2-18）、衣见钟情服装店（见图 2-19）等。

图 2-18　晶生晶饰水晶店

图 2-19　衣见钟情服装店

8．标新立异命名法

店名的风格如果与标新立异命名法众不同，会给顾客带来新鲜感，让人感觉标新立异，更容易被记住。如“星期八主题咖吧・客栈”（见图 2-20）、“歇脚客奶茶店”（见图 2-21）等。采用标新立异命名法要适度，不要引起顾客的反感。

图 2-20　星期八主题咖吧.客栈

图 2-21　歇脚客奶茶店

课堂小实训 2-5

以下门店店名，分别采用了哪种命名方法？

星巴克，沙县小吃，好运来，家乐福，衣你所愿，咸亨饭店。

四、错误的命名方法

在给门店取名时，经营者要注意顾客的忌讳，不要取错误的店名，导致顾客刻意回避。

1．忌用含有生僻字的店名

如果店名中含有生僻字，顾客不知道该怎么念，担心念错字会很难堪。所以，顾客内心会回避这些有生僻字的店名，如“土垚牛香坊”中的垚字、“焱航土火锅”中的焱字等。

2．忌用晦气的店名

有的店名为了标新立异，取一些含有晦气含义的店名，易引起顾客的反感。例如，“厕所串串”。

3．忌用寓意过于深奥的店名

有的经营者为了提升门店的文化内涵，给门店取寓意过于深奥的店名，让一般的顾客根本看不懂店名，容易增加距离感，易使顾客失去进一步了解门店经营业务的耐心。

4．忌用夸大其词的店名

有的经营者为了提升门店在顾客心目中的形象和地位，给门店取一个听起来夸大其词的店名。这样的店名反而会增加顾客的不信任感，觉得不靠谱。如“天下第一××”等。

5．忌用雷同和高仿的店名

取店名时不要刻意模仿知名度高的店名，给人造成山寨的印象，让顾客感觉在“傍名牌”。这样的店名不会有生命力。例如，联华“快客”是上海非常知名的便利店，有一家便利店就模仿它取名为“快客”来吸引顾客。

任务 6　门店注册

本节内容仅作参考，请以有关部门的具体规定为准。

【工作情景图】

工作情景图如图 2-22 所示。

图 2-22　工作情景图

任务情景

小王大学毕业后，在威斯广场开了一家快餐店。在完成了市场调查、门店选址和门店命名等准备工作后，他觉得可以开店了。当合伙人小李告诉他，门店还需要注册时，他很头疼。你能帮他吗？

国家规定开店经营都需要先取得营业执照，在规定的经营范围内合法生产经营，没有办理营业执照开店，就是非法经营。门店可以个体经营，也可以合伙经营。个体经营在门店注册时可以注册成为个体工商户，合伙经营在注册时可以注册成为有限合伙企业。

一、个体工商户的注册

（一）个体工商户的含义

自然人从事工商业经营，经依法登记，为个体工商户，简称个体户。国家保护个体户合法的权利和利益。国家通过行政管理，指导、帮助和监督个体户经营。实际生活中，个体户一般从事服装加工业、家庭手工业、个体运输业、餐饮业等，以及政策允许的其他生产性、服务性的行业。

（二）个体工商户注册流程

（1）先选择 4 个想要使用的个体户的经营名称，一般是所在的市加上经营的品种和想要加进去的名称。对于这 4 个名称，可以先登录国家企业信用信息网查询是否可用。

（2）名称选好后，去当地的行政大厅进行工商注册，如果是经营者，则直接带身份证去工商大厅进行实名认证，如果有委托代理人，则需要经营者和委托代理人都要进行实名认证。

（3）实名认证后，需要填写委托代理人证明、个体工商户开业登记申请书等，同时提交租赁合同、实名认证反馈单给工商办事人员。3 个工作日后可以到大厅取营业执照。

（4）取到营业执照后，携带营业执照、身份证复印件到公安机关办理刻章备案手续。

（5）公章备案结束，可以直接去税务进行税务登记，告知税务机关办事人员自己准备去哪家银行开户，税务机关会在系统里做四方协议。

（6）银行开户，一般根据各地的银行要求，选择适合自己的银行开户。需要带身份证、营业执照、公章备案表、四方协议表。一般需要 3～5 个工作日完成银行开户。

（7）在银行开好户后，去税务机关，进行国税和地税四方协议的签订。签订好协议后，按照实际需要定额进行税种认定。

（8）定额认定结束，在国税电子商务局做票种和数量的认定，上传发票章照片，通过后，去国税大厅购买税盘、发票。工商和税务的流程基本就结束了。

微课学 2-2

请观看微课——门店注册七步曲（扫描右侧二维码），然后把学习要点记录下来！

[微课:门店注册七步曲]

课堂小实训 2-6

微商也要办理门店注册

小赵的朋友圈里真是卖什么的都有，如 79 元包邮的耐克、129 元包邮的酷奇、220 元包邮的巴宝莉，还都是最新款。小赵自己表示很无奈，对方都是自己的朋友，直接删掉不太好，但这些产品大概率是假货。还有一些人从事国外代购业务，价格并不便宜。小赵委托他们买过面膜以后，发现跟自己之前在专柜买的不一样，再想找对方时，发现已经联系不上了。

《电子商务法》在 2019 年 1 月 1 日正式实施。《电子商务法》明确规定，电子商务经营者应当依法办理市场主体登记。换句话说，无论代购、微商、电商等，都需要营业执照。此外，还需要纳税，逃税则需要承担法律责任。微商已被列入电子商务运营商。微商行业将迎来新的监管和机会，只有拥有营业执照，才能成为一个合法的微商，换言之，它将受到《电子商务法》的保护和约束。

问题：

1. 为什么小赵会存在这样的困惑？
2. 微商、代购等网上门店也需要办理营业执照，这对谁有利？

（三）个体工商户注册等流程需要提交的资料

个体工商户注册等流程需要提交的资料如图 2-23 所示。

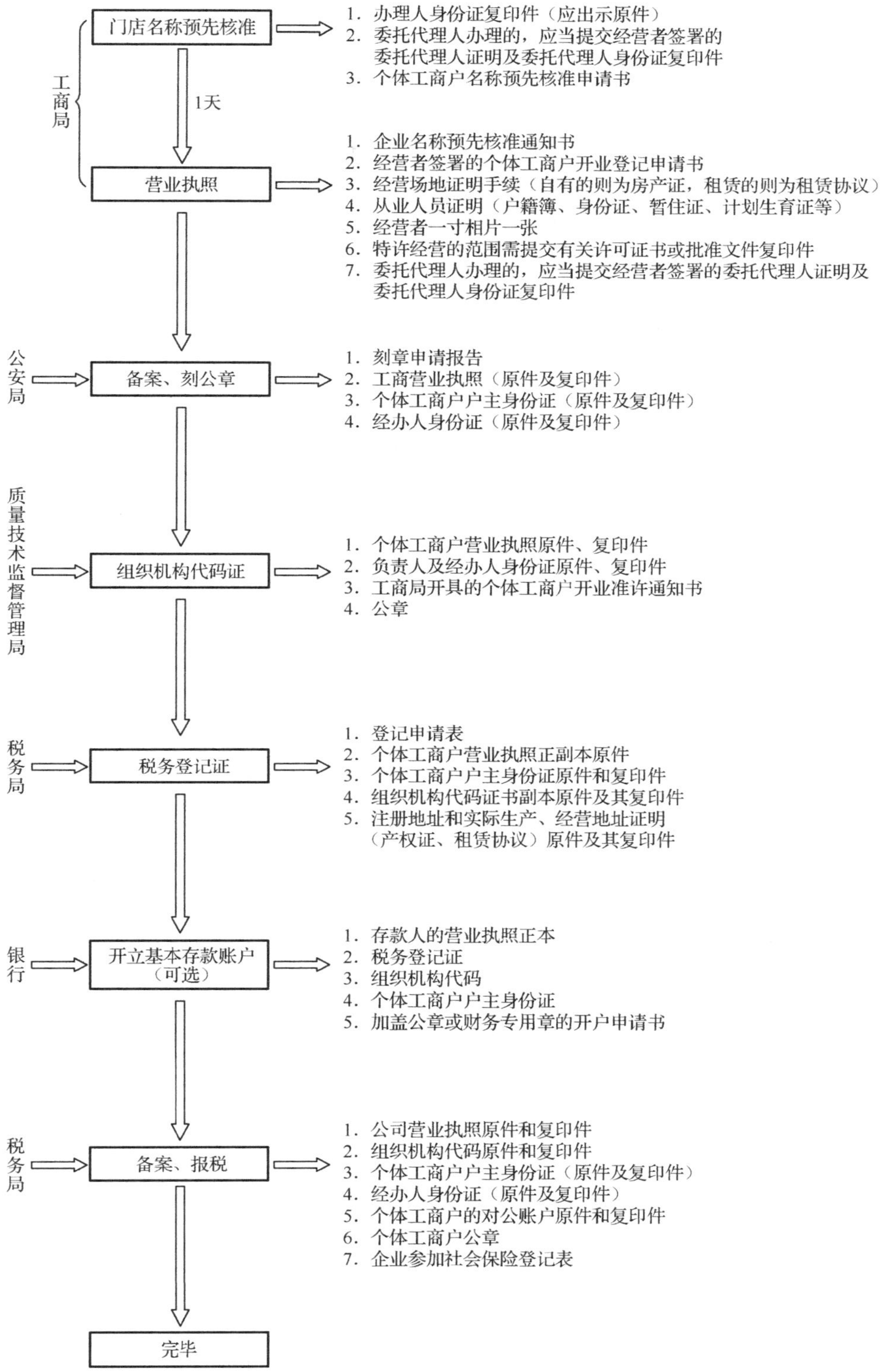

图 2-23　个体工商户注册等流程需要提交的资料

二、有限合伙企业的注册

（一）有限合伙企业的含义

《合伙企业法》规定，有限合伙企业由 2 个以上 50 个以下合伙人设立；但是，法律另有规定的除外。有限合伙企业至少应当有 1 个普通合伙人。普通合伙人对合伙企业债务承担无限连带责任，有限合伙人以其认缴的出资额为限对合伙企业债务承担责任。

按照规定，自然人、法人和其他组织可以依照法律规定设立有限合伙企业，但国有独资公司、国有企业、上市公司及公益性的事业单位、社会团体不得成为有限合伙企业的普通合伙人。

（二）有限合伙企业注册流程

（1）领取（也可从工商局网站下载）并填写名称（变更）预先核准申请书、指定（委托）书，同时准备相关材料；

（2）递交名称（变更）预先核准申请书，等待名称核准结果（5 个工作日）；

（3）领取企业名称预先核准通知书，同时领取企业设立登记申请书；

（4）递交申请材料，材料齐全，符合法定形式的，等候领取准予行政许可决定书（10 个工作日）；

（5）领取准予设立登记通知书后，按照准予设立登记通知书确定的日期到工商局交费并领取营业执照；

（6）持营业执照和经办人身份证去公安局审批后，到指定单位刻制印章，然后到质量技术监督部门和税务部门办理相关证件。

（三）有限合伙企业注册应提交的资料

（1）企业设立登记申请书，自然人股东（发起人）、个人独资企业投资人、合伙企业合伙人名录及企业住所证明等；

（2）全体合伙人的身份证明或主体资格证明（合伙人为自然人的，提交身份证复印件；合伙人为企业的，提交加盖本企业公章的营业执照复印件）；

（3）指定（委托）书；

（4）合伙协议；

（5）全体合伙人对各合伙人认缴或实际缴付出资的确认书；

（6）企业名称预先核准通知书；

（7）企业秘书（联系人）登记表。

（四）注意事项

（1）有限合伙企业由普通合伙人执行合伙事务，合伙人为自然人的，应当具有完全民事行为能力。

（2）选择住所（经营场所）时应注意以下事项。

① 申请登记为企业住所（经营场所）的房屋应是取得权属登记的合法建筑，登记时应向登记机关提交房屋所有权证复印件。

② 作为住所（经营场所）的房屋用途应当与房屋所有权证记载的用途一致。

③ 使用未取得房屋所有权证、特殊房产、住宅及个人购买的房屋作为住所（经营场所）的，应当提交相应的证明文件。详见工商部门的具体要求。

（3）各级房屋管理部门需出具住所（经营场所）证明文件的，可直接在企业住所（经营场所）证明“需要证明情况”栏出证，明确房屋所有权人、房屋用途及该住所（经营场所）建设审批手续齐全，不属于违法建设，也可单独出具证明文件，证明文件内容应与“需要证明情况”栏所述内容一致。

课堂小实训 2-7

请根据以下情景，进行一场“合伙经营协议签订”的活动，协议内容请扫描下方二维码查看。

随着奶茶行业的兴起，奶茶加盟店在大街小巷随处可见，无论是一线大城市，还是三四线小城镇都有它的身影。李某、王某及台湾地区贡茶餐饮管理有限公司经协商一致，同意共同经营“贡茶”项目。为明确各方的权利义务，三方本着公平、平等、互利的原则订立了合伙经营协议。

门店名号：御西贡茶

经营地址：广东省佛山市×××

甲方：李某

乙方：王某

丙方：台湾贡茶餐饮管理有限公司

甲方出资 30000 元，为营业执照上的负责人。

乙方出资 50000 元，负责财务工作，即负责收支统计及资金流转、运营工作。

盈余分配情况如下。

1. 每月 10 日将上月的总盈余按出资比例分配。

2. 当扣除配送费之后的月营业额达到 6 万元及以上时，按照甲方 35%、乙方 45%、丙方 10 %的比例分配。

3. 当扣除配送费之后的月营业额低于 6 万元时，按照甲方 40%、乙方 60%的比例分配。

任务 7　门店整体设计

【工作情景图】

工作情景图如图 2-24 所示。

图 2-24　工作情景图

任务情景

顺裕在父母的支持下，在小区大门口租了一套120m^2的毛坯房，准备开一家便利店。为了使门店有特色，能吸引更多的顾客，顺裕正在思考如何进行门店整体设计呢。首先需要解决的问题就是招牌设计、店门设计、橱窗设计和照明设计，这几方面既相互独立，又紧密联系，效果上既要分别有亮点，又要在内涵上能统一。你能帮帮他吗？

一、招牌设计

在商业区里，顾客首先浏览的往往是大大小小、各式各样的门店招牌，寻找实现自己购买目标或值得游逛的商业服务场所。因此，具有高度概括力和强烈吸引力的门店招牌对顾客的视觉刺激和心理影响是很重要的。

（一）招牌的含义

招牌是指挂在门店门前作为标志的牌子，主要用来标示门店的名称和记号，可称为店标。主要有横向招牌、竖向招牌、门前牌坊横题字号、屋檐下悬置匾牌、建筑物上刻字等形式。

课堂小实训 2-8

请尝试列举几个日常生活中自己印象深刻的招牌。

（二）招牌的方式

招牌的形式和设置方式比较固定，但其中题写的文字词语却多种多样。为了竞争的需要，有的店主制作十多字甚至数十字的招牌。北京某药铺曾竖起一块冲天招牌，题写了“××家祖传七代小儿珍丹只此一家别无二处”共21字。很多店主邀请名人题匾，借以抬高店铺的身价。也有在店铺匾联上做文章，如采用我国传统的对联形式：“未完先投宿，鸡鸣早看天”（旅店的招牌）；“生意如春草，财源似水泉”（商店的招牌）。明清时酒店多用对联，如九江浔阳楼就用“世间无此酒，天下有名楼”的对联。还有用数字作为字号，如六必居、双合盛等。

课堂小实训 2-9

你在学校创业街通过竞标取得一家门店一学期的经营权，准备销售个性T恤衫，目标受众是辖区内各中小学学生。请为该门店做一个招牌，起一个好名字。

（三）招牌的位置

一般情况下，门店招牌的位置有3种情况。

（1）平行放置。门店招牌设置在门店正上方的平行位置，如图2-25所示。

（2）垂直放置。门店招牌垂直立于门店侧面，如图2-26所示。

（3）纵横放置。门店招牌悬挂在门店正面与侧面墙上。如果门店处于交叉路口，最好每侧上方均悬挂招牌，使来自不同方向的行人均能从远处看到。

图 2-25　招牌平行放置

图 2-26　招牌垂直放置

（四）招牌文字设计的注意事项

随着经济的持续发展，竞争日趋激烈，为了更有效地吸引顾客的注意，经营者越发重视门店招牌的文字设计，一些以标语口号、隶属关系和数字组合而成的艺术化、立体化和广告化的门店招牌不断涌现。常见的门店招牌文字设计应注意以下几个方面。

（1）招牌的内容要简洁突出、顺口易记、立意深刻。

（2）文字内容必须与本店所销售的商品相吻合，如“周黑鸭”（见图 2-27）、“大岗仙庙烧鸡”（见图 2-28）等餐饮店的招牌设计。

图 2-27　周黑鸭招牌设计

图 2-28　大岗仙庙烧鸡招牌设计

（3）店名的字形、字体、字号、凸凹、色彩、位置等要适当、得体。

（4）美术字和书写字要注意大众化，易认易记；中文和外文美术字的变形不要太多、太乱、太做作；书写字时不要太潦草。

（五）常用的招牌材质

招牌的材质很关键，能反映出门店的规模和档次，传统的招牌主要使用优质木料和石材。随着经济的发展，传统的招牌材质已经满足不了新时代的要求，新材料应运而生，给现代招牌带来了很多新气象。

（1）木质招牌。木质招牌凸显古风古韵，展示一定的品位和档次，适合老字号门店和有特色的小众店面，因木材的不同，价格会有差异，如图 2-29 所示。

（2）石材招牌。石材因其笨重、耐用而被选用，彰显厚重、高贵、庄严的气质，制作过程繁杂，需要专业人员雕刻，价格相对昂贵，如图 2-30 所示。

（3）金属招牌。选用合适的金属材质，轻便耐用，容易制作，价格适中，突显明亮、轻快、富有时代感的特点，如图 2-31 所示。

（4）喷绘招牌。价格便宜，制作简单快捷，容易安装，其缺点是褪色快，几乎一年左右就需要更换，如图 2-32 所示。

图 2-29　木质招牌

图 2-30　石材招牌

图 2-31　金属招牌

图 2-32　喷绘招牌

（5）铝塑板招牌。价格适中，制作相对简单，颜色经久耐用，如果配上合适的字，加上精细施工，招牌会成为漂亮的感官图片，如图 2-33 所示。

（6）玻璃招牌。色泽靓丽，外观平整，档次属中高档，在现代门店招牌中占重要地位，但是价格稍高，如图 2-34 所示。

图 2-33　铝塑板招牌

图 2-34　玻璃招牌

（7）彩钢扣板招牌。制作简单快捷，效果一般，因材料材质因素，褪色较快，如图 2-35 所示。

（8）PVC 雕刻招牌。形状新颖别致，设计效果显著，如图 2-36 所示。

图 2-35　彩钢扣板招牌

图 2-36　PVC 雕刻招牌

二、店门设计

店门即门店的大门，其作用是吸引顾客的注意，促使顾客产生兴趣，激发其想进去看一看的参与意识。怎么进去，从哪里进去，就需要正确的引导，告诉顾客，使顾客一目了然。不同的门店采用不同的店门，会产生不同的效果，总之，要选取合适的店门。

（一）确定店门的标准

将店门安放在店中央，还是左右两侧，要根据具体人流情况而定。一般大型门店门庭高大，进出人流量大，需要安装大型店门，安装在中央比较合适（见图 2-37）。小型门店因为面积有限，为了让顾客感觉门店不小，商品丰富，增强顾客的购物体验，应该将店门放置左侧或右侧（见图 2-38）。若小型门店大门安置在中央，会直接影响店内实际使用面积和顾客的自由流通。

图 2-37 大型店门中央设计

图 2-38 小型店门侧门设计

（二）店门设计的注意事项

从商业角度来看，店门应当是开放的，设计时应当考虑到不要让顾客产生“幽闭”“阴暗”等不良心理，导致拒客于门外。因此，明快、通畅、具有呼应效果的门廊才是最佳设计，如图 2-39 所示。

图 2-39 店门口门廊设计

店门设计，还应考虑店门前路面是否平坦，是水平还是斜坡，前边是否有隔挡及影响门店形象的物体或建筑，采光条件、噪声影响及太阳光照射方位等。店门所使用的材料，以往都是采用较硬质的木材，也可以在木质外部包铁皮或铝皮，制作起来较简便。我国也开始使用铝合金材料制作店门，由于它轻盈、耐用、美观、安全、富有现代感，所以有普及的趋势。无边框的整体玻璃门属于豪华型，由于这种门透光性好，造型华丽，所以常用于高档的首饰店、电器店、时装店、化妆品店等。

（三）店门的色彩

店门设计还需要考虑色彩的运用，色彩要与门店销售的商品相适应，与季节紧密关联。例如，夏季时顾客会因为炎热的天气而影响购买情绪，店门的色调应选择冷色调，如淡蓝色，使顾客在潜在的意识中，具有凉爽的感觉，从而产生购买欲望。手机类的门店店门宜采用深蓝色，它象征着科技，给顾客以技术信赖感。另外，根据不同的季节和节日，可以选择不同的色彩来映衬，给顾客以新奇感，增进门店与顾客之间的亲近感。

课堂小实训 2-10

请为学校创业街门店设计一款合适的店门。

三、橱窗设计

顾客在进入门店之前，都要有意无意地浏览橱窗，所以，橱窗的设计与宣传对顾客购买情绪有着重要影响。橱窗的设计，首先要突出商品的特性，同时又能使橱窗布置和商品介绍符合顾客的一般心理，即让顾客看后有美感、舒适感，对商品有好感和向往心情。如在便利店门口，应该突出日常生活用品的陈列以迎合顾客方便购买的心理，如图 2-40 所示。好的橱窗设计既可起到介绍商品、指导消费、促进销售的作用，又可成为门店吸引过往行人的艺术佳作。

图 2-40　便利店橱窗设计

（一）橱窗设计的内容

（1）橱窗设计文本。橱窗设计师运用发散思维，通过一定的逻辑及经验展开创意，设计出能吸引顾客注意、与门店或销售商品紧密契合的创意文本。

（2）技术性设计。主要包括橱窗结构设计、橱窗物理设计（橱窗声学设计、橱窗光学设计、橱窗热学设计）、橱窗设备设计（橱窗给排水设计，橱窗供暖、通风、空调设计，橱窗电气设计）等。

（3）外部空间规划。可将空间范围扩大到都市计划、都市设计、景观设计等领域。

（4）内部空间设计。包括合理的空间规划及室内装修计划。

（5）综合设计。包括标志设计、亮化设计、艺术设计、安防设计、停车管理设计等领域。

（二）橱窗设计的表现手法

1. 直接展示

道具、背景减少到最低程度，让商品自己说话。运用陈列技巧，通过对商品的折、拉、叠、挂、堆，充分展现商品自身的形态、质地、色彩、样式等。

2. 寓意与联想

寓意与联想可以运用部分象形形式，以某一环境、某一情节、某一物件、某一图形、某一人物的形态与情态来表现商品的种种特性，从而唤起顾客的种种联想，产生心灵上的某种沟通与共鸣。

寓意与联想也可以用抽象几何道具通过平面的、立体的、色彩的表现来实现。生活中两种完全不同的物质、完全不同的形态和情形，由于内在的美相同，也能引起顾客相同的心理共鸣。橱窗内的抽象形态同样能加强顾客对商品个性内涵的感受，不仅能创造出一种崭新的视觉空间，而且具有强烈的时代气息。

3．夸张与幽默

合理的夸张可将商品的特点和个性中美的因素明显夸大，它强调事物的实质，给人以新颖奇特的心理感受。贴切的幽默通过风趣的情节，把某种需要肯定的事物，无限延伸到漫画式的程度，充满情趣，引人发笑，耐人寻味。幽默可以达到既出乎意料之外、又在情理之中的艺术效果。

4．广告语言的运用

广告语言的运用需要广告人精准的创意。将产品的核心卖点提炼成一句朗朗上口的短语，能有效吸引顾客或潜在顾客的关注，潜移默化地影响顾客的心理，在某个时间点成为顾客购买商品的有力推进。

（三）橱窗的布置

橱窗的布置方式多种多样，主要有以下几种。

1．综合式橱窗布置

综合式橱窗布置是将许多不相关的商品综合陈列在一个橱窗内，以组成一个完整的橱窗广告。这种橱窗布置由于商品之间差异较大，设计时一定要谨慎，否则就给人一种“什锦粥”的感觉。综合式橱窗布置还可以分为横向橱窗布置、纵向橱窗布置、单元橱窗布置。

2．系统式橱窗布置

大中型门店橱窗面积较大，可以按照商品的类别、性能、材料、用途等因素，分别组合陈列在一个橱窗内。这种布置方式叫系统式橱窗布置。

3．专题式橱窗布置

专题式橱窗布置是以一个广告专题为中心，围绕某一个特定的事情，组织不同类型的商品进行陈列，以向媒体大众传输一个诉求主题。该布置方式又可分为：节日陈列——以庆祝某一个节日为主题组成节日橱窗专题；事件陈列——以社会上某项活动为主题，将关联商品组合起来的橱窗；场景陈列——根据商品用途，把有关联性的多种商品在橱窗中设置成特定场景，以引发顾客的购买行为。

4．特定式橱窗布置

特定式橱窗布置是指用不同的艺术形式和处理方法，在一个橱窗内集中介绍某一商品，如单一商品特定陈列和商品模型特定陈列等。

5．季节性橱窗陈列

季节性橱窗陈列指根据季节变化把应季商品集中进行陈列，如冬末春初的羊毛衫、风衣展示，春末夏初的夏装、凉鞋展示。这种手法满足了顾客应季购买的心理特点，从而可以扩大销售。但季节性橱窗陈列必须在该季节到来之前一个月就预先陈列出来，向顾客介绍，才能起到应季宣传的作用。

四、照明设计

照明设计又称灯光设计，可以分为室外照明设计和室内灯光设计。灯光是一个灵活且富有趣味的设计元素，能突出焦点和主题，调节气氛，增强装饰的层次感。灯光分为直接灯光和间接灯光。

直接灯光泛指那些直射式的光线，如吊灯及射灯等。光线直接散落在指定的位置上，投射出一圈圈的光影，用于照明或突出主题，直接而简单。

间接灯光在气氛营造上则能发挥独特的功能性，营造出不同的意境。它的光线不会直射至地面，而是被置于壁凹、天花板背后或壁面铺饰的背后，光线被投射至墙上再反射至地面，柔和的灯光仿佛轻轻地洗刷整个空间

这两种灯光适当配合，可以缔造出完美的空间意境。它们有些明亮活泼，有些柔和蕴藉，透过对比呈现出灯光的独有个性，散发出不凡的艺韵。

（一）室内采光部位与光源类型

1．采光部位

利用自然采光，不仅可以节约能源，而且可以令人在视觉上更为习惯和舒适，在心理上能和自然接近、协调，可以看到室外景色，更能满足精神上的要求。如果按照精确的采光标准，日光完全可以在全年提供足够的室内照明。

室内采光效果，主要取决于采光部位和采光口的面积大小和布置形式，一般分为测光、高测光和顶光三种。

其中，测光可以选择良好的朝向、室外景观，使用维护比较方便，但当房间的进深增加时，采光效率便会很快降低。因此，常常采用加高窗户高度或双向采光或转角采光的方式来弥补这一缺点。

进入室内的日光因素由三部分组成，即直接天光、外部反射光和室内反射光。

自然采光一般采取遮阳措施，以避免阳光直射室内所产生的眩光和过热的不适感觉。但阳光对活跃室内气氛、创造空间立体感及光影的对比效果，起着重要作用。

2．光源类型

光源可以分为自然光源和人工光源两种类型。自然光源主要是日光，又称天光。人工光源主要有白炽灯、荧光灯、高压放电灯。家庭和一般公共建筑所用的人工光源主要是白炽灯和荧光灯。

（1）白炽灯。白炽灯由两金属支架间的一根灯丝，在气体或真空中发热而发光。

白炽灯的优点：光源小、便宜；具有种类极多的灯罩形式，并配有轻便灯架、顶棚和墙上的安装用具和隐蔽装置；通用性大，色彩品种多；具有定向、散射、漫射等多种形式；色光最接近于太阳光色。

白炽灯的缺点：其暖色和带黄色光会在一定程度上影响被照射物的显色；光通量较低，产生的热为80%，光仅为20%；寿命相对较短。

（2）荧光灯。荧光灯是一种低压放电灯，灯管内是荧光粉涂层，它能把紫外线转变为可见光。

（二）照明方式

按灯具的散光方式，照明方式可以分为以下几种。

1. 间接照明

将光源遮蔽便产生了间接照明。间接照明把 90%～100%的光射向顶棚、穹顶或其他表面，从这些表面再反射至室内。当间接照明紧靠顶棚时，几乎可以造成无阴影，从而形成最理想的整体照明。从顶棚和墙上端发射下来的间接光，会造成天棚升高的错觉。上射照明是间接照明的另一种形式，筒形的上射灯可以用于多种场合，如在房角的地上、植物背后等处。

2. 半间接照明

半间接照明将 60%～90%的光向天棚或墙上照射，把天棚作为主要的反射光源，而将 10%～40%的光直接照于工作面。从天棚来的反射光，趋向于软化阴影和改善亮度比。由于光线向下直射，所以照明装置的亮度和天棚亮度接近于相等。

3. 漫射照明

漫射照明对所有方向的照明几乎都一样。为了控制眩光，漫射装置圈要大，灯的瓦数要低。

4. 半直接照明

半直接照明将 60%～90%的光向下直射到工作面上，而将其余 10%～40%的光向上照射。下射照明软化阴影的光的百分比很少。

5. 宽光束的直接照明

这种照明具有强烈的明暗对比，并可造成有趣生动的阴影。由于其光线直射于目的物，会产生强的眩光。

6. 高集光束的下射直接照明

这种照明指的是因高度集中的光束而形成的光焦点，它具有突出光的效果和强调重点的作用。它可提供在墙上或其他垂直面上充足的照明，但应防止过高的亮度比。

（三）灯具造型设计与选择

（1）地灯。施工时装置于地板下，一般用于提示和增加气氛，如用在楼梯、通道部位等。属于气氛照明和整体照明的补充照明。

（2）吸顶灯。安装于顶棚的基础照明光源，分为浮凸式和嵌入式，所用白炽灯有 40W，60W，75W，100W，150W 等，荧光管灯一般选用 30W 或 40W。

（3）吊灯。一般安装在距顶棚 50～1000mm 处，装饰性强，通常出现在室内空间的中心位置。吊灯也可作为局部照明，如餐桌上方的吊灯。

（4）镶嵌灯。镶嵌灯也称嵌入式灯，即安装在室内空间天花顶棚内的灯具，灯口与顶棚面大致相齐。

（5）投光射灯。为小型聚光照明灯具，有夹式、固定式和鹅颈式。通常固定在墙面上，可调节方位和投光角度，使用灵活方便，多用于重点照明和局部点缀。

（6）导轨照明灯具。在顶棚上安装轨道，在轨道上再安装若干可移动的反射投光灯的照明灯具，可根据特殊要求移动灯的位置。

（7）壁灯。安装于墙壁上的灯具。在高大的空间内，选用壁灯作为补充照明，可以解决光照度不足的问题。同时，壁灯还可以创造出理想的艺术装饰效果。

微课学 2-3

请观看微课——“店铺设计”（扫描右侧二维码），然后把学习要点记录下来！

[微课：店铺设计]

【项目实训】

活动 1：请以学校的商店或附近的商店（如奶茶店、便利店等）为例，调查门店投资的情况，然后根据调查结果编制门店投资预算表（见表 2-7）。

表 2-7　门店投资预算表

一	一次性开办投资部分			
	科目	数量/面积	单价	金额（元）
	小计			
二	固定资产投资部分			
	科目	数量	单价	金额（元）
	小计			
三	前期开办及备用金/采购资金			
	小计			
四	房屋租金			
	合计投资			

活动 2：请到附近的便利店进行实地调查，分析便利店的选址情况，并填写便利店选址分析调查表（见表 2-8）。

表 2-8　便利店选址分析调查表

A. 选址地点及交通概况	地点	
	交通状况	□主干道　□次干道　□支道　□有隔离带　□无隔离带　□店前隔离带是否有出口 路宽______m、距站牌______m、公交车______路、距路口______m
	地址属性	□主要商业街道　□步行街　□校内学生商圈　□校外学生商圈 □居民区　□企业附近　□医院附近　□车站　□其他人员聚集区

续表

<table>
<tr><td rowspan="3">B. 店铺结构概况</td><td>地点</td><td colspan="3"></td></tr>
<tr><td>室外</td><td colspan="3">主楼高____层，楼龄____年，店铺____楼，门面宽____m，高____m，招牌宽____m，高____m，门前空场____m^2</td></tr>
<tr><td>室内</td><td colspan="3">室内平面形状　□正方形　□长方形　□不规则
使用面积_____m^2、深_____m、宽____m、高_____m。
卷闸门 □有□无，洗手间 □有□无，仓库 □有□无</td></tr>
<tr><td>C. 租赁条件概况</td><td colspan="4">先前租户从事________行业、租期___年、每月租金____元、押金_____元。
租金调幅：□租期内不调□每年上调_____%；转让费______元</td></tr>
<tr><td rowspan="3">D. 商圈分析概况</td><td>相邻门店概况</td><td colspan="3">左右两边 5 家门店依次为
左：__________、__________、__________、__________、__________；
右：__________、__________、__________、__________、__________。
500m 内同类门店家有：　　　同类门店的定位：

开门营业时间平均为：____时，晚上关门时间为：____时；
空店左_____家、右_____家</td></tr>
<tr><td rowspan="2">商圈</td><td colspan="3">周围 15～28 岁约占____%、学生约占_____%、上班族约占____%、经商人员约占____%、当地居民约占_____%、游客约占_____%</td></tr>
<tr><td colspan="3">人流统计（以每 5 分钟计算）：
周一至周五 9:30～11:30______人、双休日______人；
周一至周五 13:30～15:30______人、双休日______人；
周一至周五 17:00～19:00______人、双休日______人；
周一至周五 20:00～22:00______人、双休日______人</td></tr>
<tr><td rowspan="2">E. 商圈内门店营运分布概况及竞争对手分析（半径 500m 内）</td><td>门店营运分布概况</td><td colspan="3">大型超市□有□无、日平均客流约____人、距选择店____m；学校有____家（其中小学____所，学生约____人、距选择店_____m；中学____所，学生约____人、距选择店_____m；大学____所，学生约_____人、距选择店_____m。）</td></tr>
<tr><td>竞争对手分析</td><td colspan="3">竞争店□有□无，有____家。
第一家距选择店____m、营销模式______、规模_____m^2、经营品种__________、营运状况□优　□一般　□差；
第二家距选择店_____m、营销模式_____、规模_____m^2、经营品种__________、营运状况□优　□一般　□差；
第三家距选择店____m、营销模式______、规模_____m^2、经营品种__________、营运状况□优　□一般　□差</td></tr>
<tr><td rowspan="6">F. 合作商概况</td><td>姓名</td><td></td><td>籍　贯</td><td></td></tr>
<tr><td>联系电话</td><td></td><td>联系地址</td><td></td></tr>
<tr><td>预计资金投入</td><td></td><td>预计开业时间</td><td></td></tr>
<tr><td>行业经验</td><td colspan="3"></td></tr>
<tr><td>合作方式</td><td colspan="3">□公司直营　□承包经营　□合作经营　□特许经营</td></tr>
<tr><td>对公司的意见及需公司支持力度</td><td colspan="3"></td></tr>
</table>

活动 3：请收集身边的店名，分析这些门店用的是哪种命名方法，属于哪个行业，并填写门店命名方法调查表（见表 2-9）。

表 2-9　门店命名方法调查表

序号	门店命名方法	门店名称	所属行业
1	效用命名法		
2	典故命名法		
3	地名命名法		
4	人名命名法		
5	寓意命名法		
6	市场命名法		
7	谐音命名法		
8	标新立异命名法		

活动 4：请为小新的文具店命名。

小新的文具店开设在某高中学校附近。该所高中为全省重点高中，集中了全省的学习精英。小新的文具店是现代简约的装修风格，商品包括书包、文具盒、笔等学习用品和各类学习资料。请为小新的文具店取 3 个不同的名字，说明分别用了哪种命名方法。

活动 5：请到当地的行政服务中心（办证大厅）了解个体工商户的注册流程，查看政府公布的办证须知，掌握各个步骤需要提交的资料清单，并填写个体户注册流程及需提交的资料（见表 2-10）。

表 2-10　个体户注册流程及需提交的资料

序号	办证流程	需要准备的资料	取得的证件
1			
……			

活动 6：利用节假日的时间，去街道走一走，选择一家最感兴趣的门店，将该门店设计的内容记录下来，填写在门店设计内容登记表（见表 2-11）内。

表 2-11　门店设计内容登记表

序号	门店设计的内容	优点	可能存在的问题	可以采取的措施
1	招牌设计			
2	店门设计			
3	橱窗设计			
4	照明设计			

活动 7：你的父母在家具城买下一个 $80m^2$ 的门店，准备代理某品牌的实木家具，产品主要有单床和高低床（1.2m、1.5m 和 1.8m）、衣柜、餐桌椅等。你来帮助他们设计该门店，并制作 PPT 展示出来。

【项目检测】

一、单选题

1. 投资者通过与银行达成借贷协议，向银行借贷相应资金并按约使用、支付利息，按期偿还，此种筹资方式属于（　　）。

A. 自有资金　　B. 银行贷款　　C. 风险投资　　D. 政府扶持

2.（　　）是指门店投资额较大时通过寻找合伙人共同出资来筹集资金的一种筹资方式。

A. 合伙筹资　　B. 银行贷款　　C. 风险投资　　D. 租赁筹资

3. 门店实际损益的计算方法为（　　）。

A. 实际损益=税前损益-分担总部费用　　B. 实际损益=销售毛利-变动费用

C. 实际损益=营业收入-销售成本　　D. 实际损益=销售毛利-应交税费

4. 便利店选址的交通条件分析中，说法正确的是（　　）。

A. 主要停车站客流量小于一般停车站

B. 中途站的客流量始终大于终始站的客流量

C. 中途站的客流量始终小于终始站的客流量

D. 中途站与终始站的客流量无统一规律

5.（　　）是指顾客到某地并不是专程购买商品，而是因其他目的而来，顺路进店所形成的客流。

A. 派生客流　　B. 分享客流　　C. 自身客流　　D. 外来客流

6. 下列关于仓储式商场说法正确的有（　　）。

A. 营业面积在 2500m^2 以上

B. 选址在居民区、交通要道、商业区

C. 选址在城乡结合处

D. 生鲜食品、衣食用品齐全，重点在于商品的深度

7. A 城镇人口 160 000 人，B 城镇人口 10 000 人，A 城镇和 B 城镇之间相距 20 千米，那么根据雷利法则计算出 B 城镇的商圈范围应为（　　）。

A. 20 千米　　B. 16 千米　　C. 5 千米　　D. 4 千米

8. 附近或有政府、学校、医院等。其消费群为白领，消费金额高，具有便利性、稳定性等特点的是（　　）商圈形态。

A. 商业区　　B. 办公区　　C. 文教区　　D. 混合区

9. 店名是（　　）的象征，顾客可以通过店名了解门店经营的风格和类型。

A. 门店经营业务　　B. 门店形象　　C. 门店影响力　　D. 门店品牌

10. 店名要简洁明了，全称一般控制在（　　）个字以内，核心字眼一般不超过（　　）个字。

A. 10，6　　B. 8，6　　C. 6，4　　D. 8，4

11. 店名要与门店的经营理念和形象特征相吻合，体现门店的服务宗旨，目的是（　　）。

A. 简洁明了　B. 便于传播　C. 产生联想　D. 体现独特性

12. 以下店名中，采用“典故命名法”命名的是（　　）。

A. 武汉热干面　B. 爱晚亭餐厅　C. 丑厨烧烤　D. 天下第一驴

13. 以下店名中，采用“寓意命名法”命名的是（　　）。

A. 四川凉皮　B. 牛气烧烤

C. 靓仔鱼头王　D. 杨小贤甜品店

14. 有家餐厅命名为“败家子餐厅”，请问是违反了门店命名的哪一条？（　　）

A. 含有生僻字　B. 寓意过于深奥　C. 晦气　D. 雷同

15.（　　）是指挂在门店门前作为标志的牌子，主要用来标示门店的名称和记号。

A. 品牌　B. 名牌　C. 招牌　D. 商标

16. 门店的招牌垂直立于门店侧面，这是招牌放置位置中的（　　）。

A. 平行放置　B. 垂直放置　C. 侧面放置　D. 纵横放置

17. 关于招牌设计，下列说法不正确的是（　　）。

A. 招牌的内容要简洁突出、顺口易记、立意深刻

B. 文字内容必须与本店所销售的商品相吻合

C. 店名的字形、字体、字号、凸凹、色彩、位置等要适当、得体

D. 为了凸显门店上档次，有文化，招牌名字宜采用古文或冷僻字

18. 设计店门，正确的说法是（　　）。

A. 只要商品质量好，店门设计可以完全不用考虑

B. 店门所使用的材料，都必须是硬质木材

C. 无边框的整体玻璃门，透光性不是很好

D. 店门设计，还应考虑店门前路面是否平坦，是水平还是斜坡

19.“运用陈列技巧，通过对商品的折、拉、叠、挂、堆，充分展现商品自身的形态、质地、色彩、样式等”，这是橱窗设计的（　　）表现方法。

A. 直接展示　B. 寓意与联想

C. 夸张与幽默　D. 广告语言的应用

20. 光线被投射至墙上再反射至地面，给整个空间营造气氛。这是因为（　　）。

A. 直接灯光　B. 间接灯光　C. 高测光　D. 顶光

二、多选题

1. 下列属于开店所需资金中的一次性费用的有（　　）。

A. 门店场地购买费用　B. 门店装修费用

C. 门店登记注册费用　D. 门店柜台、货架等设备的购置费用

2. 商圈一般被划分为（　　）。

A. 核心商圈　B. 次级商圈　C. 第三商圈　D. 边缘商圈

3. 以下店名中，采用“典故命名法”的店名有（　　）。

A. 东坡酒楼　B. 狗不理包子　C. 肥佬快餐店　D. 水浒山庄

4. 以下店名中，采用“标新立异命名法”的店名有（　　）。

A．小糊涂面馆　　B．丑厨家常菜
C．美的哭服装店　　D．衣见钟情服装店
5．以下店名中，属于“晦气”的店名的有（　　）。
A．厕所串串　　B．牛气厨房
C．精品粮油批发部　　D．土垚牛香坊
6．个体工商户门店注册时，在工商局核名需要提供（　　）。
A．经营者的身份证原件及复印件　　B．代办人的身份证原件及复印件
C．委托人签署的委托代理人证明　　D．个体工商户名称预先核准申请书
7．到公安局备案、刻公章的时候需要提供的材料包括（　　）。
A．刻章申请报告　　B．工商营业执照
C．个体工商户户主身份证　　D．经办人身份证
8．关于季节性橱窗陈列，说法正确的是（　　）。
A．冬末春初的羊毛衫、风衣展示
B．春末夏初的夏装、凉鞋展示
C．这种手法可满足顾客应季购买的心理特点，用于扩大销售
D．季节性陈列必须在该季节到来之前一个月预先陈列出来

三、判断题

1．新开门店的经营潜力可通过预测门店销售额来确定。（　　）
2．损益平衡点是指门店收益与支出相等时的营业额，门店营业额超过此点即亏损，低于此点即盈利。（　　）
3．经营安全率是衡量门店经营状况的重要指标。（　　）
4．个体工商户只能以自有场所作为经营场所，并提交自有场所的产权证明复印件。（　　）
5．在质量技术监督管理局可以办理组织机构代码证。（　　）

四、简答题

1．筹措资金的方式有哪些？
2．门店选址的原则有哪些？
3．个体工商户门店注册的流程是什么？
4．招牌的文字设计需要注意哪些问题？
5．橱窗设计常用的表现手法有哪些？

五、案例分析题

案例一

“香格里拉”酒楼开在一个三线城市的高新开发区与主城区的结合处，仿古罗马建筑风格，走中高端消费路线，主营中式简餐、西餐、咖啡等，营业面积超过 $2000m^2$。酒楼自开业伊始，生意一直十分清淡，每天上门的顾客屈指可数，几乎天天都赔钱。酒楼运营一段时间之后，几位股东坐不住了，开始反复查找生意不好的原因，包括酒楼的前厅服务、后厨出品、出品定价、顾客反映、市场宣传等各个方面。然而大家把能够想到的

地方查找了一个遍，依然找不出酒楼无人“喝彩”的真正原因，他们为此头疼不已。

结合案例，请分析：

香格里拉酒楼无人“喝彩”的真正原因是什么？

案例二

由于小龙虾独特的味道越来越受到顾客的喜爱。特别是夏天，越来越多的顾客喜欢在吃宵夜时品尝小龙虾。在佛山南海黄岐一带，有一条著名的“小龙虾”宵夜一条街，几乎每家门店都以小龙虾作为招牌吸引顾客。每到晚上，宵夜一条街的生意就十分红火，顾客络绎不绝，但有一家门店生意却显得格外冷清。顾客们似乎有意无意在回避这家店。这家店的名字叫“堕落小龙虾”。

结合案例，请用所学的知识从店名的角度分析：

“堕落小龙虾”生意冷清的原因是什么？

【项目导航】

请回顾本项目的任务知识点，并扫描右侧二维码，填写思维导图。

【项目评价】

教师组织学生填写任务完成情况评价要素表（见表2-12），对本次实训过程中学生的完成情况进行综合评估。

表2-12　任务完成情况评价要素表

组别：　　　　　　　　　　　　　　　　　　学生姓名：

序号	考核点	分值（100分）	得分	累计积分账户
小组评价		共20分		
1	态度与纪律	4		
2	出勤情况	4		
3	参与活动时与人沟通的能力	4		
4	参与讨论的积极性	4		
5	团队合作的表现	4		
本人评价		共50分		
6	能区分筹措资金的方式	1		
7	能计算新开门店的经营潜力、损益平衡点	2		
8	能应用商圈分析的内容对具体门店进行商圈分析	1		
9	能概括门店选址的因素	3		
10	能举例说明门店命名的常用方法	3		
11	能应用门店命名的相关知识分析与门店命名有关的实际案例	1		

续表

序号	考核点	分值（100 分）	得分	累计积分账户
12	能解释个体户和合伙企业的含义	1		
13	能以思维导图的形式总结个体户的注册流程并梳理各个阶段需要准备的资料	2		
14	能结合实例分析门店中关于招牌设计、店门设计、橱窗设计、照明设计的优缺点	3		
15	能结合具体门店创办的实例编制门店投资预算表	3		
16	能完成一次门店选址活动	2		
17	能给要经营的门店取合适的名字	2		
18	能模拟个体户或合伙企业的注册流程完成一次门店注册活动	3		
19	能根据不同形式门店的需求完成一次店面设计活动	3		
	教师评价	共 30 分		
20	对门店创办准备知识的掌握	15		
21	对门店创办准备技能的掌握	15		
	本次实训分数小计			

累计积分账户说明：90～100 分积 5 分，80～89 分积 4 分，70～79 分积 3 分，60～69 分积 2 分，60 分以下积 1 分。

项目三　门店日常作业管理

项目描述

日常作业管理是门店的基本管理工作，可保证门店的日常运营能正常顺利地展开。门店的日常作业由一系列的作业程序管理组成。

本项目共有六个任务，具体阐述了进存货作业、商品标价作业、商品陈列作业、商品理货作业、商品盘点作业、收银作业的基本内容，旨在帮助学生了解、掌握相应的工作流程及管理要求。

项目目标

知识目标	技能目标
（1）能分别用流程图概括订货作业、验收作业、退换货作业的流程。 （2）会计算存货周转率并分析门店的存货管理的现状。 （3）能复述新上架商品、促销商品、调价商品的标签管理工作。 （4）能总结商品陈列原则和陈列方法。 （5）能以思维导图形式概括理货作业的流程。 （6）能说明理货员的补货、调货、退换货的工作要求。 （7）能说明盘点前的准备工作。 （8）能以思维导图形式概括初盘、复盘、抽盘的作业规范要求。 （9）能用流程图概括收银作业流程。 （10）能归纳离开收银台的作业管理要求	（1）会按照各项作业流程进行订货、验收、退换货、调拨作业的处理。 （2）能熟练、正确地制作各类商品的标价签。 （3）能运用所学的商品陈列原则和陈列方法开展一次商品陈列活动。 （4）能够按照理货作业流程开展一次商品理货作业。 （5）能够在教师的指导下正确、规范地实施盘点作业。 （6）能够处理盘点差错。 （7）能使用 POS 收银机按结账步骤进行收银作业。 （8）能够在收银出现问题时快速、准确地处理纠正

任务 8　进存货作业

【工作情景图】

工作情景图如图 3-1 所示。

图 3-1　工作情景图

任务情景

小陈就读于商贸专业，他和 3 名同班同学通过竞标获得了学校创业街一家门店一学期的经营权。他们打算经营食品饮料，这类业务的安全责任很大，所以必须选择可靠的供应商。进货作业包括前期的订货、中期的进货和后期的退换货、调拨货。进货后，他们要对商品进行合理存放并控制好库存量。合理完成这些项目，对经营好门店具有十分重要的意义。对此，小陈很忐忑……

一、进货作业管理

进货作业是指连锁企业从编制进货计划开始，经过供应商的选择到确定供应商、进行合同的签订和执行，以及商品到货、验收入库的完整业务经营过程。进货作业是后续作业的基础和前提，进货工作的质量直接影响到后续作业的质量。

门店进货作业管理主要包括订货、进货验收、退换货和调拨等作业。

（一）订货作业

订货作业是指门店在企业总部所确定的供应商及商品范围内，依据订货计划进行添货的作业。

1．订货的作业流程

订货作业应遵循一定的流程，当发现库存不足时应首先填写订货计划单（见表 3-1），由领导审批后交由总部汇总，然后进行统一订货。

表 3-1　订货计划单

门店名称：__________　商品类别：__________　制表日期：__________

品种	货号	供应商编号	规格	数量	单价	金额	购进方式	提货方式	订货日期	到货日期

具体的订货作业流程如图 3-2 所示。

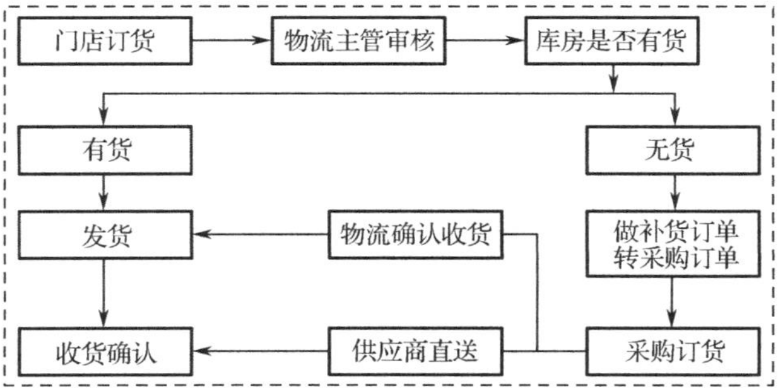

图 3-2　订货作业流程

2．订货作业的注意事项

（1）存货检查。门店负责人应该及时检查卖场及仓库的存货情况，如果存货量少于安全存货量，应及时考虑补货，保证不出现缺货、断码等情况。

（2）适时补货。门店在补货时应注意时效，门店在正常营业时间不可能进行随时补货，也不可能随时接到货单就发货，一般情况下都有固定的发货时间，只要过了时间就只能进行隔日处理。所以要提前做好准备，适时补货。

（3）适量补货。补货量的多少是个比较复杂的过程，相关人员必须考虑每日的销售量、货物送达到门店的前置时间、产品的安全存量、产品的规定补货单位等。但是在实际操作中，门店店长要根据自己的经验和实际情况来进行补货。

（二）进货验收作业

进货验收作业是指依照补货单，公司总部、配送中心或供应商将产品送达门店后，门店进行验收的作业。进货验收按进货的来源，一般可分为由总部配送中心配送的进货验收和由供应商直接配送的进货验收。

1．进货验收作业流程

进货验收作业流程如图3-3所示。

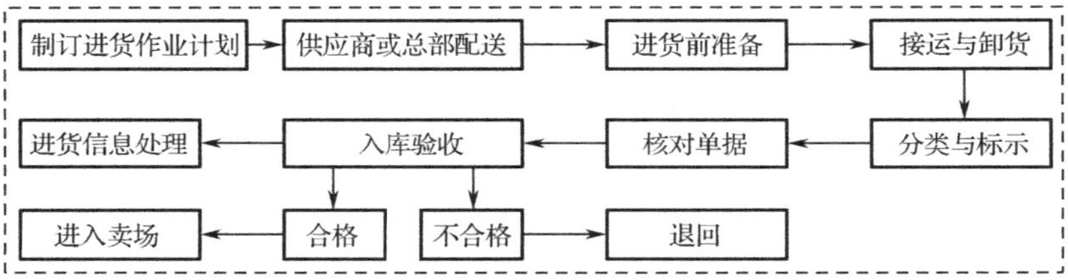

图3-3　进货验收作业流程

（1）进货作业计划。

制订门店进货作业计划的主要依据是需求订单，进货作业计划的制订必须依据订单所反映的信息，掌握商品的到货时间、种类、产地、品质、数量及到货方式，尽可能准确预测出到货时间，以期尽早做出预案，在卸货、储位、人力、物力等方面提前进行计划和安排。进货作业计划的制订有利于保证整个进货流程顺利进行，同时有利于提高作业效率，降低作业成本。

课堂小实训3-1

如果当前你正经营学校创业街的一家门店，主营食品饮料。门店最畅销的贡茶、冰镇饮料和三明治只剩少量库存，急需进货，请你按进货计划填写进货计划表（见表3-2）。

表3-2　进货计划表

序号	商品名称	品牌	型号	数量	单位	要求到货日期	是否需要替代商品（无货状况下）
1							
2							
3							

（2）进货前的准备。

在商品到达门店之前，必须根据进货作业计划，在掌握入库商品的品种、数量和到库日期等具体情况的基础上做好进货准备。进货前准备工作的主要内容有：储位准备、人员准备、搬运工具准备和相关文件准备。做好入库前的准备，是保证商品入库稳中有序的重要条件。

（3）接运与卸货。

商品的运输方式主要有铁路、公路、空运、水运等，这就需要相应站港作为货物中介。接运和装卸是必需的工作流程。

（4）分类与标示。

在对商品进行初步清点的基础上，需按储放地点、标志进行分类并做出标记。在这一阶段，要注意根据有关单据和信息，对商品进行初步清理验收，以便及时发现问题，查清原因，明确责任。

（5）核对单据。

进货商品通常会随附下列单据或相关信息：送货单、采购订单、采购进货通知，以及供应方开具的商品验收单（见表 3-3）、发票、磅码单、发货明细表等。此外，有些商品还随附商品质量保证说明书、检疫合格证、装箱单等；对由承运企业转运的货物，接运时还需审核运单，核对货物与单据反映的信息是否相符。

表 3-3　商品验收单

收货部门：　　　　　　　　　　　　　　　　　　　　____年____月____日

送货部门：

编码	商品条码	商品名称	单　位	供　价	订货数量	合计金额	备　注
1							
2							
3							
4							
5							
合计						元	

送货人：　　　　　　　　验收人：　　　　　　　　部门负责人：

（6）入库验收。

入库验收是对即将入库的商品，按规定的程序和手续进行数量和质量的检验，也是保证库存质量的第一个重要的工作环节。商品验收的方式有全检和抽检两种，一般由供货方和收货方在合同中明确约定选择哪种方式。商品验收的内容包括质量验收、包装验收、数量验收、交货期检验。

（7）进货信息的处理。

① 商品信息的登录。

到达门店的商品，经验收确认后一般应填写入库验收单，单据的格式根据商品及业务形式而不同，但一般包含供应商信息、商品信息、订单信息等。

② 作业辅助信息的收集与整理。

在进货通道、站台、库房布局等硬件设施的设计与布局中，需要考虑许多相关因素，才能达到既能控制适当的规模、节省投资，又能满足作业需要的目的。这些信息将决定进货工作量的大小、装卸货方式及设备的选择、库内外卸货站台的空间、进货验收对人员及设备等方面的需求、进货作业活动所需场地和空间的大小、车辆等运输工具的安排。作业辅助信息主要来自进货验收作业过程中产生的相关信息，因此，必须注意收集与整理，以便为管理决策提供重要的参考数据。

2. 进货验收作业的注意事项

（1）进货要严格遵守时间，避免在营业高峰时间进货，进货时间的确定应考虑厂商作业时间、交通状况、营业需要及内部员工出勤时间等。

（2）各个门店店长要安排验收人员的作业计划，验收单、发票需齐备。

（3）商品整理分类要清楚，在指定区域进行验收。

（4）验收后有些商品直接进入卖场，有些商品则进入内仓或进行再加工。

（5）进货验收时，商品品名、数量、规格要与商品验收单进行核对，拒收变质、过保质期或已接近保质期的商品。

（6）不要一次同时验收几家厂商的货。

（7）不可直接送货至仓库，必须由门店指定的出入口进入。

（8）不允许由厂商清点商品。

（9）各个门店应先办理退货手续再办理进货手续，以免退换商品占用门店的仓位。

微课学 3-1

请观看微课——“收货作业流程”（扫描右侧二维码），然后把学习要点记录下来！

[微课：收货作业流程]

（三）退换货作业

退换货作业是指按订单或合同，将收货时发现的不合格或发错的货物予以退回或换货的作业。退换货作业可与供应商或配送中心进货作业相配合，利用其进货回程顺便将退换货物带回。

1. 退换货的原因

常见的退换货原因有以下几个。

（1）协议退货，即订有特别协议的季节性商品、试销商品、代销商品等，在协议期满后，剩余商品予以退回。

（2）商品有质量问题的退换货。

（3）搬运或运输途中商品有损坏的退换货。

（4）商品过期退回。

（5）商品送错退回，即送达客户的商品不是订单所要求的商品。

2. 退换货作业流程

退换货作业流程如图 3-4 所示。

图 3-4　退换货作业流程

（1）整理需退换货的商品。

整理需退换货的商品，要确认清楚退换货数量，因为这样可以使自己清楚了解有哪些货物存在问题，是否会造成新的缺货数量，是否会影响后面的销售活动。

（2）填制退货单。

在整理完需退换货的商品后，需要填制退货单（见表 3-4）。填写完毕后，要将退货单交给供应商签字确认，供应商签字确认后转交会计审核签字。注意，经供应商签字确认的退货单是供应商承认自己供货存在瑕疵的证据，是退换货的主要依据。

表 3-4　退货单

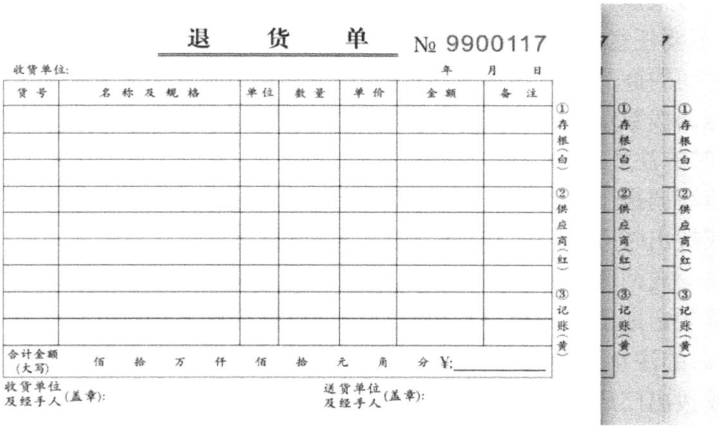

退　货　单　№ 9900117

收货单位:　　　　年　月　日

货号	名称及规格	单位	数量	单价	金额	备注
合计金额（大写）	佰　拾　万　仟　佰　拾　元　角　分 ¥:					

收货单位及经手人(盖章):　　　送货单位及经手人(盖章):

①存根(白)　②供应商(红)　③记账(黄)

（3）办理退换货。

退货单填写完毕后，仓库管理员要确认退换货物品，按仓库的退换货流程办理手续。

课堂小实训 3-2

请按以下退回商品情况填写表 3-4 的退货单。

商品货号 CN0314789　女商务皮鞋　黑色　25 双　单价 250.00 元

商品货号 WA9347213　太阳帽　蓝色　18 顶　单价 38.00 元

商品货号 SJ58794203　学生双肩背包　粉色　10 个　单价 49.00 元

3. 办理退换货作业的注意事项

（1）确认供应商，即先查明待退换商品所属的供应商或送货单位。

（2）退换商品也要清点整理，妥善保存，一般整齐摆放在商品存放区的一个指定地点。

（3）填写退货单，注明商品的数量、名称及退货原因。

（4）迅速联系供应商或送货单位办理退换货手续。

（5）退货时确认扣款方式、时间及金额。

（四）调拨作业

调拨作业是连锁企业门店之间的作业，它是某门店发生临时缺货，且供应商或配送中心无法及时供货时，而向其他门店调借商品的作业。

1. 调拨发生的原因

（1）门店销售量急剧增加，而存货不足。

（2）供应商送货量明显不足。

（3）顾客临时下大量订单。

2. 调拨作业的注意事项

调拨作业按发生的时间分为调拨前、调拨时与调拨后三个阶段，各阶段应注意的事项如下。

（1）调拨前的注意事项。

① 如有临时大量订单时，门店在接单前最好先联系一下其他店，确认其他店可调拨数量是否足够，不要任意接单，而影响企业的商誉。

② 门店之间的商品调入与调出，必须经双方店长同意后才能进行。

③ 要根据调拨数量的多少及时间的要求来安排调拨车辆，保证时效性。

（2）调拨时的注意事项。

① 必须填写调拨单，拨入、拨出时双方门店均须在其上签名确认。

② 拨入或拨出时双方门店均须验收检查并确认。

③ 调拨单一式两联，第一联由拨出门店保管，第二联由拨入门店保管。

④ 调拨单须定期汇总送至总部会计部门，以配合账务处理。

（3）调拨后的注意事项。

① 拨入或拨出门店均须检查存货账与应付账是否正确。

② 拨入门店应注意总结教训，重新考虑所拨商品的最低安全存量、每次订货量及货源的稳定性，尽量避免重复发生类似事件。

二、存货作业管理

存货作业管理是指对存货储藏空间的管理，包括暂存区、货品内仓的管理。

存货是指企业在生产经营过程中为销售或耗用而储备的物资，包括材料、燃料、低值易耗品、在产品、半成品、产成品、协作件、商品等。商品采购到位后必然会有一部分要进入门店仓库进行保管，因此存货作业管理是门店销售的基础。门店的主要功能是销售，其仓储空间都是很有限的。如何有效地进行存货作业管理，尽量使存货最小化、配置最优化是一个十分关键的问题。

（一）商品存货控制

门店的存货控制有别于配送中心，对于门店来说存货作业管理一直是需要规划和控制的一个环节。经营者可以用“存货周转率”来衡量和评价门店购入存货、投入生产、销售收回等各环节的管理状况。

1. 存货周转率的计算

存货周转率又叫存货周转次数，是指一定时间内门店销售成本与存货平均余额之比，是反映门店销售能力和存货周转速度的一个重要性指标。公式如下：

$$存货周转率=\frac{销售成本}{（期末存货额+期初存货额）\div 2}$$

举例说明：李明公司2019年度一季度的产品销售成本为300万元，期初存货为80万元，期末存货为40万元，计算存货周转率。

解：存货平均余额=（期末存货额+期初存货额）÷2=（80+40）÷2=60万元

存货周转率=300÷60=5次

计算的结果相当于该企业用平均60万元的现金在一个季度里面周转了5次，赚了5次利润。照此计算，如果每季度平均销售成本不变，每季度的库存平均值也不变，那么该企业的年库存周转率就变为（300×4）÷60=20次。就相当于该企业一年用60万元的现金赚了20次利润。

通常来说，存货周转率的高低可反映门店存货的管理水平。一般而言，存货周转速度越快，存货的占用水平越低，流动性越强，存货转换为现金或应收账款的速度越快，从而在保证生产经营连续性的同时，应尽可能地减少运营资金占用，提高资金的使用效率，增强门店的变现能力和短期偿债能力。

2. 存货报警

一般的门店都会根据实际情况制订存货量的上下限，存货报警是指当存货量小于存货量下限或大于存货量上限时所发出的报警信号。这是因为存货量过小可能会影响门店的正常运营，存货量过大又会增加运营成本，所以存货量应该保持在一个合理的区间。

（1）当存货量小于或大于存货量预设的上下限时，应向有关人员报警。

（2）安全存货报警。对存货量低于安全存货量的商品，应进行存货报警。

（二）存货作业管理的方法

存货作业日常管理包括存货储存期控制和存货ABC分类管理。

1. 存货储存期控制

存货储存期控制包括存货保本储存期控制和保利储存期控制两项内容，计算公式为：

存货保本储存天数=（毛利-固定储存费-销售税金及附加）÷每日变动储存费

存货保利储存天数=（毛利-固定储存费-销售税金及附加-目标利润）÷变动储存费

2. 存货ABC分类管理

存货ABC分类管理就是按照一定的标准，将企业的存货划分为A、B、C三类，分别实行分品种重点管理、分类别一般控制和按总额灵活掌握的存货管理方法。分类的标准主要有两个：一是金额标准；二是品种数量标准。

（三）存货作业的注意事项

（1）商品要进行定位，按照不同的类别进行分区管理。门店仓库一般最少要设置3个区域，即整箱储存区、拆零储存区、退货区。

（2）使用货架等仓储工具，做到空间使用最大化。

（3）商品存取作业方便，可以做到先进先出，也能做到随进随出。

（4）商品不可以直接接触地面，要保持地面的清洁卫生。如确实需要进行堆垛，则需加垫枕木或栈板，防止商品受潮。

（5）商品不得与墙壁直接接触，须留有 5cm 的间隙。

（6）商品不能放置于通道上。

（7）注意仓库区的温度、湿度，保持通风。

（8）商品进出库要做好登记工作，以便明确保管责任。

课堂小实训 3-3

美特斯邦威公司陷高库存危机

截至 2012 年 9 月 30 日，美特斯邦威公司第三季度报表显示，美特斯邦威的存货为 29 亿元，而在售已降至 25 亿元规模，其中超过 15 亿元的货物为过季商品。该报告指出，美特斯邦威公司的净资产约为 32 亿元，而仓库里那些过季衣服已占其净资产的近一半。“高库存直接影响企业的资金流，甚至会导致企业资金链断裂。”一位服装公司的销售负责人透露，“美特斯邦威”多个品牌服装去年在中国出现了销售额负增长现象，产量在上升而销量却在下降。这可能是造成高库存的一个重要原因。

专业人士认为，2012 年 1 月全国百家大型零售企业服装零售量同比下降 0.189%。考虑到 1 月处于元旦、春节等传统旺季时段，各类促销活动对拉动销量增长的作用明显。但即便如此，销售量仍出现同比下降，说明销售情况着实一般。

试分析：

面临库存过大的问题，公司应采取什么措施解决？

任务 9　商品标价作业

【工作情景图】

工作情景图如图 3-5 所示。

图 3-5　工作情景图

任务情景

小陈的门店购进了一批商品，在上架之前需要标价，价格标签应该怎么制作呢？让我们来学习一下吧！

一、什么是价签

价签又称标价签，是传达和表示商品销售价格的标志，是经营者提供给顾客最直接的商品信息，是商品的名片和身份证，是商品和顾客最直接的沟通和交流手段。价签的内容一定要完整无误，包括商品的条形码、名称、价格、规格、单位、产地、编码或货号。

二、价签的种类

为避免虚假标价、虚构原价等价格违法行为误导消费者，商品流通领域推广红、黄、蓝三色价签；政府定价和政府指导价的商品，使用明码实价标签，如图 3-6 所示；市场调节价的商品，经营者可以根据市场情况和自身经营的需要，任选降价（红色）、特价和会员价（黄色）、明码实价（蓝色）的标价方式。

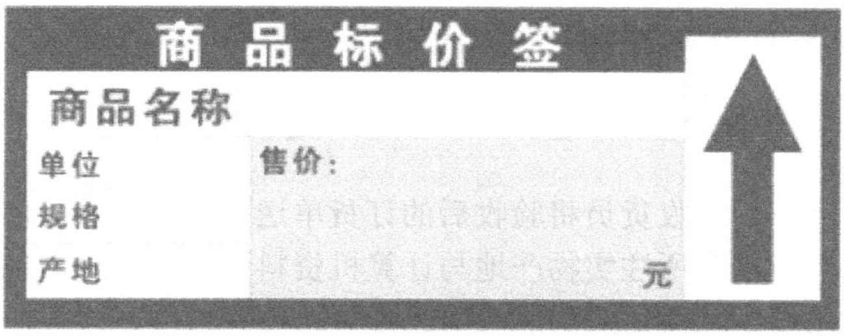

图 3-6　“明码实价”商品价签

三、价签的填写

在信息技术发达的今天，大部分门店的价签是机打出来的，无须员工手工填写。此外，价签的内容一定要完整无误。

价签填写具体要求如表 3-5 所示。

表 3-5　价签填写具体要求

				价 格 标 签
品名 COMMODITY	李锦记薄盐生抽	规格 SPECIFICATION	1L	零售价 PETAIL PRICE ¥8.90
编码 CODE	24789541254	产地 PLACE OF ORIGIN	江门市	
条码 BAT CODE	6922824000643	单位 UNIT	瓶	
××市价格监督检查分局监制　第　号　价格举报电话：12356				

（1）条码。超市的商品要打印条码（13 位）。

（2）品名。要打印全称，如“李锦记薄盐生抽”，不能只写简称“李锦记生抽”或“生抽”。相同商品但口味不同的要把口味写在商品名称中，以将它们区分开来。

（3）产地。要求准确到市。商品的原料从国外进口但在国内组装，其产地要写国内。例如，婴儿吃的钙片，原材料是美国的，但在国内分装，制造商是上海某家公司，商标是英国的，这种情况要写国内。

（4）规格。即商品包装的含量，如“喜之郎牛奶果冻”规格为“250g”；散装食品，规格写“散”；没有规格的计件商品（如饰品类），规格写“统一”。

（5）单位。即商品最小的售出单位。散装商品按斤出售，计量单位为500g；其他单位有“袋”“瓶”“罐”“听”“件”“条”等，如茶叶的最小售出单位是“两”，即50g。

（6）等级。有的商品会分等级，如香菇有“一级”或“特级”之分。

（7）零售价格。商品价格必须精确到分，如49.80元，不可以打成49.8元。

（8）物价局审批编号。位于价签最下方，可以机打；特殊规格无法机打的小价签可以手写。

（9）编码。它在价签中的作用是方便归类。

四、价签的管理

（一）新上架商品价签管理

（1）收货部收货员验收新商品时需在订货单上注明商品产地，同一品牌商品只注明一个。

（2）商品验收完毕后，收货员将验收后的订货单送授权人员打印商品标价签，打印商品标价签时，应将订货单上所注实物产地与计算机资料进行核对，产地不符时以订货单所注实物产地为打印依据，并通知采购部门修改资料。

（3）柜组人员在接受商品标价签时，应认真核对商品标价签内容与实物是否相符，确认无误后予以签收，否则退回。

（4）柜组人员在新商品上柜时，要再次核对标价签内容与实物是否相符，如发现标价签所标产地与商品实际产地不符，则填写打印标价签申请表，请授权人员重新打印正确的标价签；其他内容不符，则填写商品资料修改申请单，并及时向采购部门反映。

（二）促销商品价签管理

（1）授权人员接到调价通知后，打印相应调价通知单及商品标价签，提交给相应销售主管。提交时，标价签应按调价通知单分类。

（2）销售主管接到调价通知单及商品标价签后，要认真核对二者与实物是否相符。如不符，以商品实物资料为准，重新打印正确的标价签，并及时向采购部门反映。

（3）柜组主管接到调价通知单及商品标价签后，当日执行售价调低的，商品标价签更换要在执行时点后进行；当日执行售价调高的，商品标价签更换要在执行时点前进行；次日执行的，商品标价签更换要在营业结束后进行。

（4）更换商品标价签时要认真核对调价通知单、商品标价签是否与对应商品内容相符，所有促销商品是否都有标价签。发现促销标价签内容有误或大小规格不符合商场陈列要求时，柜组人员应持调价通知单及标价签请授权人员打印正确的标价签，同时将错误标价签交回销售主管。

（5）换下的促销商品原标价签要与调价通知单捆扎在一起，单据和标价签一一对应，注明促销期限，交主管保存。每天营业前由柜组主管安排柜组人员查看是否有到期的促销商品，以便及时更换标价签。

（6）促销期结束后，柜组人员将促销标价签取下，换上原标价签。换下的促销标价签与调价通知单捆扎在一起，单据和标价签一一对应，交给主管，并于一周内由主管交授权人员销毁。

（7）日杂、食品、电器（含厨具）、高档文具、化妆品、烟酒、药品、电脑软件等商品折让价格变动一律更换标价签，其他类别商品折让价格变动如无特殊说明，由门店美工制作宣传海报等价格标志。

（三）调价商品价签管理

在门店运营的过程中，商品的销售价格经常会发生变化，一是因为商品的进货价发生了变化，二是因为门店经常要开展商品的促销活动来提高销售业绩。一旦商品的价格发生变化，那么调价商品的标价签也要相应地进行调整。因此，调价商品的标价签管理包括进价调整和售价调整两种。只有合理地进行调价商品的标价签管理，才能保证门店经营的正常进行。

（1）物价员要填制进价调价单（见表 3-6）和售价调价单（见表 3-7）。

表 3-6　进价调价单

供货商编码：678145		供货商名称：广东省××公司		日期：2019 年 1 月 10 日		
商 品 编 码	商 品 名 称	原进价（元）	现进价（元）	原售价（元）	调后价（元）	调整原因
694258712002	立顿红茶	11.00	10..00	14.00	12.80	进价调整
692635478331	怡宝矿泉水	1.20	1.15	2.00	1.50	进价调整
694589742011	洁柔抽纸	13.80	12.50	16.80	14.90	进价调整
……	……	……	……	……	……	……
采购主管：李××		采购经理：陈××		信息员：关××		

表 3-7　售价调价单

供货商编码：678145		供货商名称：广东省××公司		日期：2019 年 1 月 10 日		
商 品 编 码	商 品 名 称	原进价（元）	现进价（元）	原售价（元）	市调价（元）	调整原因
694258712002	立顿红茶	11.00	11.00	14.00	11.80	促销
692635478331	怡宝矿泉水	1.20	1.20	2.00	1.20	促销
694589742011	洁柔抽纸	13.80	13.80	16.80	12.90	促销
……	……	……	……	……	……	……
采购主管：李××		采购经理：陈××		信息员：关××		

（2）授权人员根据商品调售价通知单打印商品标价签，标价签打印完毕后与商品调售价通知单一一对应，提交给相应的销售主管。销售主管接到商品调售价通知单及商品标价

签后，要认真核对标价签与商品调售价通知单内容是否相符，数量是否正确，并按通知单将标价签进行分类，无误后予以签收。

（3）柜组部门主管接到商品调售价通知单及商品标价签后，要在规定的时间（具体操作同促销商品价签管理）内将商品原标价签换下。更换商品标价签时，要认真核对商品调售价通知单、标价签是否与对应商品内容相符。发现标价签内容有误或规格不符合商场陈列要求时，须把商品调售价通知单及标价签交给授权人员，并请授权人员打印正确的商品标价签。商品标价签数量不够的应补打。

（4）换下的商品原标价签由柜组人员整理好后上交主管，集中存放在指定的地点，并于一周内由主管交授权人员销毁。

调价商品标价签管理流程如图 3-7 所示。

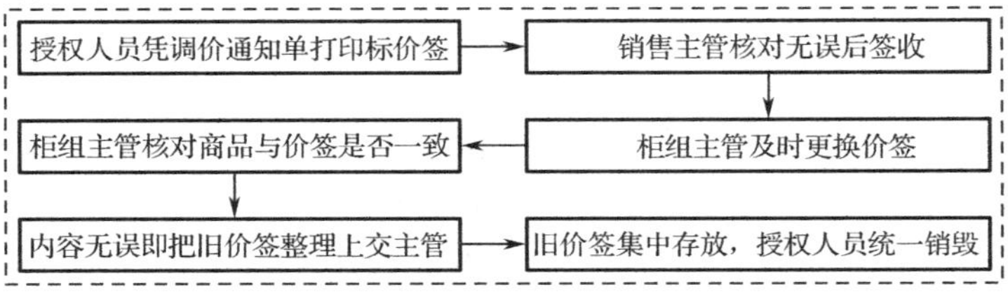

图 3-7　调价商品标价签管理流程

（四）专柜商品价签管理

（1）授权人员根据采购部门负责人签字的相关送货单据，按该商品基本码，手工输入相关数据，打印标价签。

（2）需变动价格的专柜商品，经相关采购人员签字后转授权人员打印商品标价签，连同变价知会或相关单据，提交给相关销售主管，并在规定时间内更换标价签。

（3）柜组人员收到相关单据及商品标价签后，应认真核对标价签与实物是否相符，无误后将原商品标价签换下且上交主管，由主管在一周内交授权人员销毁。

（4）柜组人员在出现标价签丢失、残损或其他原因需补打时，须持经相关销售主管审核签字的打印标价签申请表，请授权人员打印标价签。

（五）其他商品价签管理

（1）断货商品、调价但暂时无货的商品或由于压缩陈列面而撤柜的商品，其商品标价签被取下后，由柜组人员分类并集中存放在指定的地方。商品再次到货或扩大陈列面需重新使用标价签时，柜组人员一定要认真核对标价签与实物是否相符，无误后方可使用保留的标价签。

（2）换季、清退商品在商品撤柜的同时，将商品标价签取下，集中存放，于一周内由销售主管交授权人员销毁。

（3）如有旧标价签，则须优先使用，否则，将追究有关人员的责任。

（4）标价签因残损、丢失或其他原因需重新打印时，柜组人员填写打印标价签申请表，由主管签字后，交授权人员打印。标价签打印完毕后，由柜组人员取回。

（六）商品价签销毁

清柜商品标价签、促销期结束后的商品促销标价签及残损、卷角等废弃标价签由柜组人员整理汇总后，交主管统一存放，并于每周一上午（也可自行确定时间）由主管交授权人员统一销毁。

知识链接

电子价签

电子价签也叫电子货架标签（Electronic Shelf Label，ESL），是一种带有信息收发功能的电子显示装置，主要应用于超市、便利店、药房等。放置在货架上，可替代传统纸质价签。电子价签通过有线或无线网络与商场计算机数据库相连，并将最新的商品信息通过其屏幕显示出来。电子价签事实上可成功地将货架纳入计算机程序，并可摆脱手动更换价格标签的状况，从而实现收银台与货架之间的价格一致性。电子价签如图 3-8 所示。

电子价签的作用如下：①快捷、准确的价格显示提高顾客满意度。②比纸质价签具有更多的功能，如显示促销标志、多种货币价、单价、库存量等；③减少纸质价签的制作和维护费用；④为积极实施价格策略排除技术障碍；⑤统一线上线下商品信息。

图 3-8　电子价签

微课学 3-2

请先学习微课“商品标价作业流程”（扫描右侧二维码），然后把学习要点记录下来！

（1）什么是价签？价签的种类有哪些？

（2）如何制作价签？

（3）价签的张贴需要注意什么？

[微课：商品标价作业教程]

任务 10　商品陈列作业

【工作情景图】

工作情景图如图 3-9 所示。

图 3-9　工作情景图

任务情景

刚刚中职毕业的小陈和朋友合伙筹办了一间便利店。目前便利店已经完成了店面的设计与装修，小陈也联系了一些意向供应商，因此，接下来的工作就是要进行店面布置和商品陈列。小陈知道，合理地陈列商品可以起到展示商品、刺激销售、方便购买、节约空间、美化购物环境等重要作用，因此，他格外重视，可是面对琳琅满目的数千种商品，究竟该如何陈列呢？小陈陷入了沉思中……

一、商品陈列的含义

商品陈列指以商品为主体，运用一定的艺术方法和技巧，借助一定的道具，将商品按销售者的经营思想及要求，有规律地摆设、展示，以方便顾客购买，提高销售效率的重要的宣传手段，是销售产业广告的主要形式。合理地陈列商品可以起到展示商品、刺激销售、方便购买、节约空间、美化购物环境等重要作用。据统计，门店如果能正确运用商品的配置和陈列技术，销售额就可以在原有基础上提高 10%。

二、商品配置

（一）商品群配置

（二）制作商品配置表

（以上内容的详述请扫右侧二维码）

三、商品陈列的常用道具

（一）货架及货架辅助工具

货架是最主要、最基本的陈列工具之一，多以可拆卸组合的钢制货架为主，高度可分为 135cm、152cm、165cm、180cm，长度以 90cm、120cm 等为最常用的规格。不同业态的店面应使用符合各自标准的货架。便利店和个体商店使用的是 1.3～1.4m 高的货架。一般超市使用的是小型平板货架，高度为 1.6m 左右。大型超市使用的是大型平板货架，高度为 1.8～2.2m。量贩店和仓储店使用的是高达 6～8m 的仓储式货架。零售企业的货架根据其在卖场的使用位置主要分为：单面货架（见图 3-10），主要用于靠墙；双面货架（见图 3-11）；端架（见图 3-12），用于一排双面货架的两端。

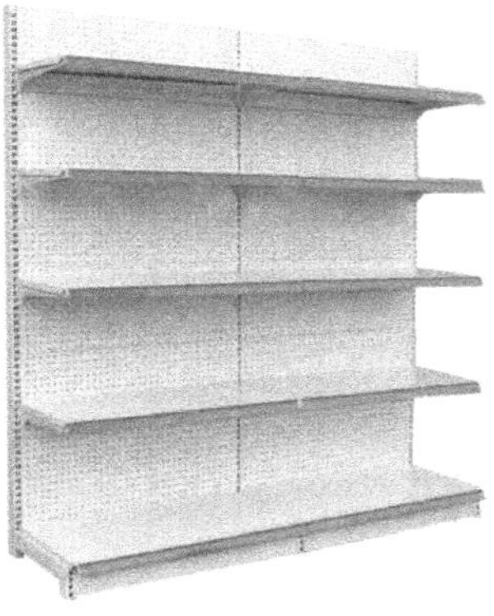

图 3-10　单面货架

图 3-11　双面货架

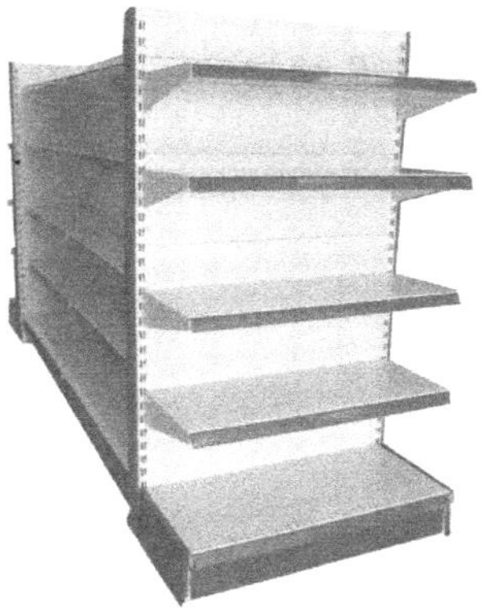

图 3-12　端架

随着超市行业的不断发展，为了满足超市的陈列需要，货架企业又开发出了一系列的专区货架，如洗化货架、服饰架等。

货架辅助工具主要有以下几种。

（1）货架层板（见图 3-13）。它是配合货架进行商品陈列最常用的设施，能充分利用货架的陈列空间，层次感强。

（2）拐角层板（见图 3-14）。它可以使角落处的货架处理更自然，商品的表现力更丰富。

（3）护栏（见图 3-15）。它是保护商品的工具，同时商品也可参照护栏进行排面对齐。对于货架顶层、玻璃/陶瓷制品，应优先设置护栏。

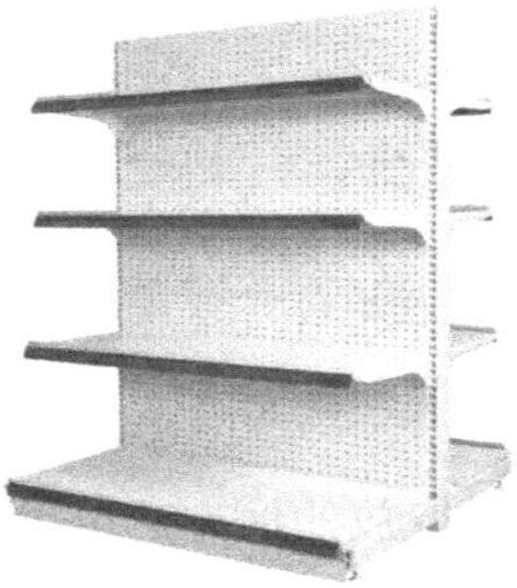

图 3-13　货架层板

图 3-14　拐角层板

图 3-15　护栏

（4）挂钩（见图 3-16）。它用于吊挂商品，可以使不规则商品得到整齐陈列，同时将商品的正面准确地展示给顾客。一般用于打孔袋装商品、无外包装的不规则商品。

（5）平口篮、斜口篮（见图 3-17）。它主要用于外包装上未打孔的包（袋）装商品，如巧克力、面包、盐、糖、火腿肠、方便面、面条、薯片等。通过调整托臂的倾斜度，不仅可以增加陈列层数，商品正面也能最大限度地展示给顾客。

（6）隔物板（见图 3-18）。它主要用于隔开两种不相同的商品，避免混淆不清。在长度的选择上，货架上段多使用较低且短的隔物板，货架下段则多使用较高且长的隔物板。

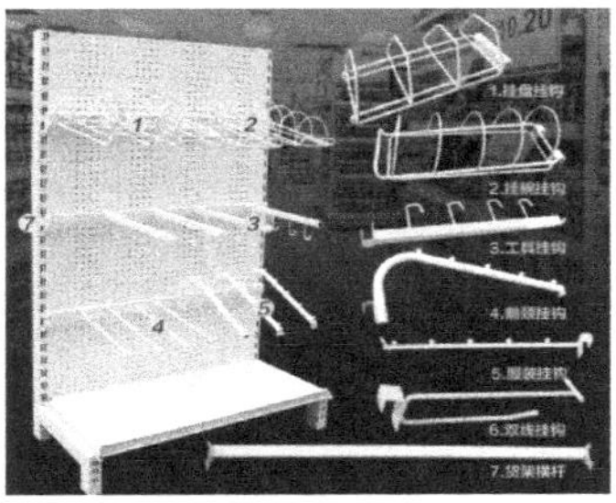

图 3-16　挂钩

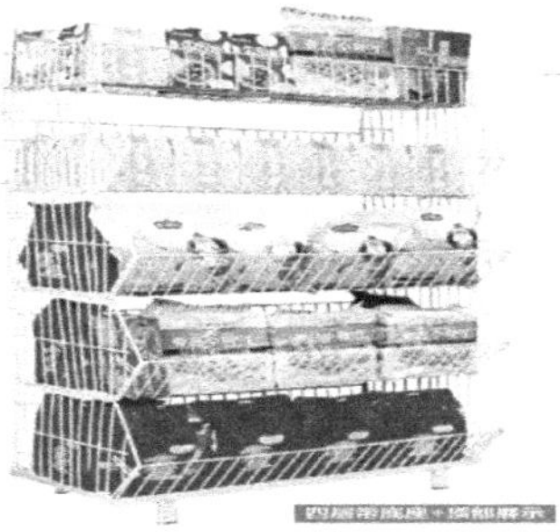

图 3-17　平口篮、斜口篮

图 3-18　隔物板

（二）柜台

门店柜台一般分为两种：一种是标准的长方体柜台（见图 3-19）；另一种是前面呈坡形的坡面柜台（见图 3-20），它更便于顾客观看柜台中下层的商品，而不需要频繁弯腰或低头。柜台的高度最好为 90～100cm，宽度在 50～70cm 之间，长度一般为 120cm。柜台内部有单层或 2～3 层，底座高不应超过 20cm。现代柜台大多数是由金属框架和玻璃镶嵌而成，一般装有固定或可转换角度的照明灯，多为单色灯。柜台适用于香烟、珠宝、化妆品、手表、手机等贵重物品或没有包装的商品。

图 3-19　长方体柜台

图 3-20　坡面柜台

（三）特价促销台

特价促销台又称特价台。最能刺激顾客的商品陈列在特价台容易取放的地方，可以使顾客止步，达到诱导顾客进店买东西的目的。因为特价台是位于商店最重要的地方的陈列台，所以用薄木板制作，或者做得比较粗糙都不合适。特价台的大小要根据通路的宽窄来决定。其高度要便于顾客自由地选择商品，最低在 65cm、最高在 90cm 左右为好，如图 3-21 所示。特价台最好能够自由移动，不妨碍营业；也可以采用分区、分片的方式，几个特价台轮换摆放商品。

（a）　　（b）

图 3-21　特价促销台

（四）专业陈列设备与工具

专业陈列设备与工具主要指保鲜食品、果蔬、乳制品、冷冻食品陈列设备和一些如头饰架、体形衣架、斜立架、T 字形装置、胶木装置、放鞋装置等专业陈列工具。

（五）价格卡

价格卡根据规格可分为大张价格卡（用于翻牌和生鲜商品）和小张价格卡（用于百货、杂货层板）。根据颜色可分为白色价格卡加蓝箭头（用于正常商品）和黄色价格卡加红箭头

（用于促销商品）。对于清仓或特价商品，其价格卡原售价位置上会用黄色价格卡标示清仓特价，并配以 POP 广告。

四、商品陈列的基本原则

（一）显而易见陈列原则

显而易见陈列是指使商品陈列容易让顾客看见，产生良好的视觉效果。否则，即使店内有顾客想要的商品，但因寻找困难，也可能因而丧失商机。一般来说，大部分顾客走进商店后都会无意识地环视陈列的商品，对货架上的商品获得一个初步的印象。因此，商品的摆放首先应注意在高度方面与顾客进店后无意识环视的高度相适应。瑞士塔乃尔教授研究发现，顾客进店后无意识地浏览高度为 0.7～1.7m，上下幅度为 1m 左右，同视线轴大约形成 30 度角上的物品是最容易被顾客感受的。因此，按照不同的视角、视线和距离，确定商品合适的位置，尽量提高商品的能见度，使顾客对商品一览无遗，易于感受商品形象。

但应注意，有些商品仰视角度更能吸引人，如时装、工艺品等商品的陈列位置高一些更能引人注意；有些商品俯视角度更能吸引人，如化妆品、金银珠宝等；儿童玩具的陈列位置要低一些，没有遮挡物，使儿童一眼就能看见，这样才能引起他们的兴趣。

（二）垂直陈列原则

垂直陈列也叫纵向陈列，是指将同一品牌或同一种类的商品在货架上一层一层上下垂直陈列的方法，如图 3-22 所示。垂直陈列能使同类商品呈一个直线式的系列，体现商品的丰富感，产生很强的促销效果；同时，垂直陈列会使商品平均享受到货架上各个不同段位的销售利益。通过垂直陈列，商品陈列呈现品牌化、系列化，使顾客一目了然，增加挑选的便利性和确定性。实践证明，垂直陈列能提高 20%～80%的商品销售量。

课堂小实训 3-4

请指出图 3-22 两幅图片中，哪一幅更能体现商品垂直陈列原则？

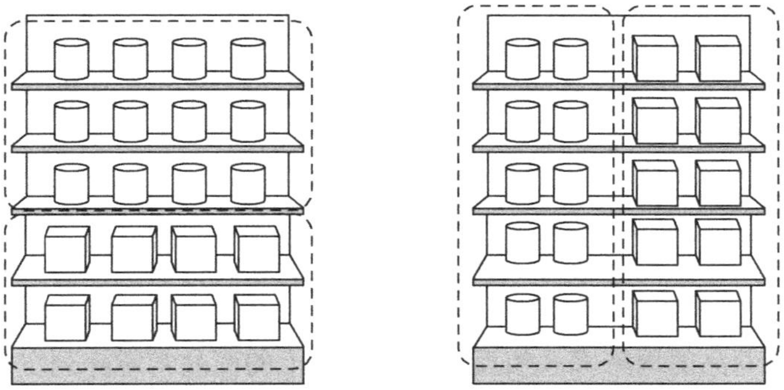

（a）　　（b）

图 3-22　商品垂直陈列情景图

（三）配色协调陈列原则

配色协调陈列是指陈列商品时，相邻商品之间、垂直陈列商品上下之间的颜色反差不应过大，应由暖色调向冷色调过渡。陈列时要注意以下几点：①考虑商品的包装、体积及色彩搭配是否和谐；②注意颜色的搭配选择，颜色相近的两个品牌尽量不要陈列在一起；③注意营造商品色彩的渐变效果，这样使顾客容易产生协调感、层次感，快速锁定目标。商品配色协调陈列情景图如图 3-23 所示。

图 3-23　商品配色协调陈列情景图

（四）先进先出陈列原则

先进先出陈列是指商品陈列时要按生产日期或批号的先后，把先生产的商品摆放在前面先销售，后生产的商品摆放在里面后销售的一种陈列方式，是保持商品品质和提高商品周转率的重要手段。

如何做才能体现商品陈列先进先出原则呢？具体的操作要点如下：①先把货架上生产日期在先的商品取下；②然后将生产日期在后的商品放在货架的里端；③最后把生产日期在先的商品摆放在货架前端。这样做可使较早陈列的商品能较早地卖出，货架上就不会出现陈列时间太久的商品。一般商品，尤其是生鲜、冷冻冷藏等保质期较短的食品类商品，更要注意先进先出。按先进先出原则来进行商品的补充陈列，一方面，可以在一定程度上保证顾客买到新鲜的商品，这是顾客利益的一个重要方面。另一方面，由于商品前后周转，既容易保持商品的清洁，又容易减少损失和管理费用，同时可以提高商品周转率。

（五）满陈列原则

满陈列是指将商品摆满货架的一种陈列方式。满陈列可以使顾客产生商品丰富、品种齐全的直观印象；同时也可以有效利用陈列空间，提高货架的销售和储存功能，减少仓库库存的压力，提高商品的周转率。相反，如果货架上的商品常常陈列空缺，不仅使卖场有效陈列的空间被白白浪费，还会给顾客留下“这是卖剩商品”的不良印象。需要注意的是，当商品被销售出去时，要及时进行商品补充陈列。如果商品出现缺货情况，要在相应的位置放置缺货牌。

知识链接

商品摆满货架有何规定？

使商品陈列丰满，并不是将所有商品毫无章法地都摆放在货架、柜台上，而应是有秩序、有规律地摆放。陈列架摆满商品有两个规定。

（1）每个单品在货架上的最高陈列可以通过排列面设计数来确定，如果是长 1m 的陈列货架，每一格一般至少陈列 3 个品种。

（2）根据各类不同业态模式的门店的具体要求，按一定的营业面积确定陈列的商品品种数，1m^2 卖场营业面积上，商品品种的陈列量要达到 11～12 个品种。商品之间可留有适当的间隔，也可在摆放商品时组合成一定的图案或图形。

课堂小实训 3-5

请比较图 3-24 中的两幅商品陈列情景图，说说你有何感受？

（a）　　　　（b）

图 3-24　商品陈列情景图

（六）黄金位置陈列原则

有资料显示，如果 1m^2 卖场陈列 11～12 个品牌，则 1000m^2 的超级市场可以陈列上万种商品，顾客目光停留在每种商品上的平均时间不超过 0.5 秒，顾客能驻足摸一摸、看一看的商品很少。因此，为了有效引导顾客消费重点商品和提升重点商品成交率，门店会把最想销售的重点商品陈列在顾客一眼就能看到的位置，如货架的黄金货位、端架、店内的堆头、临通道区域，这些位置都是门店的“黄金位置”。

一般来说，在同一组货架上，因为顾客注视的方式不同，所以不同陈列位置产生的商品销量和关注度会有所不同。以超市普遍使用的高度为 180cm 的货架为例，将商品的陈列段位划分为上段、黄金段、中段、下段。其中，上段是指顾客伸手才能拿取商品的位置，其高度一般为 160～180cm。黄金段是指顾客很自然就能拿取商品的位置，其高度一般为 120～160cm，它是人眼睛最容易看到，手最易拿取的陈列位置，亦为最佳陈列位置。中段是指顾客弯腰才能拿取商品的位置，其高度一般为 50～120cm。下段是指顾客下蹲才能拿取商品的位置，其高度一般为 10～50cm，该位置由于接近地面，顾客不容易看到，是商品销售最不利的位置。有资料显示，在上段位，商品销售概率为10%；在黄金段位，销售概率为50%；在中段位，销售概率为25%；在下段位，销售的可能性仅为15%。如果门店想要把重点销售的商品销售出去，就要善于利用货架的黄金段位。货架段位陈列示意图如图3-25所示。

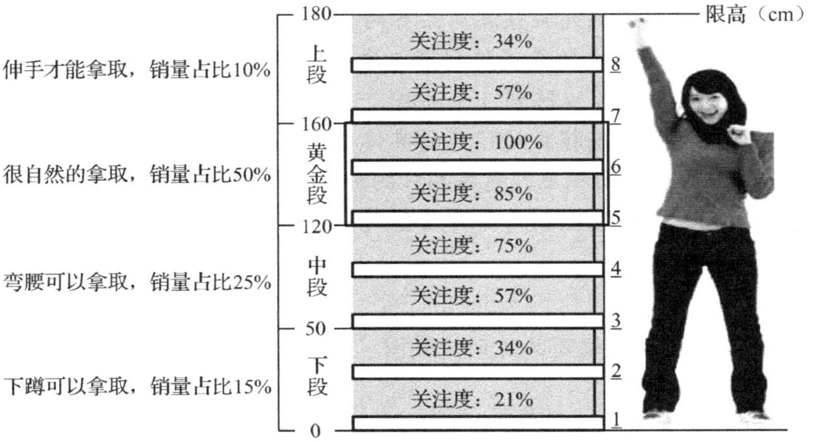

图3-25　货架段位陈列示意图

由于不同的陈列位置会带来不同的商品销售量，门店要根据商品销售的目的把商品陈列在对应的位置上，如表3-8所示。

表3-8　不同货架段位的商品陈列比较（以高度为180cm的货架为例）

陈列货位	一般高度	销售概率	陈列商品
上段	160～180cm	10%	①需要推荐的商品；②有心培育的商品
黄金段	120～160cm	50%	①畅销排行榜上高利润的主力品种；②有足够存货的畅销品种；③重点商品和重点推荐的品种；④需要大量出清的商品；⑤自有品牌商品；⑥独家代理或经销商品
中段	50～120cm	25%	利润虽然较低但顾客需要的商品
下段	50cm以下	15%	①已进入衰退期的商品；②易碎或体积大、分量重的商品；③无毛利或利润很低的商品；④回转率快的商品

（七）关联陈列原则

关联陈列是指按照消费习惯，将不同种类但能配套使用的、能引起顾客产生连锁反应的商品组合陈列在一起，以缩短顾客选择商品时间的陈列方法。关联性商品应陈列在通道的两侧，或者陈列在同一通道、同一方向、同一侧的不同组货架上，以方便目标顾客在购买某一商品后，顺便也购买陈列在旁边的商品。为了提高收益性，门店通常要考虑将日用消费品和与之相关联的商品放在一起进行销售，如在凉拌菜的冰柜上放调料（见图3-26），在啤酒货架的旁边悬挂开瓶器（如图3-27所示），在奶粉区货架的旁边放婴儿用品（见图3-28），在厨具货架的旁边悬挂一次性台布（如图3-29所示）等。

图 3-26 凉拌菜与调料

图 3-27 啤酒与开瓶器

图 3-28 奶粉与婴儿用品

图 3-29 厨具与一次性台布

那么，如何界定商品的关联性呢？一般情况下可以从以下几个方面考虑：①购物行为上的关联，如超市在儿童食品区的食品架中间悬挂消毒湿纸巾就是典型的购物行为上的联系；②使用习惯上的关联，如鞋油与鞋刷、锅铲与炒锅、鞋与鞋垫等，这些都是使用习惯上的连贯性促成了商品的关联性；③功能互补上的关联，如面包与果酱、方便面与火腿肠、鸡蛋与西红柿等，这些都是人们的使用习惯促使某几种商品混合使用；④消费层次上的关联，如高档化妆品旁边陈列名贵饰品，这是因为消费的多为一些有钱的女性。

把互补性较强的商品进行关联陈列，具有以下优势：①有利于加强商品之间的联动性，促进顾客购买；②降低备品成本；③更有利于品牌商品的销售；④有利于店面的管理运营，营造良好的购物环境。

（八）安全陈列原则

安全陈列是指商品的陈列要以顾客为中心，不管采用哪种商品陈列的形式，首先要确保商品百分百安全，保证顾客的安全。如果由于陈列不安全造成顾客受伤，最后损失最大的还是商家自己。因此，商品陈列时要考虑商品保质期的长短、外包装的特点、货架的承重能力等因素，将商品陈列在安全的位置。注意要点包括以下几方面。

（1）商品陈列高度不超过 1.8 米，较轻、较小的商品放在货架的上层，较大、较重、易碎的商品放在货架的下层。对于货架高处的商品、易碎的商品，要注意勤检查，并采取防护措施，保证陈列的稳定性，如图 3-30 所示。

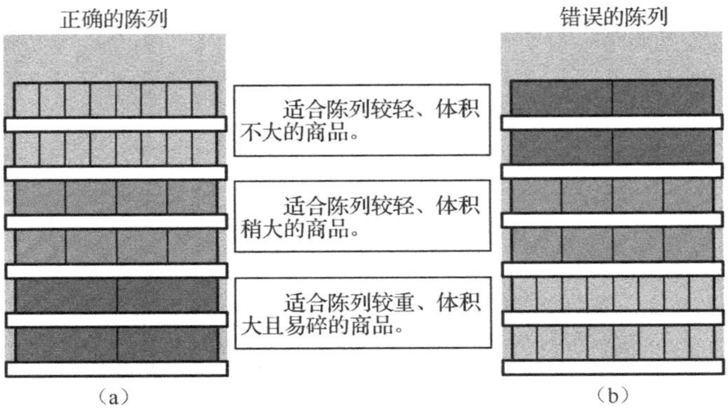

图 3-30　商品安全陈列指示图

（2）排除非安全商品。非安全商品包括超保质期的、鲜度低劣的、破损有伤疤的、味道恶劣的商品，如发现货架上有以上商品，应及时撤除，保证商品的安全销售。

（3）地堆商品（如白酒、副食品）要注意不要超高超大，以高度不超过 1.4m 为宜，地堆、货架附近不要堆放库存商品，以免发生绊倒顾客等安全隐患。

微课学 3-3

请先学习微课“商品陈列原则”（扫描右侧二维码），然后把学习要点记录下来！

[微课：商品陈列原则]

五、商品陈列的方法

（一）基本陈列法

1. 集中陈列法

超市商品陈列中最常用和使用范围最广的方法就是集中陈列法，即把同一种商品集中摆放在一个地方的陈列方法，适合于周转快的商品。使用这种方法时，要选择好的陈列位置，如图 3-31 所示。

2. 整齐陈列法

整齐陈列法是指将单个商品整齐地堆积起来的陈列方法，只要按货架的尺寸排列确定商品长、宽、高的排面数，将商品整齐地排列即可。这是一种非常简洁的陈列方法，旨在突出商品的量感，使顾客感觉该商品在数量上非常充足，让顾客产生视觉刺激，以调动顾客的购买欲望。适合的商品有折扣率高的商品、季节性商品、购买频率高的商品、购买量大的商品，如饮料、啤酒、牛奶等，如图 3-32 所示。

3. 墙面陈列法

墙面陈列法是指用墙壁或墙壁状陈列台进行陈列的方法。这种陈列方法可以有效地突出商品，使商品的露出度提高。适合的商品有价格高或突出高级感的商品、可以悬挂陈列的商品、中小型商品、葡萄酒等瓶装商品等，如图 3-33 所示。

图 3-31　集中陈列法

图 3-32　整齐陈列法

4．端头陈列法

双面的中央陈列架的两个端头，是销售力极强的位置。在超市中，中央陈列架的两端是顾客流量最大、往返频率最高的地方，从视角上说，顾客可以从三个方向看见陈列在这个位置的商品。因此，端头是商品陈列极佳的黄金位置，是卖场内最能引起顾客注意的地方，同时端架还能起到接力棒的作用，吸引和引导顾客按店内设计的路线行走。适合陈列降价幅度很大的特价品、高利润的商品、新商品、重点推荐的商品或热卖中的商品等，如图 3-34 所示。

图 3-33　墙面陈列法

图 3-34　端头陈列法

（二）变化陈列法（不规则陈列法）

1．突出陈列法

突出陈列法是指将商品放在篮子、车子、箱子或突出板（货架底部可自由抽动的隔板）内，陈列在相关商品的旁边销售的陈列方法。其主要目的是打破单调感，诱导和招揽顾客。突出陈列的位置一般位于中央陈列架的前面。商品的露出度提高，就会增加商品出现在顾客视野中的频率。适合的商品有新产品、促销商品、廉价商品、提高周转率的商品等，如图 3-35 所示。

2．散装或混合陈列法

散装或混合陈列法是指将商品的原包装拆掉，将单一商品或几个品项的商品组合在一起陈列在精致的小容器中出售的陈列方法。使用这种陈列方法的商品往往是有一个统一的价格或在一个较小的价格范围内出售。顾客对商品的质感能观察得更仔细，从而产生购买冲动。

这种陈列方法在糖果类商品中经常使用，诱人的散装糖果陈列在各种透明的容器中，十分引人注目，如图 3-36 所示。

图 3-35　突出陈列法

图 3-36　散装或混合陈列法

3. 交叉堆积陈列法

交叉堆积陈列法是指一层一层使商品互相交叉堆积的陈列方法。这种陈列方法能提高商品的露出度，增加商品的感染力，具有稳定感。适合的商品有中大型商品，放入箱、袋、托盘中的商品，预计毛利低、回转率、销售额高的商品，希望充分发挥展示效果的商品等，如图 3-37 所示。

4. 窄缝陈列法

窄缝陈列法是指在中央陈列架上撤去几层隔板，只留下底部的隔板形成一个窄长的空间进行特殊陈列的方法。窄缝陈列的商品只能是 1 个或 2 个单品项商品，它所要表现的是商品的量感，陈列量是平常的 4～5 倍。这种方法打破了中央陈列货架一般陈列的单调感，使陈列富于变化，有一定的新意，能够吸引顾客的注意力，如图 3-38 所示。

图 3-37　交叉堆积陈列法

图 3-38　窄缝陈列法

5. 悬挂陈列法

悬挂陈列法是指将无立体感扁平或细长型的商品悬挂在固定的或可以转动的装有挂钩的陈列架上的方法。这种陈列方法能使这些无立体感的商品产生很好的立体感效果，并且能增添其他的特殊陈列方法所没有的变化。目前，工厂生产的许多商品都采用悬挂式陈列的有孔型包装，如糖果、剃须刀、铅笔、玩具、小五金工具、头饰、袜子、电池等，如图 3-39 所示。

6．随机陈列法

随机陈列法是指将商品随便堆放在固定货架上的陈列方法。这种陈列方法不讲求陈列造型或图案，主要用来陈列特价商品。陈列用具主要有四角形和圆形的网状盛器，有时也用特价牌，牌子的上面既标有原价，也标有现价，如图 3-40 所示。

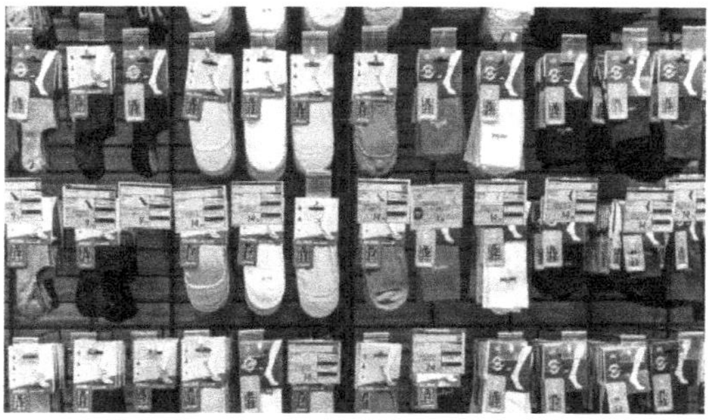

图 3-39　悬挂陈列法

图 3-40　随机陈列法

7．扇形陈列法

扇形陈列法是指接近半圆形的陈列方法。这种陈列方法能突出商品的高级感、鲜度感，即使商品的陈列量不是很大，也能提高商品的存在感，提高顾客对商品的注视率。适合的商品有陈列量较少的商品、预计商品的回转率不会很高的商品、希望主要通过陈列效果促进销售的商品等，如图 3-41 所示。

8．投入式陈列法

投入式陈列法是指将商品投入某一容器中进行陈列，给人一种仿佛是将商品陈列在陈列筐中一样的感觉的陈列方法。这种陈列方法给顾客一种价格低廉的感觉，即使陈列量较少也容易给人留下深刻印象。适合的商品有中小型商品，独立陈列很费工夫的商品，商品本身及其价格已广为人知的商品，低价格、低毛利的商品，不易变形、不易损伤的商品等，如图 3-42 所示。

图 3-41　扇形陈列法

图 3-42　投入式陈列法

课堂小实训 3-6

一家百货商店在夏末时，对部分女式夏季服装进行特价销售。商店将这些服装堆放在框状平面货架里，并将这些货架摆放在商店较宽的走道两边，用特价标示牌标示。

问题：

这是一种什么样的商品陈列方法？请说明理由。

（三）特色陈列法

1. 盘式陈列法

这种陈列方法通常将包装纸箱底部以上的 2/3 部分剪去，以底为盘，以盘为单位，将商品一盘一盘地堆上去，以显示商品包装的促销效果。在实际操作中，有时只剪去商品包装纸箱的一半或 1/3 部分，主要露出纸箱中的一排商品即可，如图 3-43 所示。

2. 情景陈列法

情景陈列法是指为再现生活中的真实情景而将一些相关商品组合陈列在一起的陈列方法。如用室内装饰品、床上用品、家具布置成一间室内环境的房间，用厨房用具布置一个整体厨房等，如图 3-44 所示。

图 3-43　盘式陈列法

图 3-44　情景陈列法

3. 主题陈列法

主题陈列法是指将商品陈列在一个主题环境中的一种陈列方法，如中秋节月饼的陈列、端午节粽子的陈列、圣诞节圣诞用品和礼物的陈列等，如图 3-45 所示。

4. 岛式陈列法

岛式陈列法是指在超级市场的进口处、中部或底部不设置中央陈列架，而配置特殊陈列用的展台的陈列方法。岛式陈列的商品可以从四个方向被顾客看到，用具一般有冰柜、平台或大型的货柜和网状货筐，如图 3-46 所示。

图 3-45　主题陈列法

图 3-46　岛式陈列法

六、商品陈列业绩分析与优化调整

（一）商品陈列业绩分析指标

（1）销售结构比。
（2）商品毛利率。
（3）毛利占比。
（4）毛利贡献度。
（5）综合平均毛利率。
（6）总毛利率。
（7）排面占比。
（以上内容的详细阐述请扫描右侧二维码）

（二）商品陈列的优化与调整策略

1. 陈列优化

（1）大调整。
（2）小调整。

2. 调整策略

（1）高价/高利润策略。
（2）大包装陈列方式。
（3）着重商品陈列。
（4）相关品类商品陈列。
（5）品牌相关垂直陈列。
（6）消费者决策树陈列。

任务 11　商品理货作业

【工作情景图】

工作情景图如图 3-47 所示。

图 3-47　工作情景图

任务情景

小陈经过前面进货、标价和陈列技能的学习，对门店运营与管理有了很大程度的了解，店长非常赞赏他的学习能力和热情。为了进一步让小陈了解门店的运营，店长让他学习“商品理货作业”。小陈不知道商品理货作业具体要做些什么，让我们一起来学习吧！

一、理货员的日常作业

在门店销售中，理货员是间接为顾客提供服务的销售员。理货员每天的作业流程分为营业前、营业中、营业后三个阶段，具体作业内容如下。

（一）营业前

1. 理货员打卡签到

为了记录理货员的上下班时间，考核理货员的出勤状况，各种打卡工具应运而生。常见的打卡工具有签到纸、纸质打卡机、ID 卡打卡机、指纹打卡机、人脸识别器等。它们成为理货员考核制度的一线“执行者”，如图 3-48 所示。

2. 准备晨会

开晨会前，理货员应准备好笔记本，并要求工作服干净整洁并佩戴胸卡及健康证，头发不可漂染其他颜色，女士头发必须束起，男士头发不盖过耳部。如图 3-49 所示。店长要安排好晨会内容。一般来说，晨会的内容如下：熟记店训及消防知识，回顾前一天工作情况及销售数据，安排当天重点工作，如图 3-50 所示。

图 3-48　理货员刷脸打卡

图 3-49　理货员仪容仪表

3. 更换商品价签

每天早晨开店前，管理人员从门店系统中，打印当天价格生效的商品价签。理货员找到价签对应的商品，检查商品的价格无误后，先将原价签取下，再将新价签放到商品的左下角，确保一货一签。新品上架前必须先打价签，再将商品上架销售，且配有新品标志，如图 3-51 所示。

图 3-50　营业前晨会

图 3-51　更换商品价签

（二）营业中

1. 清洁商品，检查效期规范

开店后理货员根据清洁计划，将货架上的商品及货架逐一清洁（见图 3-52）。同时检查商品生产日期，按商品预警期规定，把商品分别放到两个购物篮中，根据效期做到“前置陈列”（见图 3-53）。最后将价签调整到商品的左下角，将临期商品、残品登记在“临期商品、残品登记表”上。

图 3-52　清洁商品

图 3-53　根据效期做到“前置陈列”

2. 补货

补货是指理货员将标好价格的商品，依照商品各自既定的陈列位置，定时或不定时地将商品补充到货架上去的作业。补货可分为定时补货和不定时补货。定时补货是指在非营业高峰时对货架商品进行补充。不定时补货是指只要货架上的商品即将售完，就立即进行补货，如图 3-54 所示。

补货应遵循以下要求。

（1）优先补货的区域依次为：地堆、端架、促销区、排面、收银区。

（2）理货员通过商品库存系统查看本店库存数量，填写出库单并交主管审核签字，理货员与主管按出库单现场核对商品，无误后双方签字，然后将商品运至卖场。

（3）补货要按黄金位置陈列原则（见任务 10）进行。

（4）对于断货的商品，要在商品价签右侧放置断货签。

（5）补货时，不能堵塞通道，要及时清理卫生，以防顾客摔伤。

（6）补货后，要及时将纸箱拆开压平后运到指定地点。

（7）补货后剩余的商品由理货员负责送至仓库，并及时登记库存卡。

3. 调货

调货即货物的调配。调货有利于门店减少库存积压，避免占用资金。调货的形式有以下两种。

（1）线下连锁门店之间的调货。在各大连锁门店中，如果其中一家门店的某款热销商品缺货，理货员可以通过系统查询这款商品在其他门店中是否有货。如果有，可以从另一家门店把那件商品调到本店，这就是门店调货作业的主要形式。

（2）线上商城与线下门店之间的调货。随着支付方式和网络经济的快速发展，新一代顾客购物渠道已经从传统的到店消费发展到网上购物。网上购物给顾客带来很大的生活便利性，因此，这种购物方式越来越普遍。目前，常见的线上商城有每日优鲜、天猫超市、京东到家、盒马鲜生等。顾客通过线上商城 App 下订单，商城就会让与其合作的线下门店根据商品清单进行目标商品的拣取和配货，最后配送到顾客手中。这种形式的调货也可称为“配货”，如图 3-55 所示。

图 3-54　不定时补货

图 3-55　理货员根据线上商城订单配货

4. 订货

当商品库存不足或有大宗临时团购，理货员负责填写订货本，交由主管审核，之后由店长及时向厂家订货。理货员要注明最迟到货日，如未按时到货，则上报店长处理并在工作记录本上详细记录。如果是自采商品订货，理货员提前一天填写订货单，详细注明商品名称、条码、货号、数量、售价等内容，经店长确认后，交信息录入员采用系统订货。

5. 收货

（1）理货员负责所属区域商品的验收工作，参照订货本核对供应商送货单，出现差异及时上报主管。

（2）商品验收时，理货员要与店长或主管（至少一方在场）、供货商共同进行，店长或主管要对商品验收工作进行监督指导。

（3）验货时，理货员要核对商品来货数量与开票数量是否一致，在场验货人员要进行二次验收。验货完毕，由在场验货人员共同签字确认，店长签字确认后，交信息录入员进行商品信息录入。

（4）理货员验货时，要检查采购单填写情况（商品名称、规格、条码等），不符合填写要求或有货无单的商品，理货员有权拒收。

6. 退换货

（1）因保管不善而出现破损商品，其损失由区域理货员按照超市售价赔偿。

（2）经常巡检所属区域，若出现滞销商品，应及时上报主管审核确认，并填写退货单（换货单），交由店长签字，按照公司退换货相关流程执行。

（3）无动销商品处理。无动销商品是指在一定时间内无销售的商品。管理人员要在每月指定的时间（具体时间按门店的实际情况确定）查询并打印未动销商品明细，然后交给理货员。理货员接到清单后盘点无动销商品，按要求填写表格并签字，于第二天下午交接班前上交主管后，按照主管安排对无动销商品进行处理。

7. 孤儿商品还货规定

所谓孤儿商品是指顾客已经挑选好的商品但在柜台结账的时候，由于感觉价格不合适或其他原因未结账带走的商品的统称。营业期间，理货员每隔 30 分钟要到收银台回收顾客不要的商品并放在孤儿商品回收处（见图 3-56、图 3-57）。如果是低温商品，则要在 10 分钟内完成回收工作。

图 3-56　理货员回收孤儿商品

图 3-57　孤儿商品回收处

8. 购物筐、购物车管理

各门店应在卖场进口、主通道、促销堆等客流量较大的位置设置购物筐或购物车放置点（见图 3-58、图 3-59）。营业期间，理货员要将顾客不用的购物车或购物篮摆放在固定位置，当购物筐或购物车不足时理货员要及时补齐并保持干净，以方便顾客购物。购物车不可超负荷作业（购物车最大载重一般不超过 65 千克），购物筐不可踩踏。

图 3-58　超市购物篮放置点

图 3-59　将顾客不用的购物车摆放在指定位置

9. 理货员交接班管理规定

每天中午，管理人员要组织理货员召开交接班会议，通报上午重点情况并安排下午班理货员的工作内容。早班理货员将当班期间发生的事情及未完成的工作与下午班理货员进行交接，双方签字确认，如图 3-60 所示。

10. 换饭管理规定

换饭时间每人一般有 40～60 分钟，主管要登记好理货员的换饭时间，理货员签字确认。每两个通道必须有一名理货员值班，生活超市卖场内必须有不低于四名的理货员值班。

11. 顾客服务规范

理货员要了解本店商品品类布局、服务设备位置等，以便更好地服务顾客。服务顾客时要注意做到以下几点。

（1）要不断了解顾客消费心理的变化并做好促销工作。

（2）接受顾客咨询，为顾客做购物向导工作，使用文明手势且禁止使用否定性语言，如图 3-61 所示。

图 3-60　理货员交接班，双方签字确认

图 3-61　接受顾客咨询，为顾客做购物向导

（3）遇到顾客购买商品多或太重时，理货员应主动给顾客提供购物筐或购物车。

（三）营业后

1. 更换促销品陈列

闭店后，理货员要按照陈列规划进行促销品陈列，然后更换海报、价签及 POP 价钱牌，核对商品价格与价签是否一致，如图 3-62 所示。

2. 清洁整理

要保持卖场及各通道畅通，地面要扫清，用洁净的拖把将地面擦干，不留纸屑、包装袋等杂物。购物筐、购物车、垃圾桶要清理干净，保证无杂物。要检查营业设备，查看其运作是否正常，使用完是否关闭，如图 3-63 所示。

图 3-62　更换促销品陈列，核对价签

图 3-63　闭店后清洁地面

微课学 3-4

请观看微课“理货员岗位工作流程”（扫描右侧二维码），然后把学习要点记录下来！

［微课：理货员岗位工作流程］

二、理货员应具备的商品质量管理知识

理货员必须熟悉自己负责管理商品的商品知识，包括商品的用途、性能、种类的划分、使用方法、季节性和地区性、日常销量、价格、公司统一的代码等基本知识。

（一）进口食品质量管理要求

（1）进口食品可以免标生产厂及标准代号，但必须标明原产国或国内经销的名称、地址。

（2）进口食品中，酒类、饮料类、乳制品类、糖果和巧克力类、罐头食品类、坚果炒货类、油类、肉类等 8 类食品需要加贴中国出入境检疫标签，简称“CIQ”。

（二）蔬果类商品质量管理要求

（1）蔬果质量管理的首要工作是保鲜，其关键是做好温度管理和湿度管理。一般应实行低温管理，以抑制呼吸作用、蒸散作用、发芽、微生物活动、过熟、发酵的发生。

（2）每天早上开始营业之前及下午营业高峰来临之前，要对蔬果进行鲜度检查。

（3）加工处理能够增进蔬果的商品价值。例如，洗净后再冷藏，用塑料袋、保鲜膜、托盘包装，按个头大小、品质好坏分级包装等，都是不错的保鲜措施。

（4）蔬果进货时要尽早降温，避免急剧的温度变化。叶菜类要直立保管，有切口应朝下。最好设立生鲜库，温度为 5℃，湿度为 95%。最好不要将蔬果放置在纸箱里，而是放置在硬质容器内，同时应避免冷风直吹蔬果。

（三）肉类商品质量管理要求

（1）慎选原料厂商及成品供应商，以冷冻、冷藏方式运输并储存原料、半成品与成品，运输的车辆需保持清洁。

（2）肉品处理室的温度要加以控制，一般可在 12～18℃之间。加工处理时要迅速，以免肉品中心温度上升。

（3）肉品表面不宜长时间受冷气吹袭，分装原料肉时需要用保鲜纸包装后再储存或销售。

（4）要控制展示柜的温度，冷冻柜的温度应控制在-18℃以下，冷藏柜的温度应控制在

-2～0℃之间。

（5）加强作业场所、作业人员、作业设备的清洁卫生管理工作，以避免商品受污染而带菌，鲜度下降。

（6）营业前、营业中、打烊时均应检查肉品鲜度，可以通过闻味道及查看颜色、组织弹性、表面状态等办法检查肉品质量。

三、商品标志要求

商品标志是指用于识别产品及其质量、数量、特征、特性和使用方法所做的各种标记的统称。

1. 商品产地、成分标志要求

（1）进口商品要标明原产地及国内经销商的名称、地址。

（2）针织品特别要标明成分（材料质地）、规格。

（3）家用电器商品应附有合格证、说明书、保修卡。

（4）有特殊标志要求的商品按相关的法规、标准执行。

2. 预包装食品标志要求

（1）预包装食品应注明食品名称、配料表、净含量、生产厂名和厂址、日期、产品标准号及质量等级等。

（2）进口商品无须标注产品标准号，但应标注原产国和国内经销商的名称和地址。

3. 化妆品及部分洗涤用品标志要求

（1）应标明产品名称、生产厂名和厂址、内装数量、产品标准号、日期、生产许可证号、卫生许可证号等。

（2）进口化妆品无须标注产品标准号，但应标注进口化妆品销售许可证号。

任务 12　商品盘点作业

【工作情景图】

工作情景图如图 3-64 所示。

图 3-64　工作情景图

任务情景

到了月末，小陈的门店将要进行盘点工作。但是，小陈对这方面的知识没有丝毫了解。王经理对大家说："首先要对盘点工具有所认知，然后对盘点作业的流程要熟悉，我将带大家逐一学习。"

一、盘点作业的定义

所谓盘点作业，是指定期或临时对库存商品的实际数量进行清查、清点的作业，即为了掌握货物的流动情况（入库、在库、出库的流动状况），对仓库现有物品的实际数量与保管账上记录的数量相核对，以便准确地掌握库存数量。盘点作业的内容包括：数量盘点、重量盘点、货与账核对、账与账核对。

二、盘点作业的类型

根据不同的分类方法，可以将盘点作业分为不同的类型。

1. 根据是否使用盘点机，盘点作业分为手工盘点和盘点机盘点

（1）手工盘点。主要靠人员手工记录盘点内容、商品数据，然后与计算机核对。

（2）盘点机盘点。利用盘点机（见图 3-65）扫描商品条码，根据显示的相应信息，盘点人员录入采集，最后导入系统管理软件比对，生成盘盈盘亏单。

图 3-65 手持式盘点机

2. 根据每次盘点的周期，盘点作业可以分为定期盘点和不定期盘点

（1）定期盘点。即每次盘点间隔期限一致，如一个月或一季度盘点一次。采用定期盘点可以做好准备工作，因而一般连锁企业都采用这种方式，但是该方式未能考虑节假日等特殊情况。

（2）不定期盘点。即每次盘点间隔期限不一致，机动弹性较大，主要考虑到节假日、意外事件的发生等情况。它是在调整价格、改变销售方式、人员调动、意外事件、清理残货等情况下进行的盘点。

3. 根据盘点的时间，盘点作业可以划分为营业前盘点、营业中盘点和停业盘点

（1）营业前盘点。即在门店开门营业之前或关门之后盘点。这种盘点方法的优点是可以不影响门店的正常营业，缺点是由于占用员工休息时间，有时会引起员工的消极抵触心理，而且连锁企业将额外支付给员工相应的加班费。

（2）营业中盘点。也称即时盘点，即在营业中随时进行盘点。停业盘点及月末盘点并不一定是正确的盘点，超市（尤其是便利商店）可以在营业中盘点，且任何时候都可以进行。这种盘点方法的优点是节省员工时间和企业费用开支，缺点是在一定程度上可能影响顾客购物。

（3）停业盘点。即门店在正常的营业时间内停止营业一段时间进行盘点。其优点是不占用员工休息时间，员工易于接受；缺点是会影响门店的销售业绩，给顾客购物带来不便。

三、盘点作业的对象

（1）排面。指端架、堆头、展示柜、悬挂物及货架正常端。

（2）非排面。指仓库、各区、柜台暂存区、柜台的未打单退货区，以及排面上层堆放的整件商品。

四、盘点作业的原则

1. 真实

要求盘点的所有点数、资料必须是真实的，不允许作弊或弄虚作假，掩盖漏洞和失误。

2. 准确

要求盘点的过程准确无误，资料的输入、陈列的核查、盘点的点数等，都必须准确。

3. 完整

盘点的全部过程，包括区域的规划、盘点的原始资料、盘点点数等，都必须完整，不要遗漏区域及商品。

4. 清楚

盘点过程属于流水作业，不同的人员负责不同的工作，所以所有资料必须清楚，书写必须清楚，货物的整理必须清楚，从而使盘点顺利进行。

5. 齐心协力

盘点是全店人员都参加的营运过程。为减少停业的损失，节省盘点的时间，各个部门必须具有良好的配合协调意识，以大局为重，从而使整个盘点按计划进行。

6. 售价盘点

即以商品的零售价作为盘点的基础，库存商品以零售价金额进行控制，通过盘点确定一定时期内的商品溢损和零售差错。

五、盘点作业流程

盘点作业流程图如图 3-66 所示。

（一）盘点前准备

1. 盘点前时间安排

（1）盘点前 5 天——编排盘点排面号。

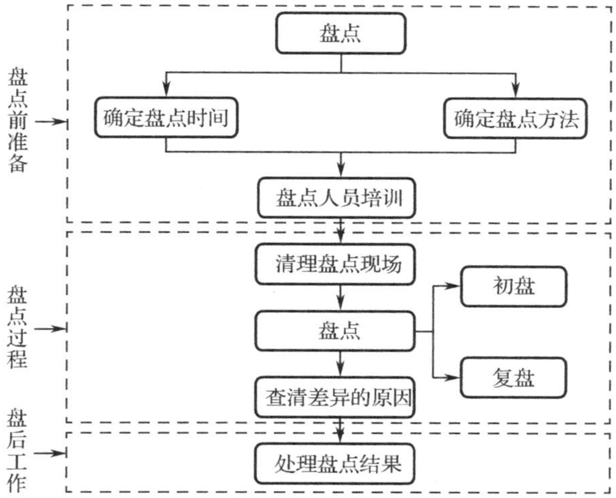

图 3-66　盘点作业流程图

店长负责编排盘点排面号。例如，在每个排面的第一排标上 A-1，第二排标上 A-2，编排顺序应是从上到下，依次编排。

（2）盘点前 4 天——制作盘点区域布置图。

店长负责制作盘点区域布置图，具体包括：划分人员的盘点位置，确定抽盘、复盘人员名单。根据盘点布置图，店长具体调配人员。收银部门合理安排输单人员，管理部门合理安排班次及盘点人员。人员确定后，再填入布置图，并张贴出来，让各员工了解自己的位置。最后，将盘点任务编组名册及盘点人员编号交到门店总经理室。

（3）盘点前 3 天——贴排面编号，排面商品予以集中、归位处理。

店长负责贴排面编号，并由物流管理部门输入排面框格号。各部门对排面商品要进行集中、归位处理，同一单品多处陈列的要集中在一个排面陈列，类似商品不同大类及编码不合理的要尽量区别开，陈列在不易混淆的地方。仓库、暂存区在平时到货时就应按大类堆放排列，盘点时，再次整理归类，并进行一次性盘点。

（4）盘点前 2 天——商品整理，不收货，不退货。

在实际盘点开始前两天对商品进行整理，会使盘点工作更有序、有效。如有必要，可能在正式盘点前两个小时还要对商品进行最后的整理。另外，店长应要求店面不收货、不退货，清理好所有单据并交到店面核算员处，以保证盘点所有数据的准确性。

（5）盘点前 1 天——核对商品，按商品正确编码登记数量。

商品归位、集中清理后，各排面理货员对所负责的排面要进行大标签、实物、编码的核对，以达到三项相符。对于错码或串码的商品要通知店长，并进行登记，以便在盘点时按正确编码登记数量。

注意，一般来说，非排面的盘点工作在盘点日当天的白天完成，盘点结束后，盘点地点应贴条示意不再安排上货。排面盘点应在当日营业结束后进行。

2. 盘点通知

盘点前门店要通过各种方式告知供应商，以免供应商将直送的商品在盘点时送到。采用停业盘点时，门店必须贴出通知，告知顾客，以免顾客在盘点时前来购物。

（二）盘点过程

1. 盘点方法

（1）手工盘点。

手工盘点时，门店根据不同情况可以用 A、B 表盘点方法，或采用 A 表盘点加抽盘的方法，抽查率应不低于 30%。一般新店初期的盘点或门店负责人交接，可以采用 A、B 表盘点的方法，下面主要说明 A、B 表盘点方法的几个要点。

① 盘点表（见表 3-9）的 A 表一般由该大类的陈列员自行盘点，A 表盘点完后，由门店盘点负责人安排非直接责任人盘点 B 表，B 表盘点应与 A 表错开；

表 3-9 超市商品盘点表（A 表）

部门：　　　　　　　　　　　　　　编号：

品　号	品　名	规　格	数　量	零 售 额	金　额	初　盘	复　盘	抽　盘	差　异
小计									

② B 表盘点过程中要记录、点数，复核员应在盘点表上签名；

③ B 表盘点完毕后上交到门店盘点负责人处，门店盘点负责人应以 B 表为基准，核对 A、B 表的商品实存数，检查不相符的，应立即安排 A、B 表的盘点人员同时复盘，核清准确数据后，填入 C 表；

④ C 表完成后，由门店盘点负责人、总部监盘人员签字确认，交给输表员及时登录并打印收银单粘于 C 表上，并签字确认；

⑤ C 表输入完毕得出结果后需复查一次，确认无误后统计出门店实际库存额，不应擅自涂改原盘表。

（2）盘点机盘点。

如使用数据采集器（盘点机，见图 3-67）盘点，前提条件是所有货物都必须有条码，且一个条码代表唯一一种货物，条码重复和没有条码都是不行的。盘点机就是通过扫描条码来对货物进行清点的。将货物条码导入盘点机，而后经盘点机整理导出一个 txt 文档或其他格式文档，此文档即相当于传统盘点的盘点单，之后的复盘也可据此文档进行复查。

图 3-67　手持式盘点机

2. 监盘要求

（1）总部盘点小组负责组织人员对部分门店盘点实行重点监查。

（2）监盘人员具体指导盘点工作，制止和纠正盘点工作中出现的失误。

（3）对内仓、精品柜进行全面复盘，货架商品抽查率应在总部规定标准以上（一般为 3%）。

（4）分析库存结构，指出库存结构的不合理之处，出具书面总结报告。

3．盘点作业规范

（1）初盘。

① 陈列区的盘点采取“互点法”，即商品 A 的初盘作业人员与复盘人员及抽盘人员不同，点数人员与记录人员不同。盘点货架或冷冻柜、冷藏柜时，依序由左而右，由上而下，两人一组，一人点，一人记，如图 3-68 所示。

② 盘点的数字书写要清楚，不可潦草让人混淆，如图 3-69 所示。

③ 如数字写错，要按要求进行涂改。若实际盘点时涂改过多，该张盘点表不可私自撕毁，必须及时上报财务主管，由主管安排处理。

④ 清点时，一定要按销售单位清点，不够一个销售单位的不能计入，应取出归入待处理品堆放处。

⑤ 在进行实物盘点时，顺便查看商品的有效期，如发现过期、破损、滞销等不适合在架销售的商品不应点入，应归入待处理品堆放处。

⑥ 对无法查知编号的商品，用红色粘纸做标志，报告分控制台进行处理。

⑦ 遇到非本部的散货，将其送到分控制台，归入散货区的堆放处。

图 3-68　盘点顺序

图 3-69　记录盘点数据

（2）复盘。

① 在开店初期，复盘通常按 100%的商品进行盘点；而开店半年以上者，则可以根据不同的商品分类，按 30%～50%的比例进行盘点。

② 复盘时应首先确认需要复盘的区域，是否已经完成初点的录入，有否遗漏区域，如图 3-70 所示。

③ 在将复盘的数字计入复盘栏内时，应一并计算出差异，填入差异栏，复盘人员须使用红色笔填表，以示区别。

④ 复盘时重复初盘的流程，但人员不同，如图 3-71 所示。

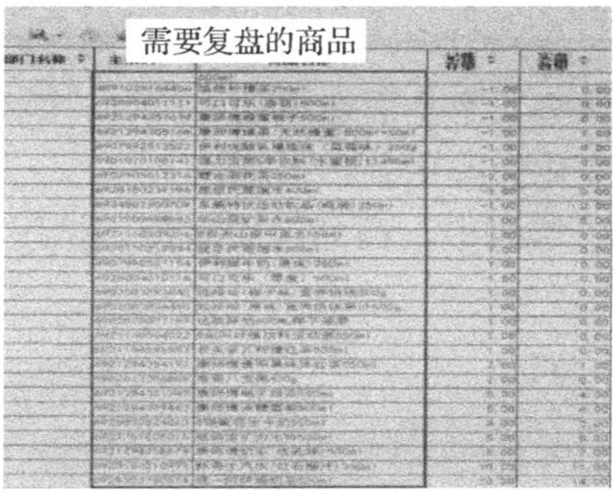

图 3-70　需要复盘的商品

图 3-71　复盘

（3）抽盘。

① 抽查每一类商品是否都已盘点出数量和金额，每个小分类抽盘2%左右的品项，并要签名，如图3-72所示。

② 抽盘的商品可选择卖场内死角的商品，或者不易清点的商品，或者单价高、数量多的商品，做到确实无差错。

③ 对初盘与复盘差异较大的商品要加以实地确认。

④ 复查劣质商品和破损商品的处理情况。

⑤ 抽点者人员须使用红色笔填表。

图3-72 抽盘

（三）盘点结果处理

查清原因后，为了通过盘点使账面数与实物数保持一致，需要对盘点盈亏和报废品一并进行调整。

1. 结果处理

商品盘点的结果可能盘盈或盘亏，但一般是盘亏，即实际值小于账面值。商品盘亏的多少，可以表现出门店的管理水平和工作责任，所以对盘亏在合理范围之外的应予以处罚。一般做法是事先确定一个正常的盈亏额，计算方法为：正常盈亏额=当期销售总额×盈亏率。

门店盘点亏空总额减去正常盈亏额即为该门店应承担的亏空责任金额，由在该门店工作的实际上岗人员（工作不满半月以半月计算，超过半月以全月计算）承担。店长承担主要亏空责任。

对严重盘亏的门店，应查清原因，必要时应按盘点小组指定时间进行重盘，重盘后，由店长签字确认。

对盘亏金额巨大的、已给公司造成的损失无法追回的、属于管理不到位或未执行公司规定的情形，对各主要负责人进行行政处罚并要求其承担相应的经济责任。

出现盘盈的门店，由门店店长负责查明原因并出具报告，经财务部确认。经检查属盘点失误造成虚盈的，在调整后实亏的，按以上情况处理；确实盘盈的，按盘盈金额处理有关责任人，并将账实调整一致。

对为逃避盈亏责任在盘点过程中作假的，按公司有关制度处理。

2. 盘亏原因

造成盘亏的原因很多，常见原因有以下几种。

（1）进货工作中出现的差错，如由于验收时不认真、不全面造成的。

（2）外界条件对商品的影响，如温度、湿度的变化会发生各种损耗。

（3）机械作用对商品的影响，如在装卸、搬运、堆码中，商品因受碰撞、挤压而发生渗漏、散包、变形、破损等，导致残损和短少。

（4）盗窃。

3. 避免出现盘点盈亏的方法

盘点盈亏根本表现在商品的损溢，其根源是员工平时工作疏忽、责任心不强、不严格按照规程操作。因此，要避免盘点中大的盈亏差错，必须加强全员的责任心培养与业务技术的提升。具体做法如下：

（1）从根本上要增强工作责任心；

（2）严格控制进货关和销售关；

（3）收银坚持三唱原则；

（4）检查各类度量衡器具，保证计量准确无误；

（5）加强报表单据各环节的复核与控制；

（6）加强对盗窃等行为的各类防范工作，减少这类行为造成的暗损失。

（四）盘点作业检查

对各小组和各责任人员的盘点结果，门店店长等负责人要认真加以检查，检查的重点如下：

（1）每一类商品是否都已记录到盘点单上，并已盘点出数量和金额；

（2）对单价高或数量多的商品，需要将数量再复查一次，做到确实无差错；

（3）复查劣质商品和破损商品的处理情况。

（五）盘点善后工作

盘点善后工作的目的是要使整个门店第二天能达到正常营业的效果。

1. 现场整理

（1）商品整理。将货架上因盘点时排列的商品按照原先的陈列方式或原则进行整理。

（2）环境整理。对环境进行清洁、清扫工作。

2. 盘点报告和商品检查

（1）盘点报告。

各门店盘点负责人和财务人员在盘点结束后及时总结盘点全过程，填写有关盘点报告，出具书面盘点总结。盘点报告上所列内容应填写齐全、清晰明了，不应随意省略、涂改和出现串行、漏行。所有核查的盘点表上交财务部，财务部主管认真核对盘点表数据，确保盘点结果的准确。在盘点结束后三天内将盘点数据输入计算机并完成盘点表与计算机数据核对的工作。盘点报告一般由财务人员、门店盘点负责人、盘点小组成员共同签字确认后上交有关部门。

（2）商品检查。

盘点过程中如发现不符合规定要求及临近保质期的商品应及时处理、上报，并按采购部有关要求在盘点表上予以记录。

3. 查清差异原因

盘点会将一段时间以来积累的作业误差及其他原因引起的账物不符情况暴露出来。如发现账物不符，而且差异超过允许误差时，应立即查找产生差异的原因。一般而言，产生盘点差异的原因主要有如下几个方面：

（1）记账员素质不高，登录数据时发生错登、漏登等情况；

（2）账务处理系统管理制度和流程不完善，导致货品数据不准确；

（3）盘点时发生漏盘、重盘、错盘现象，导致盘点结果出现错误；

（4）盘点前数据未结清，使账面数不准确；

（5）出入作业时产生误差；

（6）由于盘点人员不尽责导致货物损坏、丢失等后果。

（六）盘点作业的登账工作

盘点作业结束后，就要进行盘点作业的登账工作。盘点作业的登账工作就是将盘点单的原价栏上记录的各商品原价和数量相乘，合计出商品的盘点金额。这项工作进行时，要重新复查一下数量栏，审核一下有无单位上的计量差错，对出现的一些不正常数字要进行确认，更正一些从字面上看就明显有差错的地方。将每张盘点单上的金额相加，就能算出合计的金额。门店要将盘点结果送总部财务部，财务部将所有盘点数据复审之后就可以得出该门店的营业成绩，结算出毛利和净利，这就是盘点作业的最后结果。

一般情况下，对超市门店来说，盘损率应在销售总金额的4%～6%之间，如超过8%就说明盘点作业结果存在异常情况，其原因或者是盘点不实，或者是企业经营管理状况不佳。采取的对策是：重新盘点或改善经营管理。

盘点结束后，财务部门要编制商品盘点处理表，向门店的管理人员、员工指出本次盘点中存在的问题，表扬盘点工作中成绩优秀的员工，和大家一起分析盘亏原因，群策群力，找出门店在日常营运管理中存在的问题和防损措施，力争把门店的营运管理工作做得更好。

微课学 3-5

请观看微课“商品盘点作业流程”（扫描右侧二维码），然后把以下学习要点记录下来。

（1）盘点前要如何准备？

（2）盘点时的注意事项是什么？

（3）盘点的善后工作包括什么？

［微课：商品盘点作业流程］

任务 13　收银作业

【工作情景图】

工作情景图如图 3-73 所示。

图 3-73　工作情景图

任务情景

店长告诉小陈："收银工作是销售工作的最后一个环节。伴随着互联网的发展，新的支付方式不断地涌现。为了适应日新月异的变化，门店里不仅有传统的收银方式，同时也引入了新的支付系统，这给收银管理提出了不少新的要求。"下面，让我们一起来学习收银管理的内容吧！

一、收银作业流程及作业规范

（一）收银作业流程

收银作业流程如图 3-74 所示。

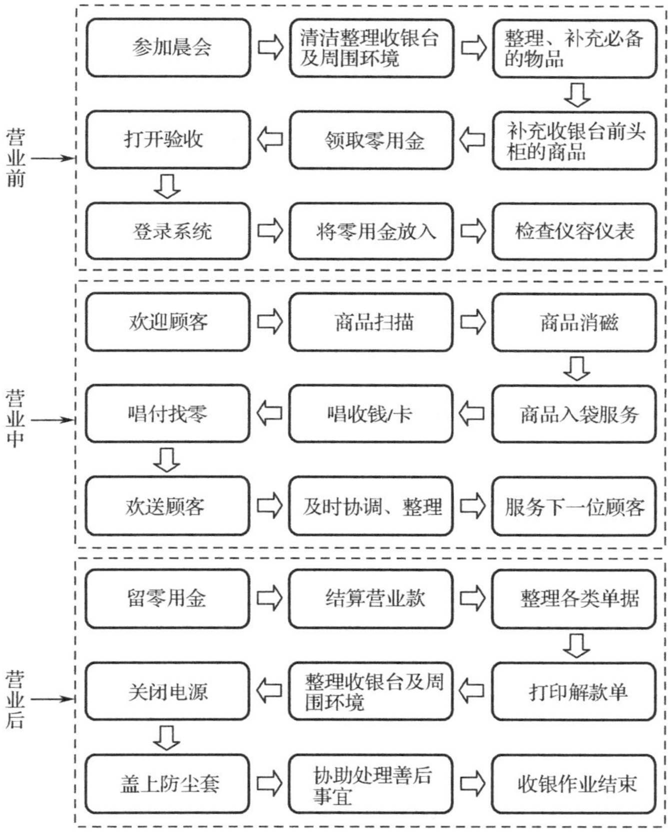

图 3-74　收银作业流程

（二）收银作业规范

1. 营业前作业规范

（1）收银员穿着工装到店后（检查仪容，佩戴工牌号），将自己的钱、物另行保管，不得带私款进入收银区。

（2）进入收银区后，打扫收银台和责任区。

（3）准备好收银必备物品，如购物袋、计算机打印纸、笔、回形针、订书机、胶带、纸币等，并打开验钞机。

（4）按顺序逐个打开 UPS 电源、收款机等，检查收银设备是否运转正常及收银机当前日期、时间是否正常，如有异常应报公司信息部。

（5）现场财务人员将准备好的备用金交给收银员，收银员清点并签字确认。

（6）打开收银通道，正式开始收银工作。

2. 营业中作业规范

（1）输入待收商品的商品资料，如编码、助记码、条形码等。

（2）核对商品信息（如商品的品名、规格、产地、价格等）记录，确认无误。

（3）核对顾客待购商品的数量，注意商品的包装单位。

（4）确定待收金额，并礼貌地对顾客报出待收金额。

（5）收款，验钞操作。

（6）结账，打印购物小票，此时收银钱箱自动打开。

（7）如需找零则进行找零操作。

（8）完成现金操作后必须马上关闭收银钱箱，否则无法进行下一步操作。

（9）包装商品，注意按商品特性进行分类包装。

（10）微笑致谢顾客并完成本次的收银操作。

3. 营业结束后的作业规范

（1）早班交接班作业规范。

① 早班交班后，收银员在收银台上摆放“暂停收款”的作业指示牌。

② 在当班负责人监督下进行收银交班操作，收银员不得查看当班交班单据，交班单据由负责人收取。

③ 收银员将收银钱箱里的营业款全部取出，放至小钱箱内并锁上，同时检查收银钱箱内是否有余款。在整个过程中，收银员的存取工作要快速、稳定地进行，收银员不得在此过程中点计营业款数，收银员锁上钱箱保留钥匙，钱箱由负责人送往现场财务人员核款。

④ 收银员与现场财务人员当场清点当班营业款项，如有款项长短等问题，按公司财务规范中的长短款作业处理，所有款项（包括备用找零款）均须交回现场财务处。

⑤ 所有促销、优惠或会员兑换等礼券、兑换券、优惠券等必须按相关规定装订完整，交现场财务人员审核。如有需要做登记处理的，当班负责人要签字确认。

（2）晚班交班作业规范。

① 晚班交班工作应在所有顾客离开营业厅后进行。

② 在当班负责人员监督下进行收银交班操作，收银员不得查看当班交班单据，交班单据由负责人收取，同时暂存保险箱内，可次日交现场财务人员核对。

③ 收银员将收银钱箱里的营业款全部取出，放至小钱箱内并锁上，同时检查收银钱箱内是否有余款，在负责人的陪同下将营业款项锁入保险箱内。

④ 次日上早班时应提前到营业厅进行款项核点工作，上晚班时则应在下午接班前进行款项的现场核点工作。

⑤ 所有促销、优惠或会员兑换等礼券、兑换券、优惠券等必须按相关规定装订完整，

交现场财务人员审核。如有需要做登记处理的当班负责人要签字确认。

二、收银作业的管理重点

（一）收银员离开收银台的作业管理

（1）离开收银台时，将“暂停收款”牌摆放在收银台上且顾客容易看到的地方。

（2）用链条将收银通道拦住。

（3）将现金全部锁入收银钱箱里，同时将钥匙转至锁定的位置，钥匙必须随身带走或交店长保管。

（4）将离开收银台的原因和返回的时间告知临近的收银员。

（5）离开收银机前，如还有顾客等候结算，则不可立即离开，应以礼貌的态度请后来的顾客到其他收银台结账，并为正在等候的顾客结账后方可离开。

（二）结账流程

收银员营业中具体的结账流程如表3-10所示。

表3-10 收银员营业中具体的结账流程

步　骤	收银标准用语	配 合 动 作
欢迎顾客	欢迎光临，请问有会员卡吗？	① 面带微笑，与顾客目光接触。 ② 双手接过销售小票或等待顾客将商品放置在收银台上。 ③ 扫描会员卡或手工输入卡号。 ④ 将收银机的顾客显示屏面向顾客
扫描商品	请问这些是您需要结账的商品吗？	① 拿销售小票或商品，并找到其条形码，如没有就找出其代码。 ② 扫描商品的条形码，如无条形码，则输入其代码，以便正确地登录在收银机内。 ③ 登录完的商品必须与未登录的商品分开放置，避免混淆。 ④ 检查购物车底部是否还留有尚未结账与尚未扫描登录的商品
结算商品总金额，并告知顾客	您好，总共××元	① 将空的购物篮从收银台上拿开叠放在一旁。 ② 若无他人协助装袋，收银员可以趁顾客拿钱时，先行将商品装入袋内，但是在顾客付账时，应立即停止装袋工作
收取款项	唱收钱/卡：收您××元/收您卡一张，请输入密码	① 确认顾客支付金额，并检查钱/卡的真伪与信用卡背后是否有本人签名。 ② 如顾客未付款，可礼貌性重复提醒一次，不可表现出不耐烦的态度
唱付找零	找您××元/请您在银行签购单上签字，请拿好您的小票和卡	① 找出正确零钱。 ② 将大钞放下面，零钱放上面，双手将现金/银行卡、收银小票/加盖收银专用章的销售小票一并交给顾客。 ③ 待顾客没有疑问时，关上收银钱箱
商品入袋	请您拿好	根据入袋规则，将商品依次放入购物袋中
欢送顾客	谢谢！欢迎再来	① 一只手提着购物袋交给顾客，另一只手托着购物袋的底部，确定顾客拿稳后才可将手放开。 ② 确定顾客没有遗忘购物袋。 ③ 面带笑容，目送顾客离开

（三）商品扫描

随着门店商品种类越来越丰富，利用条码扫描器扫描录入商品信息，是零售企业的主要销售结算方式，也是提高收银员工作效率的重要保障。

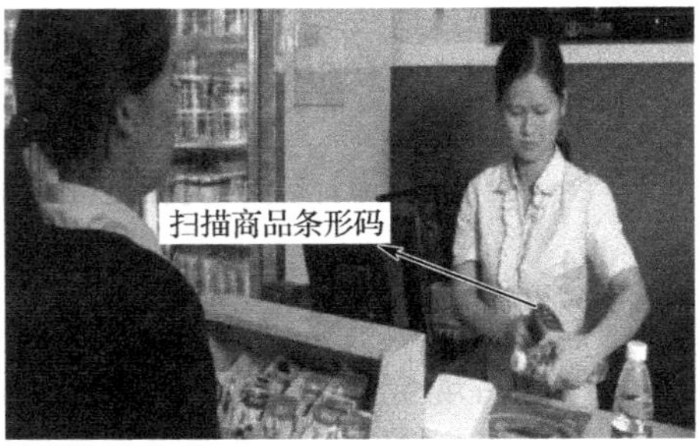

图 3-75　用条码扫描器扫描商品

1. 扫描方式

收银员在收款时要对顾客所有选购商品上的条码进行扫描。条码扫描的方式主要有两种。

（1）机器扫描，即用条码扫描器对商品条码进行扫描，如图 3-75 所示。

（2）人工扫描，即在机器扫描无效时改用手工输入的操作方式进行扫描。

2. 扫描原则

（1）快速扫描原则。要求收银员熟悉商品条码的位置，以最快的速度对商品的条码进行扫描，减少顾客排队等候的时间。

（2）无漏扫描原则。要求收银员保证顾客所选购的商品都被有效地扫描，防止漏扫造成企业经济损失。

（四）商品消磁

商品消磁是零售企业门店重要的防盗措施，是对固定在商品上的防盗标签进行解除磁性的操作。收银时应正确地进行消磁，以减少顾客投诉和出口处稽核人员的工作负担。

1. 防盗标签

销售商品常用的防盗标签分为软标签和硬标签两种。

（1）软标签。

软标签从外形上看就是张纸条，看似一般的价格标签，实际上却是有磁性的防盗标签，所以也叫防盗软标签（见图 3-76）。软标签主要用于保健品、酒类、化妆品、磁带、CD、电池、糖果等，是一次性的，不能循环使用，具有隐蔽性。

（2）硬标签。

硬标签是指难以被移走或被破坏的坚固标签，如服装防盗磁扣（见图 3-77），顾客付款后，收银员需用特定工具如硬标签拔除器、取钉器、开锁器（见图 3-78）等将硬标签取下并收回。硬标签主要用于服装、内衣、皮具、皮鞋、酒类、高档食品等，其特点是永久性，可循环使用，不具备隐蔽性。

图 3-76　软标签

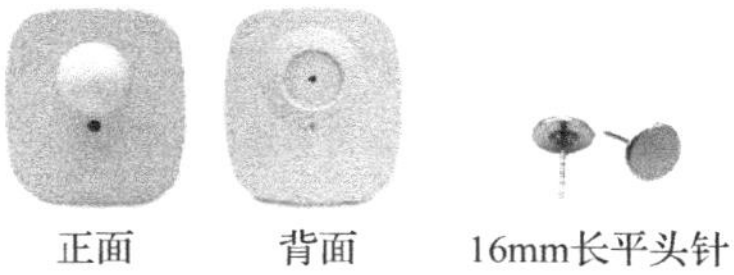

图 3-77　服装防盗磁扣

图 3-78　开锁器

2. 消磁原则

（1）快速消磁。以最快的速度将扫描过的商品进行消磁。
（2）无漏消磁。保证每件商品都经过消磁且消磁成功。
（3）保护商品。对易破损的商品应轻拿轻放，不能损坏。

3. 消磁方法

当班收银员在进行商品扫描收款时，对带有“软标签”和“硬标签”的商品进行消磁。

（1）机器消磁。用于软标签的消磁，即收银员将软标签通过收银机消磁系统消磁后，报警功能消失。

（2）人工消磁。用于硬标签的消磁，即收银员用开锁器将标签取下收回。

（五）商品装袋

将结算完的商品迅速替顾客装好袋是每位收银员的一项基本功。这项工作若做得不好，会使顾客很不愉快。

1. 装袋的原则

（1）正确选择购物袋。购物袋有尺寸大小之分，收银员在为顾客商品装袋时，应根据顾客的购买量和类别，来建议顾客选择合适的购物袋。

（2）商品分类装袋。对商品正确分类是非常重要的，这不仅能提高服务水平，增加顾客满意度，还能体现尊重顾客、尊重健康的理念。

2. 装袋技巧

除了选择合适的购物袋，遵循一定的分类原则外，还应掌握正确的装袋技巧。

（1）硬、大、重、底部平稳的商品应先放置在袋底。

（2）正方形或长方形的商品装入购物袋的两侧，作为支架。

（3）瓶装或罐装的商品放在中间，以免受外来压力而破损。

（4）易碎品、较轻、较小的商品放置在袋中的上方。

（5）冷冻品、豆制品等容易出水的商品和肉、菜等易流出汁液的商品，应先用其他购物袋装好后再放入大的购物袋中。

（6）装入袋中的商品不能高过袋口，以避免顾客提拿时不方便，一个袋装不下的商品应装入另一个袋中。

（7）超市在促销活动中所发的广告页或赠品要确认已放入包装袋中。

（8）装袋时要绝对避免把不同顾客的商品放入同一个袋中的现象。

（9）对包装袋装不下的体积过大的商品，要用绳子捆好，以方便顾客提拿。

（10）提醒顾客带走所有包装入袋的商品，防止其遗忘商品在收银台上的情况发生。

（六）真假币识别（详述内容请扫描右侧二维码）

（1）人民币防伪特征

（2）人民币识别要点

① 一看。②二摸。③三听。④四测。

三、POS 收银机操作

（一）收银机的构成

收银机的构成如图 3-79 所示。

（1）主机：收银机数据处理器及主板，是 POS 机的核心部件。

（2）主显示屏：收银员的视频窗口，显示在结算过程中的商品信息、交易信息等。

（3）顾客显示屏：面向顾客同步显示交易数量、价格等信息。

（4）票据打印机：用于打印收银小票、银行卡签购单等。

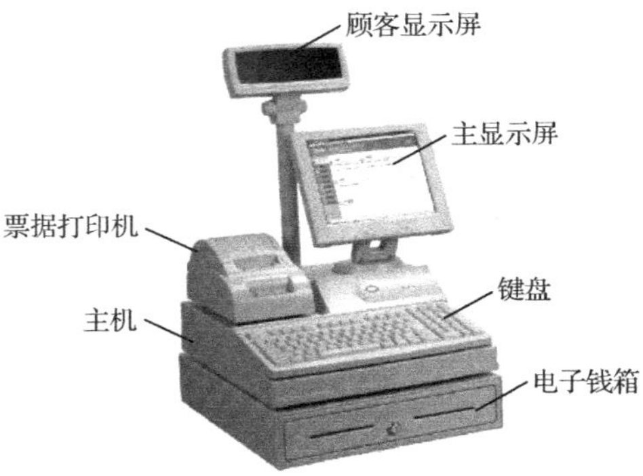

图 3-79　收银机的构成

（5）键盘：用于输入各种销售数据和相关信息。

（6）电子钱箱：用于放置营业款。

（7）电子收银机的外部接口：用于连接条码阅读器、磁卡阅读器等外部设施。

（二）收银机外部设施

（1）条码扫描器（条码阅读器）：用于扫描商品以获取商品信息，如图 3-80 和图 3-81 所示。

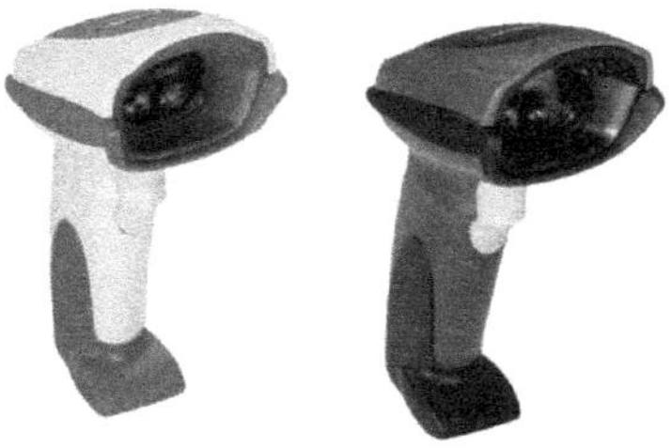

图 3-80　手持式条码扫描器

图 3-81　固定式条码扫描器

（2）磁卡阅读器：用于储值卡、会员卡等磁卡的信息读入，如图 3-82 所示。

（3）银联 POS 机：银行卡特约商家采用银联网络完成顾客银行卡的刷卡结算，如图 3-83 所示。

图 3-82　磁卡阅读器

图 3-83　银联 POS 机

四、收银问题处理

收银员在为顾客提供结账服务时，难免会有收银错误的情状发生。当收银作业发生错误时应进行纠正和处理，做到让顾客满意，同时保证当天的营业结算平衡。要按不同的错误采用相应的操作规范及时处理。下面列举收银时会出现的主要问题和有效的解决方法，如表 3-11 所示。

表 3-11　收银问题及其解决方法

影响收银的主要问题	带来的后果	解决问题的方法
收银员前期准备工作不足，如打印小票、购物袋等已用完	影响收银效率	提前准备收银相关的用品
顾客排队时间长	收银区域拥挤，顾客抱怨	（1）强化对收银员工作流程的培训，提高工作效率。 （2）多增加收银机和收银员。 （3）由保安人员做好顾客疏导工作
收银员对促销活动不了解，不清楚有关抵用金的使用规范和折让商品的操作规范	不能准确收银，降低收银效率，造成顾客大量排队	（1）制订促销活动操作规范，强化收银员培训。 （2）销售人员在备注栏中标明促销信息
收银员零钱不够	收银工作不能顺利完成	（1）财务主管事先备足零钱，给每个收银员做好零钱发放工作。 （2）收银员在收款时，可提示顾客付零钱，增强零钱的使用效率。 （3）不同收银员之间紧急调换。 （4）以柜组为单位动员门店员工紧急增援，做好登记，营业后归还
发现假钞，或者无法判断钞币的真假	收银工作不能顺利完成	（1）请顾客换一张。 （2）报请财务主管处理
收进假币	给公司财产造成损失	（1）当事人赔偿。 （2）在确认该收银员无过错的情况下，由门店经理通过调控做一些经济补偿
顾客信用卡刷不出	影响付款	（1）检查 POS 机是否出现问题。 （2）指点顾客到附近的银行提款。 （3）大额的销售可以由门店员工陪同顾客前往银行提款，往返车费可报销或折让价格

微课学 3-6

请观看微课“收银作业流程”（扫描右侧二维码），然后把以下学习要点记录下来！

（1）收银前要如何准备？

（2）收银时有哪些注意事项？

［微课：收银作业流程］

【项目实训】

活动 1：请利用课余时间到学校附近的超市或便利店实习，观察并记录一天门店的进货存货情况，并填好门店商品进货作业调查表（见表 3-12）和门店商品存货作业调查表（见表 3-13）。

表 3-12　门店商品进货作业调查表

1	订货商品	订货数量	订货原因
2	验收商品	验收数量	验收情况
3	退换货商品	退换货数量	退货原因
4	调拨商品	调拨数量	调拨原因

表 3-13　门店商品存货作业调查表

序号	库 存 商 品	属于哪类商品管理（ABC 分类管理）	库　存　量	库 存 问 题	处 理 措 施
1					
2					
3					
…					

活动 2：请为学校超市或创业街等实训基地要经营的商品制作价签，并针对以下商品，以“520”为主题，设计促销价签（见表 3-14）。

表 3-14　“520”促销价签

序号	促 销 商 品	原　　价	促　销　价
1	乐事大波浪香脆烤鸡翅味薯片（200g）	9.80 元	7.80 元
2	优乐美香芋味奶茶	4.80 元	3.50 元
3	无穷鸡腿（150g）	5.90 元	3.60 元
4	脉动（青柠味）500mL	4.50 元	3.30 元

活动 3：请到附近的超市进行商品陈列调查，填写超市商品陈列调查表（见表 3-15）。

表 3-15　超市商品陈列调查表

序号	陈列方法应用	陈 列 商 品	陈 列 效 果
1			
2			
3			
…			

活动 4：请利用课余时间到校园超市跟岗实习，指出超市陈列不当的问题，并把商品陈列的优化与调整的措施记录下来，填写表 3-16。

表 3-16 商品陈列不当问题及优化调整措施表

序号	陈列不当问题	陈列优化与调整措施
1		
2		
3		
…		

活动 5：感受理货员的工作。

请扫码观看视频——“理货员的一天”（扫描右侧二维码），谈谈你的感受。

［微课：理货员的一天］

活动 6：理货作业情景演练。

请以小组为单位，每个小组根据以下情景到门店进行理货的情景模拟。

情景 1：当顾客来购物却不知道购买什么，而且将商品弄得很零乱时，你该怎么处理？

情景 2：一位顾客到店想购买金龙鱼高筋面粉，但没找到，这时理货员应该如何去处理？

情景 3：你所负责生鲜区的土鸡蛋到货了，你要负责验收并上架销售，你该怎么处理？

活动 7：盘点作业情景演练。

请以小组为单位，每个小组根据以下情景到学校实训中心进行盘点的情景模拟。

情景 1：盘点前 5 天，门店店长要求你对货架商品的排面进行编号划分。

情景 2：复盘时，你作为复盘人员发现某一货架底层的商品没有盘点，你该如何处理？

情景 3：你所负责的区域发现某商品在初盘和复盘的数字差异较大，你该如何处理？

【项目检测】

一、单选题

1.（　　）是指连锁企业从编制进货计划开始，经过供应商的选择到确定供应商、进行合同的签订和执行，以及商品到货、验收入库的完整业务经营过程。

A. 订货作业　　B. 进货作业　　C. 盘点作业　　D. 退货作业

2.“一定时间内门店销售成本与存货平均余额之比”是（　　）。

A. 存货周转率　　B. 存货平均余额　　C. 期初存货额　　D. 期末存货额

3. 用来传达和表示商品销售价格的标志是（　　）。

A. 品牌　　B. 商标　　C. 价格　　D. 价签

4. 三色价签分别是（　　）三种颜色。

A. 红黄蓝　　B. 黄绿白　　C. 红黄绿　　D. 红黄白

5. 标价签上的条码是指（　　）。

A. 商品本身的条形码　　B. 商品在本店的编码

C. 商品的货号　　D. 商品的顺序码

6.（　　）是指将同一品牌或同一种类的商品在货架上一层一层上下垂直陈列的方法。

A．显而易见陈列　B．配色协调陈列　C．垂直陈列　D．安全陈列

7．生鲜、冷冻冷藏等保质期较短的食品类商品，更要注意（　　）陈列原则。

A．关联陈列　B．安全陈列

C．黄金位置陈列　D．先进先出陈列

8．货架的（　　）是顾客下蹲才能拿取商品的位置，其高度一般为10～50cm，由于接近地面，顾客不容易看到，是商品销售最不利的位置。

A．上段　B．中段　C．黄金段　D．下段

9．货架的黄金段是商品最佳的陈列位置，也是顾客很自然就能拿取商品的位置，其高度一般为（　　）。

A．50cm以下　B．50～120cm　C．120～160cm　D．160～180cm

10．降价幅度很大的特价品、高利润的商品、新商品、重点推荐的商品或热卖中的商品适合用（　　）。

A．集中陈列法　B．端头陈列法　C．悬挂陈列法　D．散装陈列法

11．室内装饰品、床上用品、家具布置成一间室内环境的房间进行陈列出售，应用了（　　）。

A．情景陈列法　B．主题陈列法　C．盘式陈列法　D．岛式陈列法

12．开店后理货员根据清洁计划，将货架上的商品及货架逐一清洁，同时检查商品生产日期，根据有效期做到（　　）。

A．靠左陈列　B．靠右陈列　C．后置陈列　D．前置陈列

13．补货时，理货员要通过商品库存系统查看本店库存数量，填写（　　）并交主管审核签字。

A．入库单　B．出库单　C．采购单　D．退货单

14．顾客通过网上商城的App下订单，商城平台就会让与其合作的线下门店根据商品清单进行目标商品的拣取和配货，最后配送到顾客手中。这种形式的调货称为（　　）。

A．订货　B．换货　C．配货　D．出货

15．营业期间，理货员每隔（　　）分钟到收银台回收顾客不要的商品并放在孤儿商品回收处。如果是低温商品，则要在（　　）分钟内完成回收工作。

A．10，30　B．20，30　C．30，10　D．40，20

16．下列哪种盘点方式会影响门店的销售业绩，给顾客购物带来不便？（　　）

A．手工盘点　B．定期盘点　C．不定期盘点　D．停业盘点

17．盘点前（　　）天，店长要负责编排盘点排面号。

A．2　B．3　C．4　D．5

18．初盘时，盘点货架或冷冻柜、冷藏柜的顺序应该是（　　）。

A．从左而右，由下而上　B．从右而左，由上而下

C．从左而右，由上而下　D．从右而左，由下而上

19．采用A表盘点加抽盘的方法，抽查应不低于（　　）。

A．40%　B．30%　C．20%　D．10%

20．收银员在结账收取款项时，应该（　　）。

A．双手接过销售小票或等待顾客将商品放置在收银台上

B．扫描会员卡或手工输入卡号

C．确认顾客支付金额，并检查钱/卡的真伪与信用卡背后是否有本人签名

D．根据入袋规则，将商品依次放入购物袋中

二、多选题

1．订货时需要注意哪些事项？（　　）

A．大量囤货　　B．存货检查　　C．适时补货　　D．适量补货

2．下列说法正确的是（　　）。

A．进货时间的确定应考虑厂商作业时间、交通状况、营业需要及内部员工出勤时间等

B．商品整理分类要清楚，在指定区域进行验收

C．进货验收时，商品品名、数量、规格要与商品验收单进行核对，拒收变质、过保质期或已接近保质期的商品

D．应先办理退货再办理进货，以免退换商品占用门店的仓位

3．属于退换货作业流程的是（　　）。

A．整理需退换货的商品　　B．填制退换货单

C．办理退换货　　D．收到退货款

4．以下情况需要更换价签的是（　　）。

A．价签残损　　B．价签丢失

C．价签不对应　　D．价签清楚、正确

5．下列关于商品标价签的管理说法正确的是（　　）。

A．断货商品、调价商品的标价签需重新使用时，柜组人员一定要认真核对标价签与实物，无误后方可使用保留的标价签

B．换季、清退商品在商品撤柜的同时，销售员将商品标价签取下并销毁

C．如有旧标价签，则须优先使用，否则，将追究有关人员的责任

D．标价签因残损、丢失或其他原因需重新打印时，要先填写“打印标价签申请表”，由主管签名后，交授权人员才能打印

6．下面哪些商品的组合属于关联陈列？（　　）

A．方便面与毛巾　　B．牙刷和牙膏　　C．奶粉和纸尿库

D．图书和文具　　E．茶叶和茶具

7．具有（　　）特点的商品在陈列时应遵循安全陈列原则。

A．重量较重　　B．体积较大　　C．易碎

D．临近有效期　　E．地堆商品

8．以下哪些商品的陈列适用于投入式陈列？（　　）

A．贵重商品　　B．商品本身及其价格已广为人知的商品

C．低价格、低毛利的商品

D．不易变形、不易损伤的商品

E．中小型商品，独立陈列很费工夫的商品

9．营业后，理货员要完成以下（　　）工作。

A．补货　　B．退换货　　C．更换促销品陈列

D. 调货　　　　　　　E. 清洁卫生

10. 关于营业时的理货工作，以下说法不正确的是（　　）。

A. 打卡签到，准备晨会，更换商品价签

B. 经常巡检所属区域，若出现滞销商品，及时上报主管审核确认并填写退货单

C. 闭店后，理货员要按陈列规划进行促销品陈列

D. 陈列完成后更换海报、价签及 POP 价钱牌，核对商品价格与价签是否一致

E. 清洁地面，整理购物车，清理垃圾桶

11. 下列关于初盘的作业规范，正确的是（　　）。

A. 盘点货架或冷冻柜、冷藏柜时，依序由左而右，由上而下，一人完成盘点工作

B. 盘点的数字书写要清楚，不可潦草让人混淆

C. 清点时，一定要按销售单位清点，不够一个销售单位的按一个销售单位计算

D. 在进行实物盘点时，要查看商品的有效期

E. 对无法查知编号的商品，用红色粘纸做标志，报告分控制台进行处理

12. 下列关于抽盘的作业规范，正确的是（　　）。

A. 抽查每一类商品是否都已盘点出数量和金额，并要签名

B. 抽盘的商品可选择卖场内死角的商品，或者不易清点的商品，或者单价高、数量多的商品

C. 对初盘与复盘差异较大的商品要加以实地确认

D. 复查劣质商品和破损商品的处理情况

E. 抽点人员须使用红色笔填表

13. 当门店盘损率超过 8%时，采取的对策是（　　）。

A. 重新盘点　　　　B. 追究员工责任　　　C. 不需再盘点

D. 改善经营管理　　E. 减少员工待遇

14. 关于收银员离开收银台的作业管理，下列正确的是（　　）。

A. 离开收银台时，将“暂停收款”牌摆放在收银台上且顾客容易看到的地方

B. 用链条将收银通道拦住

C. 将现金全部锁入收银钱箱里，同时将钥匙转至锁定的位置，钥匙必须随身带走或交店长保管

D. 将离开收银台的原因和返回的时间告知临近的收银员

E. 离开收银机前，如还有顾客等候结算，则不可立即离开，应以礼貌的态度请后面的顾客到其他收银台结账，并为正在等候的顾客结账后方可离开

15. 当顾客排队时间过长，应如何解决？（　　）

A. 强化对收银员工作流程的培训，提高工作效率

B. 多增加收银机和收银员

C. 提前准备收银相关的用品

D. 由保安人员做好顾客疏导工作

E. 检查 POS 机是否有问题

三、判断题

1. 价签上的品名可以写简称。（　　）

2. 因价签残损、丢失或其他原因须重新打印时，柜组人员填写“打印标价签申请表”，由主管签名后，交传单组打印后取回。（　　）

3. 注意认真核对单据与价签，若二者内容不符，以计算机系统资料为准，重新打印正确的标价签，并及时向采购部反映。（　　）

4. 定时补货是指只要货架上商品即将售完，就立即补货。（　　）

5. 断货的商品，要在商品价签右侧放置“断货签”。（　　）

6. 调货的形式有线下连锁门店之间的调货和线上商城与线下门店之间的调货两种。（　　）

7. 验货时，理货员要核对商品来货数量与开票数量是否一致。（　　）

8. 初盘时，陈列区的盘点采取“互点法”。（　　）

9. 对严重盘亏的门店，应查清原因，必要时应按盘点小组指定时间进行重盘，重盘后，由店长签字确认。（　　）

10. 对于确实盘盈的门店，可按盘盈金额奖励员工。（　　）

四、简答题

1. 办理退换货作业有哪些注意事项？
2. 调价商品的标价签应如何管理？
3. 商品陈列的原则有哪些？
4. 理货员的日常作业包括什么内容？
5. 盘点的原则是什么？
6. 什么是“互点法”？
7. 盘点前的时间应如何安排？
8. 避免出现盘点盈亏的方法有哪些？

五、案例分析题

案例一

时机，最好利用的兴奋点

指甲剪的老板最近很着急，因为他的企业的指甲剪原本卖得不错，但新开发的卡通指甲剪就是卖不好。卡通指甲剪专门提供给儿童使用，卡通形象都是孩子喜欢的流行卡通人物和小动物。老板也知道卖不好的原因。卖场将这些指甲剪陈列在五金小商品的货架上，那都是成年人光顾的货架，他们可不喜欢卡通的指甲剪，认为那顶多是一种玩具。

企业老板一直都和卖场交涉，要求改变陈列位置，把卡通指甲剪放到儿童商品的货架中去。卖场经理就是不答应。因为卖场规定商品一定要根据品类陈列，指甲剪属于五金类，必须和五金类产品放在一起，根本不能放在儿童商品区！

但是机会来了。六·一儿童节之前，卖场要利用孩子们的节日做促销，其中也包括根据儿童特征重新进行卖场陈列，尽量将与儿童有关的产品陈列到儿童商品区。

企业老板知道后，再次与卖场经理商讨，卖场经理最终答应了。

结果可想而知，卡通指甲剪卖得很好，是过去销售量的很多倍。六·一促销活动过后，企业老板借卡通指甲剪卖得很好的事实说服了卖场经理，此后他的卡通指甲剪被放在了儿童商品区。

结合案例，请分析：

1．卡通指甲剪从刚开始卖不好到最后热卖的原因是什么？

2．请谈谈对你有何启发？

案例二

工作失误引发的顾客投诉

2018 年 7 月，顾客服务中心收到这样一个投诉：顾客李某在结账时无意中发现，他的小票上多录入了 2 件他并没有购买的商品，与此同时，跟随在他身后的家人也发现了这一情况。李某当时非常气愤地跑到顾客服务中心，大骂：“你们这简直是诈骗犯!”李某一直嚷嚷：“如果不对这件事做出合理解释，我就投诉到消协!”并说：“要炒掉这样的员工，要狠狠地处罚她。”闻讯而来的主管马上拿过计算机小票进行核实，发现情况确实如此，而且错误出自同一个收银员。主管立即向李某及其家人道歉，并将他们引至自己的办公室内，倒水安慰他们。待他们冷静后，主管再次对收银员工作的失误进行诚恳道歉和检讨，并答应就此事要对该收银员进行严肃处理和教育。当时商场正在进行有奖促销活动，主管就将几张抽奖券赠送给了李某，并说：“这次差错是我们工作中的一次失误，我们一定会引以为戒，提高我们员工的工作质量，希望您能继续支持和相信我们商场。”在主管的耐心解释下，李某一家才慢慢地消了气，并主动说：“算了，也不要炒掉她了，现在找一份工作也不容易，但要好好教育她，不能再出现这样的失误，否则对你们商场的声誉影响太坏了。”

结合案例，请分析：

1．案例中，收银员先后发生的失误说明了什么？

2．你对主管的处理方法有何看法？

【项目导航】

请回顾本项目的任务知识点，并扫描右侧二维码，填写思维导图。

【项目评价】

教师组织学生填写任务完成情况评价要素表（见表 3-17），对本次实训过程中学生的完成情况进行综合评估。

表 3-17　任务完成情况评价要素表

组别：　　　　　　　　　　　　学生姓名：

序号	考核点	分值（100 分）	得分	累计积分账户
小组评价		共 20 分		
1	态度与纪律	4		
2	出勤情况	4		
3	参与活动时与人沟通的能力	4		
4	参与讨论的积极性	4		

续表

序号	考核点	分值（100分）	得分	累计积分账户
5	团队合作的表现	4		
本人评价		共60分		
6	能分别用流程图概括订货作业、验收作业、退换货作业的流程	4		
7	会计算存货周转率并分析门店的存货管理的现状	3		
8	能复述新上架商品、促销商品、调价商品的标签管理工作	3		
9	能总结商品陈列原则和陈列方法	3		
10	能以思维导图形式概括理货作业的流程	3		
11	能说明理货员的补货、调货、退换货的工作要求	4		
12	能说明盘点前的准备工作	3		
13	能以思维导图的形式概括初盘、复盘、抽盘的作业规范要求	3		
14	能用流程图概括收银作业流程	4		
15	能归纳离开收银台的作业管理要求	3		
16	会按照各项作业流程进行订货、验收、退换货、调拨作业的处理	3		
17	能熟练、正确地制作各类商品的标价签	4		
18	能运用所学的商品陈列原则和陈列方法开展一次商品陈列活动	3		
19	能够按照理货作业流程开展一次商品理货作业	4		
20	能够在教师的指导下正确、规范地实施盘点作业	3		
21	能够处理盘点差错	3		
22	能使用 POS 收银机按结账步骤进行收银作业	4		
23	能够在收银出现问题时快速、准确地处理纠正	3		
教师评价		共20分		
24	对门店日常作业知识的掌握	10		
25	对门店日常作业技能的掌握	10		
本次实训分数小计				

累计积分账户说明：90～100分积5分，80～89分积4分，70～79分积3分，60～69分积2分，60分以下积1分。

项目四　门店促销管理

项目描述

门店的促销活动有别于门店其他的营销活动，促销可以通过沟通信息以赢得信任，通过激发需求以促进购买和消费，最终实现销售及扩大销售的目的。一般来说，顾客进入门店后进行有计划性的购买仅占 30%～40%，而冲动性的购买则占 60%～70%。因此，门店只有通过开展多种促销活动，才能聚集人气，吸引客流，扩大销售，提高效益。

本项目共有两个任务，主要介绍门店促销策划、促销活动实施与评估的基本内容，旨在帮助学生学习如何开展促销工作。

项目目标

知识目标	技能目标
（1）能说明促销活动对门店运营的意义。 （2）能举例说明常见的促销方式方法。 （3）能概括门店促销策划的主要内容。 （4）能以思维导图的形式总结促销活动实施的流程	（1）能根据不同的促销目的和促销主题制订合理的门店促销活动方案。 （2）能按照现场管理的要求进行布置，营造积极轻松的促销环境。 （3）能选择恰当的促销评估方法对促销效果进行科学的评价

任务 14　门店促销策划

【工作情景图】

工作情景图如图 4-1 所示。

图 4-1　工作情景图

任务情景

大学毕业的小东在父母的支持下，和朋友合伙开办了一家名为“食为鲜”的门店。“食为鲜”是上市公司“顺客隆”旗下品牌，是集“便利店+生鲜+电子商务+会员体系”一体的社区生鲜连锁店，主要定位在服务社区周边居民，让他们能享受到便捷的生活服务。小东的“食为鲜”门店从开业以来经营一直比较稳健，再过一个月就满一周年了，小东打算开展周年店庆大型促销活动。假如你是小东，你该如何策划本次店庆促销活动呢？

一、认识门店促销

（一）门店促销的含义

门店促销是指在特定时间内，门店采取的诱导和鼓励顾客购买门店产品或服务的各种销售促进的活动。从本质上来看，门店促销是一种沟通、激发活动，其主要任务是向顾客传递商品或服务信息，激发顾客购买兴趣和欲望，以实现扩大门店销售、提升门店经营效益的目的。

（二）门店促销的作用

（1）展现门店经营活力。
（2）传递商品信息。
（3）激励购买行为。
（4）树立门店形象。
（5）获得竞争优势。
（6）带动其他产品销售。
（此部分具体详述请扫描右侧二维码。）

（三）门店促销的种类

（1）按沟通方式分类，门店促销分为单向沟通式促销和双向沟通式促销，如表 4-1 所示。

表 4-1　单向沟通式促销和双向沟通式促销

促 销 种 类	特 点 描 述	常见的促销方式
单向沟通式促销	促销信息在门店与顾客之间的传递是单向的。门店仅重视促销信息的推送，无法了解顾客的实时反馈	特价促销
		优惠券促销
		赠品促销
		POP 广告促销
		买赠促销
双向沟通式促销	促销信息在门店与顾客之间的传递是双向互动的。门店在推送促销信息的同时可以获得来自顾客的实时反馈	意见征询
		有奖答题
		现场促销

其中，双向沟通式促销应具有明确的传播主题，在实施过程中应该提供充分的机会和

诱惑，吸引顾客主动参与。

（2）按促销效果分类，门店促销分为巩固重复购买促销和引入新品促销。

意大利经济学家、社会学家帕累托的“二八法则”是：产品销售的核心利润来自 20% 的顾客的重复购买。重复购买促销具体表现形式有消费者跟踪优惠折让、新品或新服务优先试用、累计积分奖励等。

顾客对使用新产品的潜在风险预期要远远高于使用老产品，因而一般会对新产品具有抗拒心理，不愿冒风险尝试新产品。门店在引入新品时通常需要使用促销工具来抵消顾客的顾虑，促使顾客尝试购买、使用新产品。引入新品促销的具体表现形式有样品派送、赠购、限期优惠等。

（3）按促销组合分类，门店促销分为展示促销、人员促销、营业推广促销、广告促销和公共关系促销。

① 展示促销。

店内展示促销是指利用门店中的堆头、端头、挂架、宣传海报等进行促销，如图 4-2 所示。店外展示促销一般是指由于新品上市、店庆、节假日等促销需要，在户外（如广场）通过产品展示、道具、有奖问答、游戏、演出等方式向目标顾客传达产品利益点或促销信息的促销行为，如节假日在门店外的户外演示活动等。

（a）　　（b）　　（c）

图 4-2　店内展示促销

② 人员促销。

人员促销是指门店促销人员运用一定的销售技巧来开展促销活动，如图 4-3 所示。

图 4-3　人员促销

③ 营业推广促销。

门店开展营业推广促销的方式有很多种，包括样品派送（见图 4-4）、有奖促销（见图 4-5）、特价促销（见图 4-6）等。

④ 广告促销。

广告促销是门店树立品牌、应对竞争的有力“武器”，也是门店最常使用的促销手段。门店经常使用各种广告促销手段向顾客、企业和各类社会组织提供商品和服务信息，以扩大自身知名度，提高美誉度，最终提升门店销售额。门店层面的广告促销既可以利用大众媒介——传统媒介（报纸、杂志、广播、电视），又可以利用小众媒介——新媒体，如电梯广告（见图 4-7）。

图 4-4　样品派送

图 4-5　有奖促销

图 4-6　特价促销

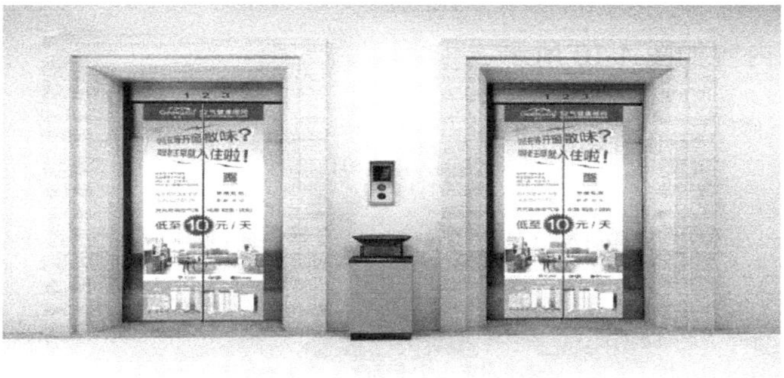

图 4-7　电梯广告

⑤ 公共关系促销。

公共关系促销是指门店为了促进销售，通过各种公共宣传工具所进行的公关活动。

（4）按促销时机分类，门店促销分为常规促销和非常规促销。

① 常规促销。

常规促销是门店通常采用的促销方式，如优惠销售、免费使用（见图 4-8）、买赠活动（见图 4-9）等。虽然是常规促销，但其活动的形式和花样仍需不断变换，才能有效吸引顾客的关注和参与。能把常规促销做出新意是常规促销的最高境界。

常规促销通常有长期性、定期性、固定性、速效性和现场通告性等特点。固定的时间和地点是常规促销最突出的特征，一些门店甚至把常规促销称为“周末促销”。这种促销形式一般见效很快，在举行活动的同时销售量就会迅速上扬，但后期效果及影响力均不是特别理想。常规促销一般不使用大众媒介，而是借助促销现场 POP 广告、展示牌、海报、人员讲解等方式来向告知顾客促销活动内容。

② 非常规促销。

非常规促销又称主题促销，是门店和供应商共同参与的一种促销活动。非常规促销一般都先由门店确定活动方案，包括主题、规模和形式，然后由供应商提供各种支持和协助。

图 4-8　免费使用

图 4-9　买赠活动

非常规促销通常具有指导性、主题性、时效性等特点，促销活动次数不多，规模较大，能给顾客留下深刻的印象，对门店的长期销售能产生深刻影响。

二、门店促销策划内容

门店促销策划内容如图 4-10 所示。

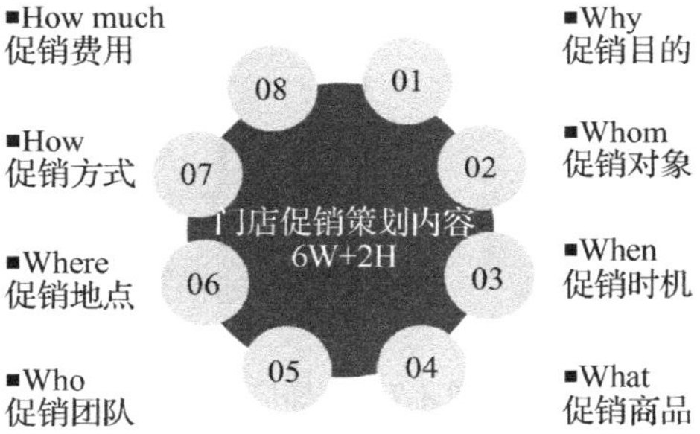

图 4-10　门店促销策划内容

（一）明确促销目的

每一次促销活动都必须有明确的促销目的和正当的促销理由。例如，扩大销量，实现短期销售目标；新产品上市，季节性调整；消化库存，应对竞争；提升品牌认知度及美誉度……

理由充分、目的明确是做好门店促销的前提，否则会给顾客留下因为公司产品销售不畅而“低价甩卖”的印象。只有目的明确，才能使活动有的放矢。

（二）选择促销对象

促销活动针对的是目标市场的每一个人还是某一特定群体？活动控制在多大范围内？哪些人是促销的主要目标？哪些人是促销的次要目标？这些问题的正确解决会直接影响促销的最终效果。

知识链接

上海家乐福促销对象分析

上海家乐福超市根据目标顾客信息调整商品线，确定促销活动。上海家乐福超市分析了自己的顾客群体，其中70%是女性，60%在34岁以下，45%乘公共汽车，28%步行……

同时，同是上海家乐福超市的分店，但因各自所属商圈不同，分店之间促销活动有较大区别。例如，家乐福虹桥店，周围是高档住宅区，高收入群体和外国侨民较多，其中外国侨民占总消费群体的40%，所以家乐福虹桥店的外国商品特别多，如各类葡萄酒、奶酪和橄榄油等。该店还经常以外国节日的名义进行进口商品促销。

（三）把握促销时机

为了保证促销效果，就要给促销活动选择一个合适的时机。只有促销时机选得好，促销活动才能达到门店赢利、吸引更多顾客、宣传企业文化等目的。

促销时机选择有一定的规律和技巧，主要有以下几个方面。

1. 日促销时机

一天之中的促销时机，一般分为临时促销和时段促销（又称分班促销）。由于每天的情况都在迅速变化，促销时机随时都可能出现，因此门店必须根据实际情况，在最短的时间内采取相关的促销措施，及时捕捉商机，拉动销售，这便是临时促销。如果需要每天在相同时段进行相同产品的促销，则有必要把它列入“日例行促销”的内容，这便是时段促销。

例如，某餐饮连锁店白班要进行中午快餐促销，而夜班要进行烧烤或宵夜促销。服装连锁店开门营业较晚，上午的客流不足。当营运店长在11:00左右发现单位面积的顾客数量还是不足时，就会立刻启动一次促销：迅速调整店面音乐风格，派两三名营业员站在门前招揽顾客，他们一边有节奏地击掌，一边不停地喊出促销内容。

2. 周促销时机

一周之中的促销时机，要根据客流或业态特点进行捕捉。例如，“5+2”型的店铺，就要针对工作日5天和双休日2天的不同特点，进行有针对性的促销。

3. 月促销时机

一个月之中的促销时机，则要看门店月度营运计划完成的进度。例如，上半个月业绩未能完成过半，那么在下半个月就有必要启动阶段性促销；如果预期下半月雨季会到来，那么上半个月则要提前进行促销。根据不同行业的特点，月促销时机的选择还会有所不同。

（四）选择促销商品

顾客的基本需求是能买到价格合适的商品，促销商品的品项、价格是否具有吸引力将影响促销活动的成败。无论选择何种商品作为促销商品都应牢记两个基本要点：一是选择顾客真正需要的商品；二是能给顾客增添实际的利益。具体选择技巧如下。

1. 商品宽度和深度要切合主题

商品宽度是指某种商品对整个类别的覆盖度及基本功能的覆盖度。商品深度是指某种功能的商品在该类别的品牌覆盖度及相关功能的细化和延伸。通常来说，对于大型节日或日常主题促销，应强调“宽度”，就是商品的选择要尽量全面，吃喝玩乐应有尽有；而对于小型的专题促销，如文化用品节、洗化节等，则强调“深度”，即某一类或某几类商品的多面选择。

2. 功能性角色商品占比要合理

根据商品 ABC 分类原则，合理的促销选品结构应当是各种功能性角色商品都要有，且所占的比例要恰当。通常来说，AB 类商品占 30%～40%，季节性商品占 20%～30%，新产品、推广商品或自有品牌商品占 10%～20%，而临期商品、处理商品或滞销商品占 10%～20%。

（1）形象商品：超低价商品、优质商品、生活必需品，如蛋、米、肉、纸品、饮料、常用家电、家纺等，它们可以起到吸引客流的作用。促销方式：做惊爆价，但严格控制商品数量，可考虑限量销售。

（2）销量商品：季节性商品、知名品牌商品，如各部门有代表性的商品（油、酒、饮用水、内衣、家电等），它们具有高周转率，可以起到补充毛利的作用。促销方式：主要做促销价，也可做超低价，要求可持续性低价，要保障销量，库存周转要快。

（3）效益商品：有吸引力的个性化商品、关联性商品、新品质量好的商品，它们价格敏感度一般，能引起冲动性购买。促销方式：做超低价，但毛利与正常售价持平。

3. 同品牌不同规格商品不重复

商品重复无法使有限的海报彩页版面得到充分的利用。另外，商品规格有大有小，从成本利润的角度考虑，建议加大促销商品的包装规格，以此来降低商品的平均单价。

4. 避免同质化商品同期出现

所谓同质化商品是指不同品牌、相同性能，但价格无明显差异的商品。例如，如图 4-11 所示的奥妙全自动洗衣粉、威白全能洗衣粉和立白超清新洗衣粉这三个促销商品就属于同质化商品，在选择时应当避免重复。

商品名称	规格	促销价格	单价/G
奥妙全自动洗衣粉	1700G	19. 80	0. 012
威白全能洗衣粉	3000G	19. 90	0. 007
立白超清新洗衣粉	2480G	17. 30	0. 007

功能相同　规格相近　价格相近　单价相近

图 4-11　同质化商品同期出现

5．商品的促销“节奏”要恰当

在开展商品促销活动时，如果短时间内商品重复促销，那么长期的特价就等于没有特价，因此促销价格就不再具备冲击力和吸引力，甚至会对商品产生负面影响，让顾客误以为是低档滞销商品。所以对于常规性的商品，建议两次海报间隔时间要大于两个促销档期。一般来说，一个促销档期为1～2周，如第一个档期已经促销过了，那么下一次促销时间就应该在第四个档期。即便是季节性商品也要避免仅某个单品长时间、同力度的简单促销，要把握好促销的节奏。如图4-12所示为某超市瓜子商品的促销档期，该商品连续几期都出现在直邮海报上，导致单品海报促销过于频繁，影响促销效果。

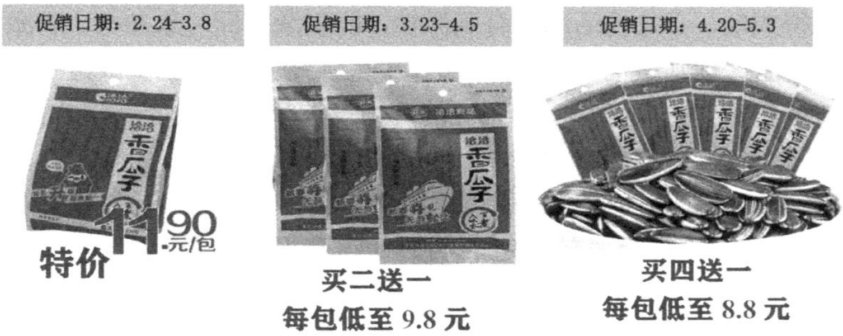

图4-12　某超市瓜子商品的促销档期

6．优先考虑供应商有促销方案的商品

促销供应商积极配合、有具体促销方案的商品能使整个促销活动丰富多彩，且更具冲击力和吸引力，同时还能取得供应商费用上的支持，从而降低促销成本。所以在同类品牌商品中，可以优先考虑促销这类商品。

（五）组建促销团队

组建一支优秀、高效的促销销团队，是一个门店促销工作的重中之重。一般来说，促销团队的分工如下：

（1）营销企划部：负责整体活动方案策划；负责整体广告宣传及造势，场内场外气氛布置设计；负责促销活动内外场、现场气氛的布置，各道具场景的制作准备到位；负责活动的宣传到位，各活动海报制作及粘贴。

（2）门店店长室：是门店活动的总指挥，负责整体活动的广告宣导、活动协调执行与监督。

（3）门店采购部：负责DM海报之主题促销活动的宣传，商品的组织、备货计划，保证商品全方位到货。

（4）门店各营运区：积极配合促销活动的各项工作，根据企划部的规划安排好活动期间的店内广播；安排好该营运区的营业员的具体工作。

（5）门店客服部：负责店内广播宣传工作；负责周边社区的调查，广播稿的循环播出；负责活动期间接待顾客的咨询及活动解释工作；负责活动期间礼品的发放工作。

（六）确定促销地点

针对即将开始的促销活动，要选择一个合适的促销地点。促销地点选择要注意以下两个方面。

（1）在门店内专门开辟一块促销场地。在百货店和大卖场做大型促销活动时，往往在门店内专门开辟促销场地，将商品集中在指定区域进行促销，烘托卖场的整体促销氛围，同时便于顾客浏览与选购。

（2）选择便于顾客浏览的陈列位置。促销商品宜放置在人流量大、易浏览的位置，一般为堆头和位置较好的端架，还可以为促销商品设立专柜。在进行促销商品陈列时可以把促销商品放置在货架较显眼且易于顾客购买的位置，具体位置视货架而定，一般以眼睛可以平视的位置为最好。

（七）选择促销方式

要使促销取得成功，必须使活动具有刺激性，能刺激目标对象参与。刺激程度越高，促进销售的反应越大，但这种刺激也存在边际效应。因此必须根据促销实践进行分析和总结，并结合客观市场环境确定适当的刺激程度和相应的费用投入。常用的促销方式主要有以下几种。

（1）有奖促销：通过设立奖项促进商品销售。

（2）游戏促销：设计体验游戏，顾客通过参与游戏而产生购买欲望。

（3）会员制促销：给会员发放一定的购买优惠来促进会员购买。

（4）试用促销：通过让顾客免费试用商品而促进其购买。

（5）换新促销：卖场新上商品的促销。

（6）联合促销：与生产厂商联合举行的促销打折等活动。

（7）赞助促销：由第三方赞助的促销活动。

（8）融资促销：与金融融资结合的分期付款等促销形式。

（9）积分促销：购买商品给予相应的积分，达到一定的积分，享受一定优惠的促销形式。

（10）降价促销：通过直接降低商品价格来促进销售。

在设计促销方式时应当注意广告宣传品和赠品的设计，并进行媒体宣传。

广告宣传品的总体风格要与产品在顾客心目中的形象和卖场的定位相一致。例如，POP 广告的设计要简单、醒目、活泼，能够让顾客在 3 秒内看完全部内容并对活动留下较深的印象。

选择赠品时应注意：第一，选择的赠品要“新、奇、特”；第二，可以重复使用；第三，具有获益感。赠品价值应为产品价值的 5%～20%。

媒体宣传有许多表现形式，在门店内部，可以选择手写海报、看板、条幅、店内广播、店内显示屏等宣传形式；在门店外部，可以考虑路演、传单等宣传形式。此外，还可以结合电视、电台、报纸软文、短信等形式，形成立体交叉的宣传告知模式。

课堂小实训

请结合以下两个案例分析：两个门店分别选择了什么方式进行促销？

案例一：在传统节日“元宵节”之际，超市开展了“汤圆代表我的心”智力闯关活动。这不仅能够增加汤圆文化的外延，也能够通过活动表达出节日的内涵，特别是能够为家庭或情侣制造出浪漫的气氛。

案例二：深圳“沃尔玛”超市首开先例地让顾客自己设计礼篮，并挑选礼品。这一方式一经推出便受到了顾客的热烈欢迎，也促进了超市的销售。

（八）预算促销费用

在费用预算有限的情况下，应综合考虑各种因素，使促销达到最好的效果。门店促销活动的项目预算主要包括：

（1）礼品费用；（2）奖品、奖金费用（含促销抽奖费用和员工奖励费用）；（3）广告宣传费用，包括广告宣传制作（发布）费用、广告宣传租用（如花车、拱门等租用）费用和直邮单页印制费用；（4）卖场物料布置制作费用；（5）活动经费，包括餐费、员工销售补助等；（6）临时促销人员劳务费；（7）外联费用，包括城管费用、物业费用等。

现以某超市开业筹备促销的费用预算举例说明，请扫描右侧二维码查阅。

另外，应提前考虑促销过程中可能出现的各种意外因素，包括竞争对手采取的反击措施等，做到未雨绸缪，制定好应对方案和应急预案。如消费者的投诉、天气突变导致户外促销活动无法继续进行等。

最后，还要预测这次活动将达到的效果，以利于活动结束后与实际情况进行比较，从刺激程度、促销时机、促销媒介等各方面总结成功点和失败点。

微课学 4-1

请观看微课——“门店促销操作九步曲”（扫描右侧二维码），然后把学习要点记录下来！

［微课：门店促销操作九步曲］

知识链接

沃尔玛超市节日促销策划方案（具体详细的方案请扫描右侧二维码查阅）

一、活动目的
二、当前超市面临的市场分析
（一）“春节”市场特点分析
（二）当今消费者春节期间在超市购物的需求
（三）雨花区的竞争对手的分析
三、促销活动主题
四、促销活动的方案设计
（一）特价销售
（二）赠送礼品
（三）赠送现金消费券
（四）竞赛及其他文娱活动
五、促销宣传设计
六、促销费用预算
七、促销活动进度安排
八、附录

任务 15　促销活动实施与评估

【工作情景图】

工作情景图如图 4-13 所示。

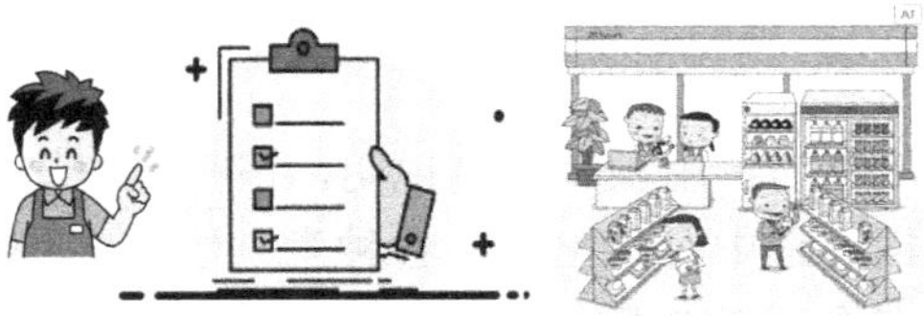

图 4-13　工作情景图

任务情景

“食为鲜”门店周年店庆促销策划方案经各部门开会讨论后一致通过并正式确定下来。接下来就是进入促销方案的具体实施环节。假如你是小东，后续你该如何开展促销活动呢？

一、门店促销活动实施

（一）促销活动实施前的准备工作（详细内容扫描右侧二维码）

（1）采购部（或商品管理部）确保促销商品按时足量送达。

（2）配送中心对促销商品优先收货、配货。

（3）企划部美工设计和制作促销活动中的宣传品和促销品。

（4）营运部负责促销卖场布置和氛围营造。

（5）计算机部负责促销商品的变价。

（6）促销活动前的工作检查。

（二）促销活动现场掌控

（1）促销活动是门店的损耗多发时段，负责人除根据实际情况增加防损人员外，还应通过广播等形式提醒员工和顾客注意防止偷盗行为的发生。

（2）促销活动进行时可能会发生很多突发事件，如哄抢、价格错误、顾客误解、偷盗、拥挤、插队等，负责人除根据现场情况及时疏导顾客和维护秩序外，还应根据实际情况进行内部员工的调配和安排，如安排员工帮忙装袋、根据需要延长加班、安排员工的就餐等。

（3）有效的促销品陈列和醒目的 POP 广告张贴是刺激顾客视觉的良好方法。另外，门店在促销期间应着重加强对顾客听觉的冲击。门店应通过店内的音像广播和现场的喇叭叫卖，及时播报促销商品的价格和位置等信息，及时告知顾客促销的活动内容和商品信息，如已经出现断货商品的到货时间、友情提醒等。听觉促销是体现卖场气氛的极佳手段，它不仅可以传达给场内的顾客，也会影响到场外的顾客，在效果上会明显高于其他的现场促销方式，所以，门店应频繁地使用声音作为促销手段。

（4）促销活动进行时，门店对于促销品的补给情况也应列为重要的检查工作。随时关注惊爆价商品和抢购性商品的销售状况，针对现场情况做好充分的保留和控制工作，特别是限时限量商品的控制，同时利用广播或巡视的方式提醒员工及时给促销商品进行补货作业。

（5）促销活动进行时，门店负责人应安排相关人员在每日 13:00 前统计所有促销商品的缺货和要货申请，并上传至配送中心进行发货作业。门店对于促销商品的要货应根据促销期间的销量、现有库存量及未来的销量进行申请，特别是促销活动临近结束时的商品要货更要仔细参考这些因素。

（6）配送中心在促销期间接到要货申请后，应立即调动一切资源进行货物配送，因为在促销期间，货物的配送效率也将直接影响促销的效率。配送中心在每日下班时，应进行“促销商品库存表”的统计工作并交于采购部。

（7）采购部在促销活动进行期间应及时跟踪商品数据，观察促销品的市场反应和门店的销售执行力，同时应根据门店的销售数据、配送中心的库存数据、促销剩余时间等进行促销商品的再订货和储备工作，以保证门店促销商品的正常供给。

（三）促销活动结束后的收尾工作

（1）在促销活动截止日期的当天下午，门店营运部需统计促销商品的库存数据（主要是高库存商品和滞销品的库存数据），并于当天 17:00 前上传给配送中心；配送中心根据统计的库存数据填写“促销商品库存表”，并于当天 18:30 前上报给采购部；采购部根据与供货商谈判的结果和实际情况在该表上注明可退货、可调拨、继续促销至某日、恢复原价销售、不退货作为库存等处理方案。

（2）根据采购部给出的处理方案进行促销剩余品处理：如属恢复原价情形，则在营业结束后安排计算机操作人员删除计算机中所有的促销特价单据；如属继续特价情形，则告知计算机操作人员按照新的促销价和日期重新生成“促销特价单据”；如属作为库存商品情形，则将商品撤下促销台，并将商品存放于仓库中作为库存；如属可退货和可调拨情形，则在营业结束后组织人员进行撤架和打包作业，统计退货和调拨数量提供给计算机操作人员制作出库单据。

（3）门店在促销活动结束后，除需对促销品进行相应的处理外，还应在促销活动结束后恢复卖场：撤下 POP 广告和喷绘，恢复商品的售价，重新整理促销台和端架陈列，恢复正常的上班调休安排等。

（4）促销活动结束后的次日上午，对采购部要求进行退货和调拨的商品进行出库作业，注意只允许退回促销类商品，不允许附带非促销类商品。配送中心接到退货商品后，在“促销商品暂存区”将非退货商品另行存放，将退货商品重新归类装箱并按照供应商分类进行存放，同时将“促销商品暂存区”改为“促销商品退货暂存区”。另外，在一个工作日之内进行完整统计，填写可退货的促销商品库存清单并交于采购部；采购部接到配送中心整理的库存清单后，需及时联系供应商进行提货作业，同时将与供应商协商的结果和预计提货时间下传给配送中心做准备；配送中心根据采购部给出的时间制订“促销品退货跟踪表”，促销品的退货工作（含外采商品工作）应控制在 10 个工作日之内。配送中心可在第 5 天和第 10 天上报最新的退货跟踪表给采购部，以督促采购部尽快通知供应商进行提货，从而缓解仓库的压力和促进财务资金周转。

（5）促销活动结束后，信息部应该及时检查促销品价格的恢复情况。

二、门店促销活动评估

促销活动评估是检验促销效果、分析促销成绩、总结和积累促销经验、提升促销水平等的最佳方法。

（一）促销活动评估方法

1. 比较法

促销活动评估——比较法，如图 4-14 所示。

2. 调查法

门店真正能够长期持续经营依靠的是其良好的信誉及顾客的信赖。因此，对于顾客的反应不可忽视。在促销活动过程中或促销活动结束后，可以组织相关人员对特定的顾客群体进行抽样调查，向他们了解促销活动的效果。

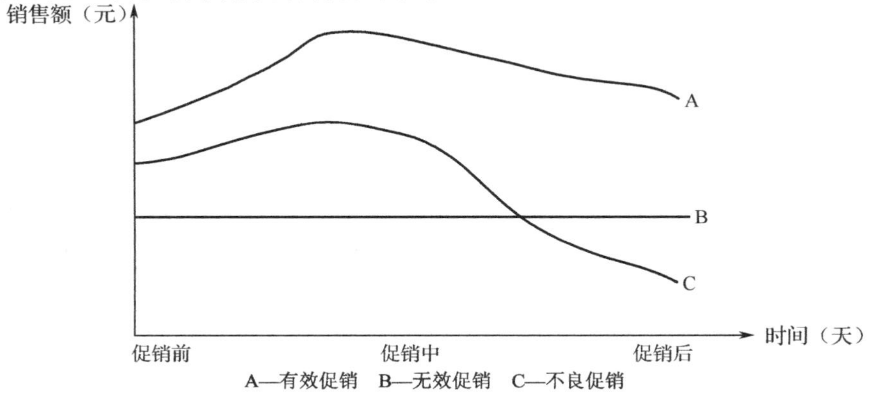

图 4-14　促销活动评估——比较法

3. 观察法

观察法便于操作且十分直观，运用这种方法，门店主管很容易了解促销活动的效果。它主要通过在促销活动中，观察来店购物的顾客对促销活动的反应，来了解促销效果。

（二）促销效果评估

1. 促销效果评估的种类

促销效果评估可以分为短期促销绩效评估和长期促销绩效评估两种。短期促销绩效评估适宜采用比较法或观察法，长期促销绩效评估适宜采用调查法。它们各自的优缺点如表 4-2 所示。

表 4-2　短期促销绩效评估与长期促销绩效评估的优缺点

促销效果评估	优　点	缺　点
短期促销绩效评估	操作简便	很难得知顾客真正的消费意图
长期促销绩效评估	揭示顾客的态度，把握顾客心理	资料有限，得出的结论比较粗浅

2. 促销效果评估涉及的内容

（1）供应商配合状况评估。

① 对门店促销活动的配合是否恰当及时。

② 能否主动参与、积极支持，并为门店分担部分促销费用和降价损失。

③ 在促销期间，能否及时供货，数量能否保证。

④ 在商品采购合同中，是否做出促销承诺，而且切实履行促销期间供应商的义务等相关事宜。

（2）自身运行状况评估。

对促销活动中各部门、各环节的配合状况及促销人员进行评估。召开促销评估会，由采购部牵头组织，各参与促销活动的部门均应参加，时间宜安排在促销活动结束后两天之内。

各部门需提前准备以下会议资料。

① 信息部：各种销售数据报表。

② 营运部：本次促销商品的选择、价格的定位、手段的应用、人员的安排、促销效果的对比结果（与上次促销活动对比、与竞争对手对比、与日常对比等）、促销成功的经验、促销失败的教训、对促销的反应和变化（顾客的反应、员工的反应、竞争对手的反应等）、促销期商品的补给和储备情况、促销期间各部门沟通情况、本次促销出现的问题、对本次促销的感受等。

③ 配送中心：促销商品的到货率和及时性、库存的储备情况、促销商品的分配和配送效率、各环节的沟通情况、本次促销成功的点、不成功的点、本次促销出现的问题、对本次促销的感受和对比等。

④ 采购部：本次促销商品的选择、价格的定位、手段的应用、商品的供应、促销品的储备、各部门的反应速度、对本次促销的感受等。

促销评估会议结束后，采购部根据促销活动过程中发生的情况和评估会议收集的资料信息，撰写本次“促销活动评估报告”（见表 4-3），报告的格式可采用评分和总结相结合的方法，“促销活动评估报告”应在活动结束后四天内完成，完成后须将本次促销过程中的所有资料（表格、单据、报告等）进行整理存放，以作为下次开展促销工作和评估的参考资料和依据。

表 4-3 促销活动评估报告

促销活动评估报告（___档期）		
促销日期	促销门店	
评 估 项 目	评分标准（共 100 分） 5 分—非常好；4 分—好；3 分—一般；2 分—差；1 分—很差	得 分
促销商品选择	5 分□ 4 分□ 3 分□ 2 分□ 1 分□	
促销手段选择	5 分□ 4 分□ 3 分□ 2 分□ 1 分□	
促销日期选择	5 分□ 4 分□ 3 分□ 2 分□ 1 分□	
促销价格定位	5 分□ 4 分□ 3 分□ 2 分□ 1 分□	
配送中心配送速度	5 分□ 4 分□ 3 分□ 2 分□ 1 分□	
促销商品库存储备	5 分□ 4 分□ 3 分□ 2 分□ 1 分□	
直邮海报商品销售增长情况	5 分□ 4 分□ 3 分□ 2 分□ 1 分□	
非直邮海报商品销售增长情况	5 分□ 4 分□ 3 分□ 2 分□ 1 分□	
持续力度	5 分□ 4 分□ 3 分□ 2 分□ 1 分□	
顾客的反应情况	5 分□ 4 分□ 3 分□ 2 分□ 1 分□	
市场影响力情况	5 分□ 4 分□ 3 分□ 2 分□ 1 分□	

续表

评估项目	评分标准（共 100 分） 5 分—非常好；4 分—好；3 分—一般；2 分—差；1 分—很差	得分
与上次促销活动对比	5 分□ 4 分□ 3 分□ 2 分□ 1 分□	
采购对促销的应变情况	5 分□ 4 分□ 3 分□ 2 分□ 1 分□	
仓库对促销的应变情况	5 分□ 4 分□ 3 分□ 2 分□ 1 分□	
门店对促销的应变情况	5 分□ 4 分□ 3 分□ 2 分□ 1 分□	
直邮海报商品出错情况	5 分□ 4 分□ 3 分□ 2 分□ 1 分□	
直邮海报派发工作评估	5 分□ 4 分□ 3 分□ 2 分□ 1 分□	
促销前期准备工作评估	5 分□ 4 分□ 3 分□ 2 分□ 1 分□	
促销期间实施工作评估	5 分□ 4 分□ 3 分□ 2 分□ 1 分□	
促销后扫尾工作评估	5 分□ 4 分□ 3 分□ 2 分□ 1 分□	
总分（100 分） 本次总得分：		
本次促销工作总结		

【项目实训】

活动 1：请观察或回忆附近各门店国庆、中秋节期间采用了哪些促销形式，并填写门店促销形式表（见表 4-4）。

表 4-4 门店促销形式表

序号	门店名称	促销形式	具体内容
1			
2			
3			
…			

活动 2：请根据以下情景设计节日促销方案、促销卖场布局图、促销评估表。

伊呀呀是知名饰品加盟连锁机构，是一家全国率先以组合饰品、礼品、化妆品、化妆工具、针织、玩具为经营项目，倡导爱美文化，引领时尚消费的机构。春节马上要到了，伊呀呀门店要开始准备促销活动了。

活动 3：总结活动 1 和活动 2 的完成情况，并制作成 PPT 进行汇报。

【项目检测】

一、单选题

1．以下促销方式属于双向沟通式的有（　　）。

A．特价促销　　B．优惠券促销　　C．有奖答题　　D．POP 广告促销

2．通过让顾客免费试用商品以促进购买属于（　　）。

A．有奖促销　　B．游戏促销　　C．换新促销　　D．试用促销

3．选择促销方式的工作步骤有了解促销方式、找到促销方法和（　　）。

A．挑选促销人员　　B．选择宣传媒体

C．确定促销价格　　D．市场调查

4．会员制促销应当（　　）。

A．针对会员给予优惠　　B．没有门槛

C．限制人数　　D．经常开会

5．根据商品 ABC 分类原则，在选择商品时 AB 类商品通常应占（　　）。

A．30%～40%　　B．20%～30%　　C．10%～20%　　D．50%以上

6．周年店庆的促销计划属于（　　）。

A．长期性促销　　B．短期促销　　C．常规促销　　D．随机促销

二、多选题

1．门店促销的功能主要体现在（　　）。

A．传递商品信息　　B．树立门店形象

C．激励购买行为　　D．获得竞争优势

2．门店促销具有（　　）特点。

A．短期性　　B．可衡量性　　C．见效快　　D．可操作性

3．门店促销策划包括（　　）内容。

A．促销目的　　B．促销主题　　C．促销商品

D．促销时机　　E．促销费用

4．采购部在订货时要充分考虑（　　）因素。

A．极低的价格　　B．库存数据

C．销售数据　　D．供应商的订货要求

5．促销评估的方法有（　　）。

A．比较法　　B．观察法　　C．实验法　　D．调查法

6．短期促销绩效评估宜采用（　　）方法。

A．比较法　　B．观察法　　C．实验法　　D．调查法

7．以下哪些是在促销活动进行时的事项？（　　）

A．发放各类宣传单　　B．促销商品的订货作业

C．服务台定时广播促销　　D．拆除过期海报

8．促销效果的评估涉及（　　）。

A．供应商配合状况评估　　B．顾客投诉

C．促销人员评估　　D．各个部门、环节的配合状况评估

三、判断题

1．加强与供应商、媒体等的合作体现了促销的沟通功能。（　　）

2．与生产厂商联合举行的促销打折活动属于赞助促销。（　　）

3. 元旦促销属于大型节假日促销。（　　）
4. 促销活动的主题可以广一些，不用太具体。（　　）
5. 促销活动的时间应尽量长一些，这样才能达到更好的效果。（　　）
6. 陈列现场的 POP 广告可以提醒顾客门店所在的位置。（　　）
7. 店内的 POP 广告能够营造店内的销售气氛。（　　）
8. 通过来店购物的顾客对促销活动的反应，来了解促销效果，这种方法是调查法。（　　）
9. 观察法操作便利，效果直观。（　　）
10. 长期促销绩效评估一般采用顾客调查法。（　　）
11. 长期促销绩效评估可以使企业了解顾客对促销活动的态度和反应。（　　）
12. 短期促销绩效评估的缺陷是很难了解顾客真正的消费意图。（　　）

四、简答题

1. 开展促销对门店经营有什么作用？
2. 门店促销策划包括哪些内容？
3. 门店促销实施作业流程是怎样的？
4. 门店促销活动评估一般从哪些方面来开展？

五、案例分析题

佳宝公司推出了两个系列竞猜题，均围绕“佳宝”的品牌标志开展。

（1）要求顾客从宣传画上的 A、B、C、D、E 五种“佳宝”字体中，选择与产品包装上相同的“佳宝”字体；

（2）判断“佳宝”字体属于黑体、宋体、汉隶、篆体、行书这五种字体中的哪一种。

参加者只要将其中一道题的正确答案连同三个不同品种“佳宝”产品包装袋一起寄往指定地点，就可以参加抽奖活动。奖项设置及获奖名额如下：

（1）价值 1000 元的高级家用音响，3 名；
（2）价值 600 元的变速山地车，5 名；
（3）价值 300 元的时装真皮包，10 名；
（4）纪念奖，100 名。

请结合案例分析佳宝公司采用了哪些促销方式方法？

【项目导航】

请回顾本项目的任务知识点，扫描右侧二维码，并填写思维导图。

【项目评价】

教师组织学生填写“任务完成情况评价要素表”（见表 4-5），对本次实训过程中学生的完成情况进行综合评估。

表 4-5　任务完成情况评价要素表

组别：　　　　　　　　　　　　　　　　　　学生姓名：

序号	考核点	分值（100 分）	得分	累计积分账户
小组评价		共 20 分		
1	态度与纪律	4		
2	出勤情况	4		
3	参与活动时与人沟通的能力	4		
4	参与讨论的积极性	4		
5	团队合作的表现	4		
本人评价		共 40 分		
6	能说明促销活动对门店运营的意义	5		
7	能举例说明常见的促销方式方法	5		
8	能概括门店促销策划的主要内容	5		
9	能以思维导图的形式总结促销活动实施的流程	5		
10	能根据不同的促销目的和促销主题制订出一份合理的门店促销活动方案	6		
11	能按照现场管理的要求进行软件布置，营造积极轻松的促销环境	6		
12	能选择恰当的促销评估方法对促销效果进行科学评价	8		
教师评价		共 40 分		
13	对促销活动策划与实施知识的掌握	20		
14	对促销活动策划与实施技能的掌握	20		
本次实训分数小计				

累计积分账户说明：90～100 分积 5 分；80～89 分积 4 分；70～79 分积 3 分；60～69 分积 2 分；60 分以下积 1 分。

项目五　顾客管理

项目描述

人们都说“顾客是上帝”，有了顾客商店就有了生机，顾客为商店带来了利润，商店要想方设法留住顾客，争取回头客。作为门店的工作人员，如果能为顾客提供热情的接待服务，能够妥善处理每一位顾客的不满与投诉，那么门店必定会提升销售业绩。本项目共两个任务，主要介绍接待顾客的服务规范和处理顾客投诉的基本内容，旨在帮助学生学习如何服务顾客。

项目目标

知识目标	技能目标
（1）能解释顾客购物的心理过程。 （2）能区分顾客类型及其购物心理。 （3）能以思维导图的形式总结门店接待的服务流程及方法。 （4）能列出并举例说明顾客投诉问题的类型和投诉心理。 （5）能概括处理顾客投诉的步骤和具体方法	（1）会进行顾客购物的心理分析，探寻顾客需求，把握接待时机。 （2）能够根据门店接待服务流程及方法，有效促成顾客交易。 （3）会采用有效的方法和科学的程序处理顾客的投诉。 （4）会运用恰当的沟通技巧妥善解决顾客投诉

任务 16　顾客接待服务

【工作情景图】

工作情景图如图 5-1 所示。

图 5-1　工作情景图

任务情景

刚刚大学毕业的小王在一家全国连锁化妆品门店找到了一份心仪的销售工作。初入职场的她充满了干劲，想在自己的岗位上大显身手。

一天，店里走进来一名时髦女性，小王忙迎上去问道："小姐，您好，有什么我可以帮助您吗？"顾客答道："我先随意看看。""好的。"小王说完便站在了顾客身旁。当她看到这位顾客正拿起一款主力推销的面膜时，赶紧说道："这是我们主推的一款面膜，补水美白，和这个系列的面霜搭配起来用效果特别好。"顾客看了她一眼，并没有接话，而是走到防晒柜台前面。小王又赶紧跟了过去，拿起一款防晒霜说道："小姐，您可以看看这款，这是我们今年卖得最好的产品。"这时顾客不耐烦地说道："你能不能别跟着我，我都说了自己看看。"听完这话，小王委屈地退到了一旁。小王想到，入职第一天，经理就说对顾客一定要热情周到，自己的做法难道不对吗？看着人来人往的顾客，小王默默地思考了起来。

门店销售人员只有掌握科学的销售方法，了解顾客的购物心理过程，能够准确分析和判断顾客的购买动机和顾客类型，才能够在顾客接待服务的不同阶段提供高效的服务，满足顾客需求。

一、顾客购物的心理过程

在购物过程中，尽管顾客的购物心理不一样，但购物心理过程是存在普遍规律的。一般顾客购物的心理过程可以分为八个阶段，如表 5-1 所示。

表 5-1 顾客购物的心理过程

序号	顾客购物的心理过程	顾客的行为	门店的销售应对活动
1	注意	注意到商品	使商品容易被看到
2	兴趣	止步观看商品	具有吸引力的展示
3	联想	进一步观察注视商品	接近顾客，了解其动机
4	欲望	浏览	推介说明产品
5	比较	注意价格和其他商品	咨询，建议
6	信心	接触商品，拿商品	说明卖点和好处
7	决定	做出购买决定，挑选，付款	坚定顾客信心
8	满足	高兴	致谢，送客

以上八个阶段是顾客完整的购物心理过程。但由于购买的产品不尽相同，有时购物心理会相对简单，而有时会出现重复某几个阶段的过程。销售人员了解顾客不同阶段的购物心理过程，有助于其采用不同的销售策略和方法。

二、顾客类型及其购物心理分析

（一）按顾客性格特点分类的顾客类型

按顾客性格特点分类的顾客类型如表 5-2 所示。

表 5-2　按顾客性格特点分类的顾客类型

序号	分　类	购物心理特征	销售人员应对策略
1	理智型	（1）根据自己的经验和对商品的了解进行购买； （2）主动收集商品信息，独立分析和思考； （3）主观性强，会经过细致的比较并权衡利弊后做出购买决定	介绍要客观而专业，不能夸大其词； 除优点外，可适当讲解瑕不掩瑜的缺点； 不做强行推销
2	习惯型	（1）根据过去的购买经验和使用习惯进行重复购买，不易受广告宣传影响； （2）购买目的明确，购买决定迅速； （3）对新产品反应较为冷淡	尊重顾客的消费习惯，提供客人需要的产品和服务
3	经济型	（1）对价格非常敏感； （2）一类顾客以价格低廉作为选购前提； （3）一类顾客以价格高低判断产品品质，选择高价商品	突出产品的价值，强调物超所值； 突出产品的优点，表明价格的合理性
4	冲动型	（1）性格不沉稳，善变、性急，易受外界影响； （2）购买目的性不强，常常即兴购买； （3）往往凭借外观和知觉迅速做出购买决定； （4）喜欢购买新产品	顺其心意，强调产品的优势和好处； 销售语言明快，避免唠叨，尽快结束销售
5	感情型	（1）购买行为往往受个人情绪和感情支配； （2）想象力与联想力丰富，审美感觉较灵敏； （3）没有明显的购买目的，容易受销售宣传的影响	给予顾客耐心、热情、细心和诚挚的服务； 注重与顾客关系的融洽度，积极与顾客建立长久关系
6	随意型	（1）多为新购买者，缺乏购买经验，购买中常不知所措； （2）乐于得到销售人员的帮助和建议； （3）对商品不过多挑剔	热情和耐心地向顾客介绍和展示产品； 协助顾客拿主意
7	疑虑型	（1）善于观察，行动谨慎； （2）选购商品时，反复比较，犹豫不决； （3）缺乏自信，也往往不信任销售人员，购买时疑虑重重	销售人员要自信友好，让顾客感到安心； 展示商品后，先让顾客自己去思考判断； 不夸大其词，可用询问法，把握顾客的疑点，具体说明理由

（二）按顾客购买目标确定程度分类的顾客类型

按顾客购买目标确定程度分类的顾客类型如表 5-3 所示。

表 5-3　按顾客购买目标确定程度的顾客类型

序号	分　类	购物心理特征	销售人员应对策略
1	全确定型	（1）有明确的购买目标，对商品名称、品牌、型号、颜色、款式等有明确的要求； （2）购买行为果断	无须多言，快速准确地提供顾客需要的商品和服务
2	半确定型	（1）有大致的购买目标，但具体目标还不确定； （2）还需要比较、评定	提供实事求是的建议，突出重点，帮助比较

续表

序号	分　类	购物心理特征	销售人员应对策略
3	不确定型	（1）没有明确目标，进入门店主要是参观； （2）碰到感兴趣的商品也会购买	不用太早接触，给予顾客自由的空间

课堂小实训 5-1

（1）王小姐来到卖场后，走向熟悉的柜台，毫不犹豫地拿起了一支防晒霜和一支面霜，径直走向了收银台。

（2）李先生下班后接到妻子的电话，要他在超市购买一桶食用油。当他来到超市后，发现了琳琅满目的商品，不知该选择什么。这时一名销售人员走过来，问清了他的需求后，给他推销了一款家庭装食用油。很快，李先生就提着食用油，心满意足地离开了超市。

请问：以上顾客的性格特征属于哪一类型？针对这类顾客销售人员要如何应对？

三、顾客购买动机

购买动机是指能够引起顾客购买某一商品或选择某一目标的内在动力。可以说，顾客的购买行为都是由购买动机引起的。购买动机受多方面因素影响，常见的购买动机有以下几类。

（1）求实购买动机。
（2）求新购买动机。
（3）求美购买动机。
（4）求名购买动机。
（5）求廉购买动机。
（6）求便购买动机。
（7）模仿或从众购买动机。
（8）嗜好购买动机。
（此部分具体详述请扫描右侧二维码。）

四、门店销售人员接待服务流程

（一）迎接顾客

迎接顾客对于任何一家门店来说都是至关重要的，它是品牌服务形象的窗口。门店销售人员的仪容仪表、服务素养将会给顾客留下第一印象，对顾客的购买行为产生极其重要的影响。

1. 准备工作

（1）完善门店视觉识别体系，销售人员穿着正装并佩戴工作牌，保证门店的规范化，提高顾客信任度。
（2）准备好各类销售工具，如价目表、样板、图册、广告宣传单等。
（3）店内外陈列 POP 宣传海报，吸引顾客关注，强化销售氛围。

2. 迎接顾客的标准动作

肢体规范站立，双手自然交叉放在腹前。面带微笑，以良好的精神状态和亲切自然的目光注视往来顾客，并做好随时为顾客服务的准备，如图 5-2 所示。在此阶段，要坚决禁止化妆、背靠墙、聊天、吃东西等不规范的行为。

图 5-2　迎接顾客的标准动作

3. 招呼顾客

招呼顾客时要声音洪亮，语速平稳，吐字清晰。当眼神与顾客交汇或顾客走至门店 5 米范围之内时，销售人员可以面带微笑地说：“您好，欢迎光临某某品牌专卖店。”同时手势示意“请进”。这个阶段与顾客的接触只有 5～10 秒，因此传递的信息要精练有效。

（二）初步接触

1. 探寻接触顾客的最佳时机

（1）当顾客较长时间凝视商品时。当顾客较长时间凝视某一商品时，说明顾客对这个商品产生了极大的兴趣。这是销售人员接触顾客的一个好时机。

（2）当顾客反复触摸观察商品时。当顾客拿起商品反复触摸观察时，也说明顾客对这个商品产生了兴趣，这也是销售人员适宜接触顾客的最佳时机。

（3）当顾客突然停下脚步时。当顾客突然在某货柜前停下脚步，说明有某种商品吸引了顾客的关注，销售人员可以及时和顾客进行接触。

（4）当顾客目光在搜寻时。当顾客明显在搜寻时，说明他正在搜寻某种商品或是需要一定的服务，销售人员应当立即上前为其提供服务。可以问：“先生/小姐，您有什么需要吗？”

（5）当顾客目光与销售人员接触时。当顾客与销售人员目光接触时，销售人员应当向顾客点头，并面带微笑地和顾客打招呼，如说：“您好！”“欢迎光临！”以此给顾客留下一个良好的初步印象。

（6）当顾客去而复返时。当顾客去而复返时，说明本店有某种商品吸引了顾客的注意，这也是销售人员提供服务的良好时机。

2. 常用的开场方式

当顾客发出了购买信号，很多销售人员会问：“先生，您需要帮忙吗？”“小姐，您想看点什么？”而实际上，这样的问话方式是不提倡的。因为出于自我保护意识，很多顾客都会回答：“我随便看看。”下面介绍几种常用的开场方式，如表 5-4 所示。

表 5-4　常用的开场方式

序号	开场方式	举　例	说　明
1	新款开场	女士，您好，这款吊灯是我们最新推出的款式，它是时下最新的智能家居设备，设计源自太空之旅，艺术感很强，您可以看一下	通过一句话，把产品的特点展示给顾客，在第一时间引起顾客的兴趣

续表

序号	开场方式	举例	说明
2	赞美开场	小姐，您真有眼光，您看中的这款正是我们今年获得红点设计大奖的产品	赞美开场的魅力在于肯定了顾客的眼光，给顾客带来心理上的“满足感”
3	促销开场	先生，我们店里正在举办周年店庆，全场消费满1000元返200元，现在买是全年最划算的时候	当销售人员在说这样的促销信息时，一定要突出重点，语带兴奋。让顾客相信，这个促销活动是非常难得的
4	制造热销开场	女士，您看中的这个款式是我们公司推出的，卖得非常好，在我们其他的店已经断货了，在我们店也只剩下最后两套了，您可以体验一下	制造热销开场的关键在于要把热销真实化，在举例的时候一定要把细节明确地告诉顾客，这样才能让顾客信服
5	唯一性开场	我们做活动的时间到明天就截止了，后天再买就要多花几百块钱了，所以现在买最划算	唯一性开场的重点是要强调时限性。给顾客施加压力，当顾客犹豫买或不买时，就是销售人员的大好时机
6	功能卖点开场	先生，您真有眼光，这款吸尘器除了吸力强大外，它最大特点就是还具备无线使用功能	功能卖点的开场可以在第一时间把产品的特色和优势传递给顾客，让顾客在第一时间产生兴趣

以上几种开场方式可以单独使用，也可以同时使用。具体的使用方法还需要根据实际的销售过程具体问题具体分析。

（三）探寻顾客需求

在很多情况下，顾客产生了需求，但是并不意味着顾客清楚地知道最适合自己的是哪一款产品。例如，某位顾客想购买一台15万元人民币左右的汽车，但是他并不一定知道在这个价位哪款汽车最适合他。这个时候，销售人员就可以利用自己的专业知识，帮助顾客进行分析和选择。

不同的顾客有不同的购物需求和购物动机，只有探寻到顾客的真正需求，才能向顾客推荐最合适的产品，促成销售达成。由此可见，探寻需求的方法尤为重要。常见的探寻顾客需求的方法有以下几种。

1. 观察法

向顾客推荐产品，注意观察顾客的动作和表情，判断其是否对产品有兴趣。

2. 询问法

探寻顾客需求的询问方法如表5-5所示。

表5-5 探寻顾客需求的询问方法

序号	方法	举例	说明
1	以简单问题探寻顾客需求	您是给自己买，还是送人呢？ 您今天是购买套装，还是购买其他商品	通过简单问题探寻顾客需求，便于展开针对性有说服力的介绍
2	问“二选一”的问题	您是喜欢美白的产品还是喜欢保湿的产品？ 您是想看看超薄的笔记本，还是屏幕大一些的一体机	问二选一的问题，可以帮助顾客缩小选择范围，明确需求

续表

序号	方法	举例	说明
3	问顾客认同的问题	宝宝的衣服，一定是舒适柔软最重要，您说是吗？ 买鞋子，上脚舒适最重要，您说是吗	问顾客认同的问题，会让顾客觉得你在为他/她着想，可以增强顾客的信任，拉近距离

3. 倾听法

优秀的销售人员一定要善于倾听顾客意见并能从中寻找到关键点。要给予顾客说话的机会，不中途打断顾客，同时要注意留给顾客思考的时间。

知识链接

倾听法案例展示

导购：您好，欢迎光临某某专卖店。（注：及时招呼顾客。）

顾客：……（注：顾客没有接话，但脚步在商品前停下，这是在向导购释放接触信号。）

导购：先生，您好，先生是第一次来我们店吧？（注：用传统提问法接待顾客，可增加顾客参与感。）

顾客：嗯，好像没怎么听过你们这个牌子。

导购：哦，对不起，先生，看来我们工作没有做好。没有关系，今天您来了可以先了解一下。先生，你家装修做到什么阶段了？（注：回应顾客疑问后，开始主动探寻顾客需求。）

顾客：装修刚开始，先提前来了解一下地板。

导购：铺地板要提前做地面准备，所以您现在来看地板刚好合适。请问先生怎么称呼？（注：了解顾客的称呼，让顾客感觉受到重视。）

顾客：张。

导购：哦，张先生，请问您家准备装修成什么风格？（注：继续探寻需求。）

顾客：欧式。

导购：张先生，欧式风格确实漂亮，顺便问一下您家客厅多大？（注：认同并赞美顾客装修风格，然后继续提问。）

顾客：35 平方米。（注：出于自我保护意识，在话题还没打开时，顾客通常倾向于简单回答问题。）

导购：张先生，35 平方米的客厅装欧式风格非常有面子！张先生，请问一下，您的家具现在确定没有？（注：以赞美的方式回应顾客，然后继续提问。）

顾客：家具已基本定好，这个与地板有关系吗？

导购：张先生，地板与家具的风格及颜色是否匹配非常重要，请问您的家具是什么风格和颜色的呢？（注：回应顾客质疑后继续引导顾客提问。）

顾客，都是欧式红木家具，颜色偏朱红。

导购：红木家具可是家具中的极品呀！张先生，像您这样高端的顾客都很讲究家居的艺术品位。（注：继续赞美。）根据您的情况，我向您推荐我店新到的两款实木地板！您先了解一下吧！张先生，来，这边请……（注：巧妙赞美顾客，并顺势引导顾客。）

（四）介绍产品

向顾客介绍产品时，要结合顾客的需求充分发掘产品的卖点，提高顾客的联想力，刺激其产生购买欲望。

一名优秀的销售人员往往懂得如何把产品最有效地介绍给顾客。如图 5-3 所示的产品介绍范例有效地融合了产品特征、优点、利益及相关证明。

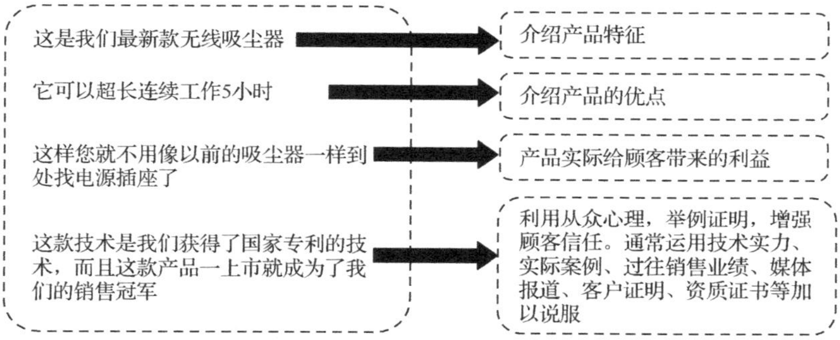

图 5-3　产品介绍范例

除相关资料证明外，让顾客参与到销售过程中，通过观摩、聆听、试用、试吃等方式进行体验，销售工作也会变得更为高效。例如，在沃尔玛山姆会员店的食品生鲜区，销售人员往往现场烹制产品，并鼓励顾客进行品尝，这都是非常有效的产品介绍方法。此外，在进行产品介绍时要积极主动，不能等顾客决定购买才进行演示，同时要避免诋毁其他品牌。

课堂小实训 5-2

请结合产品的特征、优点、利益及相关证明为以下产品设计一组介绍。

①格力最新款空调；②华为智能手机。

（五）促成交易

1. 把握促成交易的时机

当顾客释放出某些信号时，销售人员应当及时把握，尽快促成交易。常见促成交易的时机如表 5-6 所示。

表 5-6　促成交易的时机

序号	促成交易的时机
1	当顾客不再提问，开始思考时
2	当顾客比较完商品后，把话题集中在某一商品时
3	当顾客就某些个别细节问题反复提问时
4	当顾客不断点头，对导购的话表示赞同时
5	当顾客开始关注价格时
6	当顾客关心合同签订、付款方式、配送方式等问题时
7	当顾客把话题集中在售后服务时

当顾客释放出以上信号时，说明已经有了购买意愿，但还没有下定最后的决心。因此，在这个时候，销售人员应当采取一些有效的促成交易的方法与技巧。

2. 有效促成交易的方法与技巧

促成交易的方法与技巧有很多种，几种常见的方法与技巧如表 5-7 所示。

表 5-7 常见的促成交易的方法与技巧

序号	方法与技巧	说　明	案例说明
1	二选一法	销售人员提出选择性问题，帮助顾客缩小选择范围，达到二选一的目的	这两种款式都非常适合您，白色这款更能衬托您的肤色，红色这款非常醒目突出，您要哪一款呢
2	优惠成交法	销售人员采用价格优惠的方式促进顾客达成交易	今天买两件夏装新品可以享受 8.8 折优惠。春装可以享受买一送一优惠
3	限定时间/数量法	销售人员设定一个数量或期限，给顾客施加压力，以“卖完为止”的方式促成交易	本周末是最后一天促销，今天购买这款洗衣机，我们还可以赠送一台价值 699 元的干衣机。明天再来就没有赠送了
4	假设购买法	销售人员假设顾客已经下定购买决心，跳过成交决定环节，直接引导顾客进入购买成交环节	今天的葡萄又甜又新鲜，您要几斤？ 智能电视是现在的流行趋势，又刚好赶上今天我们公司做促销，您这时买最划算了。我给您开单了，您老公要是不满意，明天您来找我，退货手续我给您办，您看怎么样
5	从众心理法	利用顾客的从众心理，制造大量交易的气氛，从而促进交易达成	我们这款蓝牙音响采用了最新的技术和最新的造型，是我们销售的最好的一款产品
6	无风险成交法	销售人员直接向顾客提出成交保证。向顾客承诺交易后的某种行为，促使客户立即成交	我说得再好不如您亲自用一下。您放心，您可以先试用一下，假如不满意可以无条件退货
7	直接询问法	销售人员宣传了产品特点和给顾客带来的利益后，坦诚地询问顾客是否购买	我们这款产品质量好，并且又符合您的需求，现在是否购买呢
8	连连称是成交法	销售人员设计一系列答案为“是”的问题，引导顾客达成购买决定	导购：您觉得给您介绍的这款冰箱大小合适吧？ 顾客：还行。 导购：今天这个价格也非常划算，是不是？ 顾客：还可以。 导购：我们这个品牌也是世界知名品牌，是不是？ 顾客：嗯。 导购员：您觉得我们明天上午给您送货可以吗？ 顾客：可以吧
9	化短为长法	当顾客犹豫不决时，通常会列举商品的几个缺点来表示担心。这时销售人员应当化短为长，帮助顾客消除疑虑，放心购买	顾客：你们家的床垫挺好，就是太硬了，隔壁那家的就很软，睡起来舒服。 导购：软的床垫的确更舒适，但是这个硬度正是我们的最佳设计之处，太软的床垫会导致一些问题

（六）送客

众所周知，一个优秀的销售人员无论顾客是否在店里购买产品，都会做到热情地送顾客离开，不会因为顾客只是逛一逛就不理不睬。在送客时，销售人员要注意以下几点。

（1）保持微笑和目光接触。

（2）如果顾客有售后服务方面的问题，则应确保顾客接受所建议的方案。

（3）提醒顾客是否有遗漏的物品，如皮包、手机、雨伞、帽子等。

（4）留下顾客的联系方式（如微信、QQ 等），并递上自己的名片。

（5）感谢顾客光临，目送顾客离店。此时，可以说："欢迎再次光临某某店！"或者进一步强化与顾客的关系，说："我叫小王，下次来了找我，陈先生，请慢走！"或者说："满意的话，下次带上朋友一起来店里挑选！"

销售人员切记不可匆忙送客和冷落顾客。要做好最后一步工作，确保顾客满意而归，这样服务口碑也就自然形成了。

任务 17　顾客投诉处理

【工作情景图】

工作情景图如图 5-4 所示。

图 5-4　工作情景图

任务情景

李先生接到了 4S 店的电话，4S 店告知他原本下午可以取走的正在做保养的车辆，在 4S 店内和其他车辆发生了碰撞，导致左侧出现凹陷、油漆划伤、左大灯破碎等情况，并通知李先生先去看看情况。李先生非常气愤，这不仅仅因为他心疼爱车被撞，更因为如果没有汽车，他每天出行会十分不便。李先生怒气冲冲地抵达 4S 店，正准备在人来人往的服务台前指责。如果你是 4S 店的经理，该如何处理李先生的投诉呢？

当顾客在门店购买的商品或服务无法达到预期目的时，自然会产生不满心理，甚至前来投诉。而事实上，正确对待和处理顾客的不满与投诉，化不利因素为有利因素，是有效建立顾客忠诚度的重要渠道。正如松下集团创始人松下幸之助所说："顾客的抱怨是很严重的警告，但诚心诚意去处理顾客抱怨的事，往往又是创造另一个机会的开始。"可以说，顾客的投诉是企业改进服务的重要窗口，能够给企业带来宝贵的无形财富。

一、顾客投诉的类型

对于门店而言，顾客的投诉主要有以下几种类型。

（一）对商品的投诉

在门店消费过程中，顾客对所购买的商品会予以投诉。顾客对商品投诉的主要原因如表 5-8 所示。

表 5-8　顾客对商品投诉的主要原因

投诉原因	举例说明
质量问题	商品的质量问题包括坏品、过保质期、质量差或零组件不齐全等情况。很多商品往往需要打开包装或使用后才能鉴别品质。因此，使用时才发现的质量问题是顾客投诉最为集中的
标签不符	如价格标签与实际售价不符，进口商品无中文说明，商品包装标签信息不清晰，商品包装无厂名、生产日期等及其他违反商标法的情形
价格过高	互联网时代，商品价格越来越趋于公开化和透明化。顾客对于民生商品的价格也十分敏感，商品价格过高，往往容易导致顾客投诉
商品缺货	门店中的热销商品，尤其是特价促销商品的缺货，容易导致顾客产生被欺骗感，进而产生不满情绪

（二）对服务的投诉

在门店消费过程中，除对商品予以投诉外，顾客对门店服务不佳也会予以投诉。顾客对服务投诉的主要原因如表 5-9 所示。

表 5-9　顾客对服务投诉的主要原因

投诉原因	举例说明
服务态度不佳	（1）营业员不理会顾客询问； （2）接待过程中表现出不耐烦甚至傲慢无礼； （3）销售过程中急于推销，造成顾客心理压力等情况
服务项目不足	（1）不提供送货、提货、换钱、开发票等服务； （2）营业时间过短； （3）营业员人手不足； （4）没有洗手间或洗手间条件太差等情况
收银作业不当	（1）收银结算错误，多收钱、少找钱； （2）因包装作业不当而导致商品损坏或商品遗漏； （3）等候结账时间过长等情况
服务作业不当	（1）顾客寄存的物品遗失或发生存取错误； （2）送货未按约定时间到达； （3）顾客的投诉未得到妥善解决； （4）退换货、售后服务等未达到顾客预期目的等情况

课堂小实训 5-3

赵小姐的投诉

赵小姐来到某支行网点办理业务，发现排队的号已经排到了第 29 号。而银行仅有的五个窗口也只开了两个。赵小姐发现这两个柜台的工作人员忙碌不停，与此形成鲜明对比的是后台的另外五名工作人员，他们有的不紧不慢地敲打着计算机，有的一边闲聊一边翻着票据。等了一个多小时后，叫号机也只过了八个号。于是赵小姐找到大堂经理进行投诉，这位大堂经理没等赵小姐讲完，就一脸无奈地抱怨道："上级给的窗口工作人员编制不足，我们也是无能为力。"

请问在这个案例中，赵小姐的投诉是属于什么类型的投诉呢？

（三）对安全和环境的投诉

在门店消费过程中，顾客的投诉还有对安全和环境的投诉，其主要原因如表 5-10 所示。

表 5-10　顾客对安全和环境投诉的主要原因

投诉原因	举例说明
意外事件的发生	顾客在门店进行消费时，由于门店安全管理的疏忽，导致顾客发生意外事件从而引起投诉，如地面湿滑导致摔伤，货物摆放不当砸伤顾客等情况
门店环境问题	（1）空气不流通，温度过低或过高； （2）门店内音响声音过于喧闹，甚至影响周边住户； （3）门店内包装箱或垃圾没有及时清理； （4）商品卸货时影响其他人员出入等情况

顾客投诉是客观存在的，门店应当把顾客的投诉视为发展中难能可贵的财富，因为它可以反映顾客的需求，从而将顾客的投诉转化为创新的产品契机。同时，门店如果能够积极和妥善处理顾客投诉，则更加能够建立和维持顾客对品牌的归属感，并且可以进一步优化门店形象，提升品牌价值。

二、顾客投诉心理分析

在处理顾客投诉问题时，接待人员除需了解顾客投诉的原因外，还应分析顾客投诉的心理。我们需要从本质上探寻顾客为什么要进行这样的投诉？希望通过投诉获得什么？只有当我们掌握顾客的心理状态后，才能更好地为顾客提供解决方法。顾客常见的投诉心理有以下几类。

1．求补偿心理

这类顾客认为自己的权益受到了侵害，投诉的目的在于获得补偿，包括财产和精神两个方面的补偿。

2．求尊重心理

这类顾客往往感情丰富、细腻，有很强的自尊心，他们总是认为自己的投诉是正确的、合理的。他们希望通过投诉得到关注和重视，并获得明确的道歉和解决方案。

3．求表现心理

这类顾客喜欢通过投诉来获得一种成就感。他们往往好为人师，在投诉的同时也对他人进行建议和教导。他们希望获得他人的认同，还会以代表广大顾客利益的名义向企业讨要说法。

4．出于发泄心理

这类顾客在接受服务或购买商品时产生不满，进而带着怒气和抱怨进行投诉。有时候，他们仅仅是为了发泄不满情绪，如果能够让怨气发泄出来，释放和缓解了不愉悦的心情，那么问题也就随之迎刃而解。

课堂小实训 5-4

王女士的投诉心理

王女士来电投诉快递送餐员服务不周，比预计的 30 分钟晚了 20 分钟才为其送餐上门，导致其因赶时间而没有吃上饭。经过调查确认，送餐员因为修路而耽误了时间，已提前告知王女士多等一会儿，且在王女士投诉后已联系致歉，王女士仍旧认为送餐员派送时态度不好，自己没有得到足够的尊重。投诉中心服务人员对王女士进行了耐心安抚，并表示理解和致歉，同时再三感谢王女士对服务的监督，并及时肯定王女士提出的改善意见。同时，投诉中心服务人员委婉地表达了送餐员工作的辛劳和不易，并再次感谢王女士给予的理解和关注，最终王女士表示谅解。

这个案例中，你认为王女士是出于什么心理而进行投诉的。

三、处理顾客投诉的原则

在“以顾客为导向”的营销观念日益受到重视的今天，对顾客资源的争夺成为企业竞争的核心内容。为了获得更多的顾客资源，在解决顾客投诉时，必须以顾客的思维模式来看待问题、解决问题。因此，应当遵循以下处理原则。

1．先处理心情，后处理事件

无论前来投诉的顾客态度如何激动，语言如何粗鲁，接待人员都要保持沉着冷静的态度，语气要诚恳亲切。接待人员应把握好“先处理心情，后处理事件”的原则，改变顾客投诉时的暴躁心态，然后再处理投诉内容，帮助顾客解决问题。

2．耐心倾听顾客的投诉，站在顾客角度将心比心

顾客在投诉时有求发泄和求尊重的心理，因此耐心地听完顾客的抱怨，让其将不满情绪发泄出来就显得尤为重要。当顾客前来投诉时，接待人员不仅不能否定顾客、与其发生争辩，还要耐心倾听，并表示理解和认同。接待人员要牢记赢得顾客才是企业的最终目标，只有站在顾客的角度思考问题，将心比心，才能达到这一目标。

3．及时采取行动，平息顾客抱怨

对于顾客投诉，企业应当迅速采取行动，避免在部门之间推诿责任，力争在最短的时间内妥善解决客户投诉。时间拖延只会使得顾客的抱怨变得越发强烈，事态进一步严重化。

4. 兼顾企业与顾客利益，关注长远利益

能够妥善处理和解决顾客的投诉，是建立顾客忠诚度的有利契机。因此，企业应当抓住这一时机，从长远角度考虑问题，秉承“大事化小，小事化了”的原则，尽可能满足顾客要求，提升顾客对企业的信任度。

课堂小实训 5-5

经理的错误在哪里？

在某国际连锁西式快餐厅中，一位顾客找到餐厅经理，投诉点餐时账目算错了。餐厅经理看到顾客快吃完才提出来，当下第一反应便是客人在无理取闹。于是他不仅没有致歉，反而趴在桌上数顾客吐出来的骨头数量，以便确定顾客到底吃了多少东西。查明真相后，发现是服务员在收银时弄错了一款特价产品的价格。虽然事后经理一再给顾客道歉，但是他趴在桌上数骨头的行为严重伤害了顾客的自尊，始终无法得到顾客的谅解。

请问：这位经理违反了什么原则，犯了什么错误？

四、顾客投诉的方式及其处理要领

常见的投诉方式有当面投诉、电话投诉、信函投诉及网络投诉四种。根据顾客不同的投诉方式，可以采取不同的应对之策。

（一）电话投诉的处理要领

1. 耐心倾听

耐心倾听顾客的抱怨，站在顾客的角度考虑问题，并且适时用言语表达对其投诉的理解和认同。

2. 了解情况

及时了解顾客投诉事件的基本信息。主要获取的信息应当符合 4W1H 原则，也就是“When（投诉事件在什么时候发生）”“Where（投诉事件在什么地点发生）”“Who（什么人进行投诉）”“What（投诉的主要内容是什么）”“How（投诉的结果如何）”。

3. 存档

对顾客的投诉应当及时进行录音存档，一是可以作为日后处理纠纷的佐证材料，二是可以作为日后的投诉事件的学习范本。

（二）网络投诉的处理要领

随着互联网络的日益发达，来自网络平台的投诉也有成为投诉渠道主流的发展趋势。对于这类投诉，要采取以下几种策略予以应对。

1. 及时回复

在收到顾客投诉后，应当立刻通知顾客已经收到其投诉，并且以诚恳的态度告知顾客会及时跟进处理。

2. 通知具体负责部门进行解决

收到顾客投诉后，应及时找到负责的部门，要求其尽快提供顾客投诉解决方案。

3. 投诉信息反馈

及时与顾客协商投诉的解决方案，同时与顾客保持日后的沟通与联系。

4. 存档

把本次投诉事件记录在册，为日后同类型投诉事件提供参考的处理方案。

（三）信函投诉的处理要领

1. 告知负责人员

当收到顾客投诉的信函时，应及时告知负责人员或上级领导。

2. 回复顾客

立刻通知顾客已经收到信函，并对其提出的投诉表示感谢、理解和认同，同时以积极的方式及时解决顾客的投诉。另外，应与客户保持日后的联系与沟通。

（四）当面投诉的处理要领

对于顾客的当面投诉，要注意以下几个方面。

（1）第一时间与顾客打招呼，并将其请至门店的会客室或办公室，以免影响其他顾客购物，并避免不良影响。

（2）在接待期间尽可能排除外来干扰，切不可中途离开让顾客单独等待。

（3）在接待期间站在顾客角度考虑问题，谨慎措辞，务必不能与顾客发生争执。

（4）各种投诉都应有相应的表格予以记录，规范填写顾客投诉情况登记表，尤其填写好顾客姓名、联系方式和地址。接待人员必须把投诉内容复述一遍，并请顾客确认。

（5）为避免拖延时间，接待人员应当把握合适的结束时机。

（6）投诉事件必须在规定的时间内尽快解决。一旦投诉事件处理完毕，则必须及时联络投诉人，并以文档方式做好记录，确保每一个投诉都能得到妥善解决。

（7）如有必要，应亲自赴顾客住处拜访道歉，以显示解决问题的诚意。

（8）经由消费者协会移转的投诉事件，必须在投诉解决后，告知消费者协会整个事件的处理过程。

（9）记住提出投诉的顾客，在其下次到店时，应当以热情的态度主动与其打招呼。

五、处理顾客投诉的步骤

处理顾客投诉是门店日常运营中的一项重要工作。为了更为高效地应对投诉事件，处理顾客投诉时应当保持一致性原则，按照如下七个步骤开展工作。

1. 表明自己的身份

处理顾客投诉时，一方面，应率先诚恳地表明自己的身份，往往可以给予顾客更好的信任感。另一方面，前去解决问题的工作人员身份越高，越能让顾客感觉到被重视，可满足顾客求尊重的心理，事态也更易得到解决。

2．保持平和的心态

当顾客在进行投诉和抱怨时，难免会因为情绪的激动而对客服人员出言不逊甚至发生非理性行为，这时客服人员应当避免被其牵制情绪而产生冲动的言语或行为，牢记“就事论事，对事不对人”原则，避免使门店的声誉受到严重影响。

3．认真倾听并做好记录

认真倾听可以让顾客充分发泄情绪，避免在顾客还没有把事情讲完时就中途打断或进行一些言辞上的辩解。例如，说道：“您先听我解释好吗？”客服人员在进行投诉处理时，应当问一些开放式的问题，例如，可以问：“请您说一说事情发生的经过好吗？”当顾客把事情说完，情绪宣泄出来后，往往可以平静下来，这样便于更好地进行后续沟通。

除认真倾听外，客服人员还应当适时地运用自己的肢体语言，如专注的眼神及适时点头，让顾客充分感知自己被重视。同时，还应当通过倾听事情的经过，明确关键点所在，通过文字的方式对关键内容做好相应的记录。

4．表示同情理解并真诚道歉

在处理顾客投诉事件时，应当站在顾客角度，真诚地表达自己的同理心。例如，可以说：“我能理解。”“要是我的话，我也一定不舒服。”这样可以更好地让顾客感觉客服人员对投诉处理的诚意。

在现实中，很多管理者认为在事实调查清楚之前，没有必要先道歉。而实际上，这个看法是片面的，道歉只是表明企业诚恳的态度及对顾客的尊重，与事实关系并不大。但是道歉也是有技巧的，要注意措辞，不要使得自身陷入被动状态。例如，可以说：“非常抱歉，我代表公司向您表示真诚的歉意，我们会立即调查这件事情。”这样的言语表达，可让顾客最大程度上感受到企业的诚意，并为投诉事件的解决奠定良好的基础。

课堂小实训 5-6

为顾客讨公道的客服经理

一位顾客在手机营业厅整整排了三个多小时的队后，终于轮到他来办理相关业务。可是接待他的客服人员却像很忙一样，即使叫了号，也迟迟不给这位顾客办理业务，而是一直忙着手上的事情。顾客问道：“什么时候可以给我办理？”客服人员气冲冲地答道：“没看到正忙着吗？”双方由此发生了争执，声音也越来越大，并惊动了客服经理。客服经理赶紧走过来，说的第一句话就是“这样的客服人员就该被骂，您再给我多骂几句”。顾客一听，愣了一下，他没有想到客服经理居然会这样说话。于是态度立即缓和下来，说道：“我也不是非要找你们麻烦，实在是她的态度太气人了，整整等了三个小时……”

请问：为何客服经理的一句话，就使得勃然大怒的顾客态度瞬间缓和？

5．分析顾客投诉的原因，提出解决方案

了解事件的经过后，应分析顾客投诉的原因，并且确定责任的归属。

提出解决方案的首要原则是获得顾客的同意。对于不同的投诉事件，如果客服人员可以立即处理，则可以说："我现在就为您办理。"如果事件超出了客服人员的管理权限，但是可以用其他物品弥补顾客损失时，可以说："非常抱歉，这件事超出了我的处理权限，但是我可以赠送您一份礼物作为补偿，您看这样可以吗？"如果需要时间或其他管理人员协助，则可以对顾客说："非常抱歉，这件事需要等我汇报给经理后才能处理，明天上午十点左右给您答复可以吗？"

6. 执行解决方案

当与顾客达成事件解决的方案后，就必须立刻执行，并明确告知顾客事件处理的过程和手续等。另外，企业应当有专人负责监督补偿措施的落实情况，并且通过电话等方式跟进事件处理的情况，以提高顾客的满意度。同时，对于提出批评指导意见的顾客给予真诚感谢，因为这些投诉往往可以帮助企业发现管理和服务中的问题。

7. 分析结果

处理完投诉事件后，要做好记录及归档工作。保留完整的书面记录，使其作为日后处理其他投诉的参考资料。同时，对于经常发生的投诉事件，必须分析追查问题出现的原因，并制订相关的管理规定和改进措施等。对于偶发性的投诉事件，企业也应当制订相关的管理规定，作为工作人员日后处理投诉的依据。

另外，对于顾客的投诉事件，门店内部要有一定的交流沟通渠道，如采用例会、工作群等方式告知员工。务必让员工及时了解顾客投诉的原因和处理方法，吸取教训，保证产品和服务处于最佳状态。

总而言之，门店在处理投诉事件时，要永远把顾客的利益放在首要位置，同时把每次的投诉看作企业发现自身不足、改善管理的重要机会。

知识链接

案例展示：顾客投诉商品缺货

王奶奶又一次来到卖场，寻找宣传单上的促销商品，却被告知商品销售一空，仍然缺货，于是她来到服务台进行投诉。

王奶奶面带怒气地说道："小姐，你们这是什么卖场嘛！"

客服人员问道："阿姨，有什么事情，我可以为您服务吗？"（保持冷静，同时将顾客引至一边。）

王奶奶："你们卖场是怎么回事？这款特价促销的电饭锅，我昨天来买，你们说卖完了，今天来还说缺货。你们宣传单上明明写着促销时间截止到本周末，这才第四天，促销商品就没有了。这不明摆着欺骗顾客吗？"

客服人员（仔细倾听，并且随时点头，面露关切之色）说道："阿姨，我非常理解您大老远过来两趟还是没有买到这款产品，心理一定不舒服。来，先喝杯菊花茶降降火，天气这么热，还让您白白跑了两趟。"

王奶奶接过菊花茶，语气有所缓和地说道："那这个事情到底怎么办呢？"

客服人员说："阿姨，我们已经和厂家沟通过了，并且由专人跟进，但是这款产品迟迟没有送到。您看可否填写一张延迟取货单，留下您的姓名和联系方式，等货到后我们立刻通知您？”（依据管理权限和公司制度，表示歉意并提供解决方案。）

见王奶奶同意后，客服人员拿出延迟取货单，协助王奶奶进行填写，同时填写顾客投诉情况登记表，并向王奶奶复述了关键信息。在接待完王奶奶后，客服人员即刻通知上级领导和采购人员立刻催促厂家，并增加采购量，避免因为订货不足再次发生顾客投诉事件。

六、处理顾客投诉的具体方法

有效处理顾客投诉的具体方法如表 5-11 所示。

表 5-11　处理顾客投诉的具体方法

序号	方　法	含　义
1	一站式服务法	一站式服务法是指顾客投诉的受理人员对接到投诉、信息调查、协商并确定解决方案、执行解决方案等全程进行跟踪服务
2	替换法	替换法是指因为顾客购买的产品或服务存在质量问题，而为顾客替换同类型或不同类型的产品或服务的处理方法
3	补偿关照法	补偿关照法是给予顾客物质或精神上补偿的一种方法。客服人员根据企业的规章制度及自身权限，灵活地选择补偿关照的方法，包括打折、免除费用、经济补偿、赠送商品等方式
4	外部评审法	外部评审法是指内部投诉处理行不通时，选择第三方中立机构来解决投诉问题，进行调解或仲裁。例如，选择消费者协会等机构

总之，企业与顾客需要找到对双方都有利的解决方法，从而实现双赢。

七、处理顾客投诉的有效沟通技巧

（1）顾客前来投诉，投诉可能有理，也可能无理，客服人员应当先向对方道歉，平息对方的怒火。

（2）耐心倾听对方的投诉并做出相应的回应。

（3）假如投诉事件的责任方在公司，则应当即刻采取补救行动。

（4）及时向顾客保证同样的错误不会再发生。

（5）若投诉事件超过了客服人员的管理权限，则需要上级的协助。

（6）当必须拒绝对方要求时，应婉转地表达，并进行解释。

（7）与顾客沟通完毕之前要有礼貌地表示谢意或歉意。

（此部分详述请扫描右侧二维码。）

微课学 5-1

请观看微课——客户投诉处理（扫描右侧二维码），分别记录第一位客服和第二位客服的优缺点。

［微课：客户投诉处理］

【项目实训】

活动 1：请到附近的家具城进行销售开场实地调研，观察家具城的销售人员接待顾客时，是如何进行开场的，指出开场方式的优点或需改进之处，并填写“家具城销售开场调查表”（见表 5-12）。

表 5-12　家具城销售开场调查表

序号	门 店 名 称	销售人员开场方式	优点或需改进之处
1			
2			
3			

活动 2：请在该家具城中继续进行观察与调研，指出销售人员在顾客接待服务流程中需要改进的地方，并填写“顾客接待服务流程情况表”（见表 5-13）。

表 5-13　顾客接待服务流程情况表

序号	顾客接待服务流程中的不当问题	改 进 措 施
1		
2		
3		
…		

活动 3：顾客投诉调查。

每 4～5 人为一组，请选择一家门店进行顾客投诉调查，并填写“顾客投诉调查表”（见表 5-14）。

表 5-14　顾客投诉调查表

序号	常见的投诉原因	所属的投诉类型	投诉的解决方法
1			
2			
3			
4			
5			

活动 4：顾客投诉处理训练。

假设你是一家连锁眼镜店的客服人员。一天，店里来了一位顾客，投诉三天前在你们店里配的眼镜带着不舒服，会产生眩晕感，并质疑你们的产品质量。在这样的情况下，你会如何处理呢？

请写出处理的流程、处理方法和注意事项，并由团队成员进行情景模拟。

【项目检测】

一、单选题

1. 王先生计划为女朋友购买一款智能手机。他在网络上搜集了大量相关信息，同时观看了大量产品测评视频，最后结合女朋友的实际需求，选择了一款3000多元人民币的新款智能手机。请问王先生属于哪种性格特点的顾客？（　　）

A. 理智型　　B. 经济型　　C. 感情型　　D. 疑虑型

2. 某电商平台在进入市场后，短短几年时间销售额就跻身国内前几名，其官网声明其核心竞争力为优质低价的商品。请问该电商平台的成功在于利用了顾客的哪一类购买动机？（　　）

A. 求廉　　B. 求新　　C. 求名　　D. 求实

3. 只有探寻到顾客的真正需求，才能向顾客推荐最合适的产品，促进销售目标达成。请问以下哪一种不属于常见的探寻顾客需求的方法？（　　）

A. 观察法　　B. 询问法　　C. 问卷法　　D. 倾听法

4. 销售员小李热情地对王姐说："王姐，您就放心地买回去吧，十天之内，有任何不满意，我们都无条件退货。"请问销售员小李采用了哪一种促成交易的方法与技巧？（　　）

A. 优惠成交法　　B. 从众心理法

C. 假设购买法　　D. 无风险成交法

5. 门店接到投诉，顾客家中新安装的热水器在第二天就无法出热水。售后部门迅速反应，接到投诉的当天下午就安排专人上门给顾客解决问题。请问这符合处理顾客投诉的哪一项原则？（　　）

A. 先处理心情，后处理事件

B. 耐心倾听顾客的投诉，站在顾客角度将心比心

C. 及时采取行动，平息顾客抱怨

D. 兼顾企业与顾客利益，关注长远利益

6. 互联网时代，越来越多的商品价格趋于公开化和透明化，商品价格过高往往容易导致顾客投诉。请问这属于什么类型的投诉？（　　）

A. 对商品的投诉　　B. 对服务的投诉

C. 对安全和环境的投诉　　D. 对欺骗顾客行为的投诉

7. 在处理顾客当面投诉事件时，以下哪一种处理方式是错误的？（　　）

A. 在接待期间站在顾客角度考虑问题，谨慎措辞，不能与顾客发生争执

B. 在调查清楚之前，不可先行道歉，以免企业陷入被动状态

C. 如有必要，应亲自赴顾客住处拜访道歉，以显示解决问题的诚意

D. 记住提出投诉的顾客，在其下次到店时，应当以热情的态度主动与其打招呼

8. 京东公司在处理顾客投诉事件时，会由一名专门的客服人员对接到投诉、信息调查、协商并确定解决方案、执行解决方案等全程进行跟踪服务。请问这属于处理顾客投诉的具体方法中的哪一种？（　　）

A．一站式服务法　　B．替换法　　C．补偿关照法　　D．外部评审法

9．当你无法满足顾客要求而要拒绝他/她时，以下哪句表达方式是错误的？（　　）

A．先生/小姐，真不好意思，这件事只在……情况下才可以

B．先生/小姐，不好意思，这件事只怕暂时帮不了您，因为……

C．先生/小姐，不好意思，我不负责这个部分，我只负责客户服务……

D．先生/小姐，非常抱歉，这件事情超出了我的权限范围，因为……

10．有一类顾客往往好为人师，喜欢通过投诉来获得一种成就感。他们在投诉的同时也对客服人员进行建议和教导，他们希望获得他人的认同，还会以代表广大顾客利益的名义向企业讨要说法。这类顾客的投诉往往是出于（　　）心理。

A．求补偿心理　　B．求尊重心理

C．求表现心理　　D．出于发泄心理

二、多选题

1．以下（　　）属于常见的促成交易的方法与技巧。

A．二选一法　　B．优惠促成法　　C．限定时间/数量法

D．无风险成交法　　E．明星效应推荐法

2．以下（　　）是在销售结束送客时的正确做法。

A．保持微笑和目光接触

B．如果顾客有售后服务方面的问题，确保顾客接受所建议的方案

C．提醒顾客是否有遗漏的物品，如皮包、手机、雨伞、帽子等

D．留下顾客的联系方式（如微信、QQ 等），并递上自己的名片

3．顾客对商品投诉的原因主要有（　　）。

A．质量问题　　B．标签不符　　C．价格过高

D．服务态度不佳　　E．商品缺货

4．下面（　　）属于网络投诉的处理要领。

A．耐心倾听　　B．及时回复　　C．通知具体负责部门进行解决

D．投诉信息反馈　　E．存档

5．在处理顾客投诉时，我们要遵循哪些原则？（　　）

A．先处理心情，后处理事件

B．耐心倾听顾客的投诉，站在顾客角度将心比心

C．真诚地向顾客表示歉意

D．及时采取行动，平息顾客抱怨

E．兼顾企业与顾客利益，关注长远利益

三、简答题

1．初步接触顾客的最佳时机是什么时候？

2．销售人员常用的开场方式有哪些？

3．促成交易的时机有哪些？

4．处理顾客投诉有哪七个步骤？

5．处理顾客投诉的具体方法有哪些？

四、案例分析题

案例一

合同经长达几个星期的反复修改并最终确定后，某定制家具门店销售人员小王与买方王先生约好今天来公司签订合同。王先生准时到了公司，他看上去精神状态不太好，显然是昨晚没有休息好。他对小王说："我昨天考虑了一个晚上，前天也看了你们公司提供的设计方案和收费详细清单。你能不能把合同给我复印一份？我想回去再研究一下细节部分。"

结合案例，请分析：

1．买方王先生是属于哪种性格类型的顾客？

2．如果你是销售人员小王，你将如何处理？

案例二

近日，M 干洗公司总部接到一名多年老顾客王先生的投诉。王先生投诉说，该公司旗下一家门店弄丢了他送去洗的多件衣物，使他不得不买了四件新的衬衣进行替代。可是三个星期后，门店通知他丢失的衣物已经找回，门店客服人员例行致歉后依旧要王先生支付清洗费用。

之后，该顾客多次致电该门店进行投诉，希望获得衬衣和清洗费的赔偿。但过了很久，他都没有收到满意的答复。最后，该顾客不得不投诉到 M 干洗公司总部，要求 M 干洗公司总部赔偿全部丢失衣物的清洗费和四件新衬衣的购买费用，并做出令人满意的道歉，否则他将把在 M 干洗公司的经历告诉自己的亲朋好友，而且永远不再和 M 干洗公司打交道。

结合案例，请讨论：

1．多年的老顾客为何要向 M 干洗公司总部进行投诉？该顾客不愉快的原因仅仅是那笔清洗费用吗？

2．门店客服人员在这件事情的处理上是否存在失误？

3．如果你是 M 干洗公司总部的客服人员，你会怎么处理这件事？

【项目导航】

请回顾本项目的任务知识点，扫描右侧二维码，并填写思维导图。

【项目评价】

教师组织学生填写"任务完成情况评价要素表"（见表 5-15），对本次实训过程中学生的完成情况进行综合评估。

表 5-15 任务完成情况评价要素表

组别：　　　　　　　　　　　　　　　　　　学生姓名：

序号	考核点	分值（100 分）	得分	累计积分账户
小组评价		共 20 分		
1	态度与纪律	4		
2	出勤情况	4		
3	参与活动时与人沟通的能力	4		
4	参与讨论的积极性	4		
5	团队合作的表现	4		
本人评价		共 40 分		
6	能解释顾客购物的心理过程	3		
7	能区分顾客类型及其购物心理	3		
8	能以思维导图的形式总结门店接待服务流程及方法	4		
9	能列出并举例说明顾客投诉问题的类型和投诉心理	3		
10	能概括处理顾客投诉的步骤和具体方法	3		
11	会进行顾客购物的心理分析，探寻顾客需求，把握接待时机	4		
12	能够根据门店接待服务流程及方法，有效促成顾客交易	6		
13	会采用有效的方法和科学的程序处理顾客的投诉	6		
14	会运用恰当的沟通技巧妥善解决顾客投诉	8		
教师评价		共 40 分		
15	顾客管理知识的掌握	20		
16	顾客管理技能的掌握	20		
本次实训分数小计				

累计积分账户说明：90～100 分积 5 分；80～89 分积 4 分；70～79 分积 3 分；60～69 分积 2 分；60 分以下积 1 分。

项目六　人事管理

项目描述

门店属于服务行业。与生产行业那种依赖严格的流程和机械的环节设计来创造价值不同，服务行业更多的是要依赖人来创造价值。根据服务行业的特性，在门店人事管理中，只有有效地运用各种激励机制，才能最大限度地调动员工的积极性、创造性和工作热情。而开设门店必须保证一定的人员储备量，这样才有充足和适合的人得以管理。

本项目共有两个任务，主要介绍门店员工招聘与培训和员工绩效考核的基本内容，旨在帮助学生学习如何开展人事管理的工作。

项目目标

知 识 目 标	技 能 目 标
（1）能以思维导图的形式总结门店员工招聘的实施过程。 （2）能设计招聘广告。 （3）能概括门店培训内容、方法与流程。 （4）能复述绩效考核的意义。 （5）能用流程图总结绩效考核的流程。 （6）能区分绩效考核的方法	（1）能模拟情景，运用所学的简历筛选与笔试、面试技巧知识开展招聘甄选活动。 （2）能设计培训计划并予以执行。 （3）能尝试设定绩效考核指标和具体考核标准。 （4）能制订完整的绩效考核方案

任务 18　员工招聘与培训

【工作情景图】

工作情景图如图 6-1 所示。

图 6-1　工作情景图

任务情景

李明是国内一家知名连锁超市的总经理。最近他遇到了一件非常棘手的事情，采购部经理王伟由于个人原因向总公司提交了辞职申请，总公司急需任命一名采购经理来代替王伟。现有三位人选。

（1）总公司现任采购部副经理郭海：有敏锐的市场分析、判断能力及良好的需求预测能力；但是他太强势，很少听取别人的意见，只有职业高中的文化程度。

（2）公司现任采购部另一位副经理陈亮：做事不张扬，为人非常随和，最擅于团结下属，工作很有韧劲；但是他有时心太软，即使表现很差的采购员，他也不忍心辞掉。

（3）某竞争对手超市的采购部经理何丽：能力绝对没有问题，是一位难得的人才；但是她不一定能够很快熟悉公司的业务，理顺各种关系，有效地开展工作，可能会挫伤本公司采购部门人员的积极性。

如果你是李明，你会选择谁呢？

一、门店员工招聘

人们普遍认为，招聘最容易，不外乎筛选简历、面试、通知来上班。而实际上，招聘或选才是最难的，能否招到合适的人选，将直接影响门店今后的发展与成长。门店员工招聘就是根据门店发展的需要，通过各种途径和渠道寻找与吸引那些适合本门店需要，并且有兴趣到本门店任职的人员，以及对其予以录用的活动和过程。

（一）门店员工招聘的基本原则

（1）人岗匹配原则。

（2）信息公开原则。

（3）效率优先原则。

（4）公平竞争原则。

（5）双向选择原则。

（此部分具体详述请扫描右侧二维码）

（二）门店员工招聘的实施过程

1．门店招聘的规划阶段

一个门店到底需要哪些职位，以及每个职位应负责哪些职责，这些问题必须事先明确，然后才能衡量编制需求，为门店的员工招募计划提供参考。门店招聘规划阶段的工作主要包括职位工作分析和撰写职务说明书。

1）职位工作分析

通过职位工作分析，可以使各个职位的工作职责清晰化，明确岗位之间的关系。职位工作分析所要回答的问题可归纳为“6W1H”，具体指做什么（What）、为什么要做（Why）、谁来做（Who）、何时做（When）、在哪里做（Where）、为谁做（Whom）和如何做（How）。它们基本上概括了职位工作分析所收集的信息内容。

职位工作分析是保证职位设置科学性的有效方法之一，一般应在职位设置前进行，职位设置后需要定期检查是否有必要修正。在进行职位工作分析时，应考虑以下几个方面的问题。

- 该职位设置的目的是什么？对其他职位有什么帮助与影响？
- 该职位要做什么工作？
- 该职位需要什么知识或技能？有哪些学历或技能要求？
- 该职位负担的责任与影响是什么？在组织中的位置是什么？
- 该职位需要多少人？如何衡量？

① 门店岗位设置。

门店根据日常经营管理需要，配备的岗位人员有店经理、店长、店助、理货员、营业员、收银员、防损员（保安）、保洁员等。

② 门店工作人员配置。

门店工作人员配置主要有三种方法。

第一种方法，根据店面经营情况定岗定编。

第二种方法，根据工作量来推算所需岗位。

第三种方法，根据销售指标来确定岗位。

（此部分具体详述请扫描右侧二维码）

2）撰写职务说明书

职务说明书亦称工作说明书，是指根据职位工作分析，对某项工作有关的任务、内容、性质、程序、责任、环境、雇工条件，以及必备的个人资格条件的规定和描述。

职务说明书内容包括以下几项。

（1）工作名称：必须有一个特定的名称或标题，以区别于其他工作。

（2）工作内容：具体说明该项工作的功能，所应达到的目标和必须执行的任务与职责。

（3）工作的步骤和程序：说明使用什么材料和设备，与什么人进行配合，如何进行指导和监督检查等。

（4）工作环境：从事该项工作的物理环境和社会环境。

（5）雇用条件：包括工资结构和等级、工作天数及每日工作时间、付薪方式、奖惩条件、雇用形式、福利待遇、升迁或调职的机会等。

（6）资格条件：指出哪类人最能符合工作所要求的条件，包括担任此项工作所需的教育程度，工作经验，必备的知识、技能和专长等。

知识链接

某店店长工作说明书如表 6-1 所示。

表 6-1　某店店长工作说明书

<table>
<tr><td colspan="3">岗位名称：门店店长</td><td>直属下级：门店全体店员</td></tr>
<tr><td colspan="4">职责与工作内容</td></tr>
<tr><td rowspan="5">职责一</td><td colspan="3">工作职责：跟进门店每月目标达成情况，分析具体销售情况及货品情况</td></tr>
<tr><td rowspan="4">工作内容</td><td colspan="2">（1）每月将销售任务分解，并跟店员确定每人的销售任务</td></tr>
<tr><td colspan="2">（2）分析具体销售情况、客户及市场信息</td></tr>
<tr><td colspan="2">（3）实时了解库存信息、货品情况</td></tr>
<tr><td colspan="2">（4）每月第一个工作日对上月门店销售情况进行统计分析，并及时汇报销售情况</td></tr>
</table>

（请扫描右侧二维码查看该店店长工作说明书，了解店长的任职资格、工作职责、工作内容）

2. 门店招聘的招募阶段

1）招聘渠道的选择

门店员工招聘的渠道大体可分为外部招聘和内部招聘两类。

（1）外部招聘。

① 通过人才交流中心和人才招聘会招聘。

② 张贴门店海报（POP 广告）。

③ 发布媒体广告。

④ 亲友介绍。

⑤ 校园招聘应届毕业生。

⑥ 通过职业中介机构招聘。

⑦ 网络招聘。

⑧ 员工推荐。

（2）内部招聘。

① 内部提升。

② 工作调换。

③ 岗位轮换。

④ 内部公开招聘。

（内容详述扫描右侧二维码）

课堂小实训 6-1

刚刚毕业的李颖应聘到一家连锁超市人事部担任办公室文员，上班第一天她就遇到了一件棘手的事情。超市的理货员小张和小刘发生了矛盾，一气之下小张离职了，并带走了自己在超市里的三个亲戚，其中一个是理货员，另外两个是收银员。他们的离职给原本就人手不够的超市带来非常大的工作压力，超市要求李颖即刻进行新理货员和收银员的招聘。

思考：李颖有点烦恼，她应该选择哪种招聘渠道才能快速招到合适的人员呢？

2）招聘广告的发布

（1）招聘广告的主要内容。

一般来说，招聘广告的主要内容如表 6-2 所示。

表 6-2 招聘广告的主要内容

主 要 内 容	具 体 内 容
单位情况简介	背景（历史、规模、业务范围、地理位置和发展前景等）
	文化（企业愿景、使命、价值观、经营理念等）
岗位工作描述	通常包括岗位名称、所属部门、主要工作职责等
岗位任职资格	教育背景、工作经验、能力要求、性别、年龄等
相应的人力资源政策	薪酬水平、劳动合同、培训机会等
应聘者的准备工作	中英文简历、学历学位证书复印件、身份证复印件等
联系方式	通信地址、电话号码、交通路线、传真号码或电子邮件等

（2）招聘广告的设计原则。

① 引起求职者的注意，可以在人才招聘会上张贴招聘海报。

② 激发求职者兴趣。

③ 引发求职愿望。

④ 促使求职行动。

课堂小实训 6-2

思考：假如你是课堂小实训 6-1 中的李颖，你会如何设计招聘广告？请你设计出来。

（3）招聘广告的发布原则。

① 应根据需要选择招聘现场海报、公司形象宣传资料、网络招聘广告等多种渠道发布信息，并尽可能选择传播面广、传播迅速的渠道。

② 网络招聘信息每日刷新。

③ 每天整理、筛选简历，一旦有合适的简历，就要立即联系，不要拖延。

④ 在条件允许的情况下，应尽早发布招聘信息。

3. 门店招聘的甄选阶段

甄选是指挑选出最符合目标职位任职标准的应聘者的过程。

1）简历筛选

简历筛选一定要及时，一般至少每天筛选一次。简历中的“危险”信号一般有：工作经验或学历与所申请的职位不相符；工作经历的断层或重叠、日期冲突；不完整的数据或模糊不清的信息；混乱无序的描述或罗列；离职的原因说服力不够；跳槽频繁，有不稳定的迹象。

课堂小实训 6-3

刚刚职业高中市场营销专业毕业的吴丽想应聘某手机专卖店的导购员。假如你是吴丽，你会如何设计求职简历？请你制作出来。

知识链接

拿到一份简历后应该看什么？

（1）总体外观：是否整洁、规范、美观、大方？是否结构合理、重点突出？

（2）生涯结构：时间是否连贯？是否出现空当或频繁跳槽？

（3）工作经验：事业进程是怎样的？过去做了什么？是完成、执行、管理还是参与、建议、熟悉？

（4）教育培训：教育水准、专业证书、知识结构与申请职位是否具有相关性？

（5）能力结构：专业技能、通用能力是怎样的？

（6）业绩描述：业绩如何？

（说明：如公司有硬性规定的限定门槛，要第一时间查看）

2）测试

（1）测试准备。

招聘专员要准备好应聘登记表、笔试试卷、面试评估表、心理测试表（根据不同岗位的需要）等文档资料，并准备好测试场地，同时做好对应聘者的登记及接待工作。

（2）表格填写。

应聘者通常要填写应聘登记表（见表 6-3），主要填写工作经历、学习培训经历等。

表 6-3　应聘登记表

应聘门店：______________　　　　　　应聘岗位：_________________

姓　　名		性　　别		出生年月		1 寸近照
民　　族		体　　重	kg	身　　高	cm	
籍　　贯		健康状况		婚姻状况		
手机号码		身份证号				
户口所在地		现住址				
紧急联系人		联系电话			与本人关系	
家庭主要成员	称谓		姓名		单位/职业/职务	
学习/培训经历	起止年月		学校/培训机构		专业	学历/证书
工作经历	起止年月		单位名称/岗位/职务		薪资	离职原因
何时能到岗上班：		期望薪资待遇及其他要求：				

特别声明：填表人确保以上所填信息真实有效，如有虚假，将承担相应的法律责任。

填表人签名：_________________

_________年_______月_______日

（3）笔试。

笔试是一种与面试相对应的测试，是考核应聘者学识水平的重要方法。通过笔试可以有效测试应聘者的基本知识、专业知识、管理知识、综合分析能力和文字表达能力等素质及能力。一般来说，在门店的招聘中，只有笔试成绩合格者才能继续参加面试或下一轮测试。

（4）面试。

面试可分为结构化面试、非结构化面试和半结构化面试三类。

① 结构化面试。

结构化面试也称标准化面试，是相对于传统的经验型面试而言的，是指按照事先制订好的面试提纲上的问题逐一发问，并按照标准格式记录应聘者的回答和对他的评价的一种面试方式。面试提纲中的问题对所有应聘者都是一样的，如“某天上午，一位顾客气冲冲地进入店内，说他昨天在该店买的蛋糕，今天早晨打开吃的时候发现已经发霉了，要求门店给个说法并给予赔偿。如果你是蛋糕专柜的营业负责人，你将如何处理这一局面？”

② 非结构化面试。

非结构化面试没有固定的程序，面试者提问的内容和顺序都取决于其兴趣和现场应聘者的回答。这种面试方法给予双方充分的自由，面试者可以针对应聘者的特点进行有区别的提问。

③ 半结构化面试。

半结构化面试综合了结构化面试和非结构化面试的优点，弥补了它们的不足。由于现代企业越来越重视员工的人际交往能力和沟通能力，所以半结构化面试越来越普遍。

面试完成后，面试者应认真填写面试评价表（见表 6-4），以作为录用员工时的决策参考。

表 6-4　面试评价表

应聘者姓名		性别		年龄		
毕业学校		专业		学历		
应聘职位		应聘时间				
评价项目		评分				
		5	4	3	2	1
仪容仪表与精神态度		极佳	佳	平实	略差	极差
沟通能力		极佳	优秀	普通	稍差	极差

（请扫描右侧二维码查看以上面试评价表，了解面试评价项目）

（5）背景调查。

背景调查亦称证明材料核查，是指通过咨询应聘者从前的领导、曾接受教育的机构、推荐人等对象，核查应聘者背景资料和证明材料等的真实性和有效性的方法。一般而言，以下两种岗位的应聘者，大多数门店都会对其做背景调查。第一，涉及资金管理的职位，如收银员、会计、出纳。出于对资金安全的考虑，门店会对这些岗位的应聘者进行背景调查，以了解其工作能力、犯罪记录和诚信状况。第二，部分中高层管理职位，如运营总监、销售总监、战略管理总监。这些职位主要涉及门店的运营战略、运营方向、核心客户资源都掌握在这些职位员工手上，如果这部分员工的职位发生变化，则整个门店的资金链或运营层面都会受到极大影响。背景调查的内容一般包括：应聘者学历及学位证书、工作经历（任职时间、任职职位、主要职责、工作表现、人际关系、离职原因）、个性及诚信等。

4. 门店招聘的录用决策阶段

1）录用决策

在经过笔试、面试或心理测试后，招聘工作进入了录用决策阶段。录用决策是指对甄选过程中产生的信息进行综合评价与分析，确定每一位应聘者的素质和能力特点，根据预先设计的录用标准进行挑选，选择出最合适的人员的过程。录用决策的主要方法有诊断法和统计法两种。

（1）诊断法。该方法操作过程简单，成本较低，但主观性强。主要根据决策者对某项工作和承担者资格的理解，在分析应聘者所有资料的基础上，凭主观印象做出决策。

（2）统计法。这种评价方法对指标体系的设计要求较高，比诊断法所做出的决策更客观。它首先要区分评价指标的重要性，赋予权重，然后根据评分的结果，用统计的方法进行加权运算，分数高者即获得录用。该方法客观、准确，但需要事先设计一套完善统一的评价标准。

2）录用通知

在录用通知方面，最重要的原则是及时。对于经过审批确定录用的应聘者，由人力资源部统一向其发出录用通知书，并明确告知具体入职日期，以便准备新员工的入职手续办理与培训跟踪。在录用通知书中，应该明确注明报到的地点、交通路线和其他应该说明的信息。

5. 门店招聘的评估与总结阶段

招聘评估主要指对招聘的结果、招聘的成本和招聘的方法等方面进行评估。一般在一次招聘工作结束之后，要对整个招聘工作做一个评估和总结，目的是进一步提高下次招聘工作的效率。招聘评估一般应从两方面进行：一是对招聘工作的成本效益进行评估；二是对录用人员进行评估。

1）成本效益评估

成本效益评估是指对招聘中的费用进行调查、核实，并对照预算进行评价的过程。它是鉴定招聘效率的一个重要指标。

（1）招聘单位成本：招聘单位成本=招聘总成本÷录用人数=（直接成本+间接费用）÷录用人数。招聘单位成本越低，说明招聘的效率越高。

（2）招聘总成本效用：招聘总成本效用=录用人数÷招聘总成本。它反映招聘单位成本所产生的效果，其值越大，说明效用越高。

2）录用人员评估

录用人员评估包括数量评估和质量评估。

（1）数量评估。

数量评估是检验招聘工作有效性的重要指标，它包括三个指标：录用比、招聘完成比、应聘比。其具体计算方法及意义如下。

① 录用比：录用比=录用人数÷应聘人数×100%。录用比越小，则录用者的素质相对越高。

② 招聘完成比：招聘完成比=录用人数÷计划招聘数×100%。招聘完成比≥100%，说明在数量上全面或超额完成了招聘计划。

③ 应聘比：应聘比=应聘人数÷计划招聘人数×100%。应聘比越大，说明招聘信息的发布效果越好，同时录用的人员素质可能越高。

（2）质量评估。

质量评估是评估实际录用人员的素质、能力、潜力等，也是检验招聘有效性的一个重要指标。一般可通过新进员工转正合格率来进行评估。

新进员工转正合格率=转正员工之和÷所有试用到期员工之和×100%。合格率越高，说明新进员工越符合公司需要及招聘成功率越高。

课堂小实训 6-4

某单位进行招聘工作，具体情况如下：

（1）计划招聘 24 人，实际招聘 22 人；

（2）应聘者为 75 人；

（3）招聘工作的直接成本为 2.4 万元，其中招募成本 1.2 万元，选拔成本 8000 元，录用成本 4000 元，间接成本 1.8 万元。

请计算：招聘单位成本、录用比、招聘完成比、应聘比。

二、门店员工培训

各门店服务水平的高低、经营意识的强弱、经济效益的好坏、创新速度的快慢等，都会受到员工的能力和素质的影响。然而，员工并非生而优秀，只有通过强有力的培训才有可能变得卓越。门店员工培训就是门店根据其发展和业务需要，通过学习、训练等手段进行的旨在改变员工的价值观和工作态度，提高员工知识水平、业务技能，并最终实现门店绩效提高的一种有计划、有组织的培养训练活动。

（一）门店员工培训的内容

1．迎新培训

迎新培训目的是教育新进员工按照确定的工作流程、规则、习惯及工作方法等标准程序去操作，让他们可以尽快融入门店这个大家庭。迎新培训的主要内容如表 6-5 所示。

表 6-5　迎新培训主要内容

序号	培训内容	具体内容
1	门店文化	门店宗旨、门店精神、门店作风、门店道德等门店文化；门店制度，包括考勤制度、准假制度、奖罚制度、福利制度等
2	门店的发展定位和员工的权利义务	门店经营目标、经营策略、组织机构、人事福利；员工的权利和义务
3	岗位专业知识的介绍	本部门或其他部门岗位专业知识，如学习作业手册等；其他小组的作业知识，以方便人员调配及各小组之间相互支援
4	了解工作程序和操作方法	没有从业经验的新员工，需要从头开始系统地了解每一个门店特定的工作流程和规定；有从业经验的新员工，需要详细地了解新环境的各种要求，包括日常工作步骤，订货、退换货程序，店面商品陈列方法等

2．指导培训

指导培训以指导门店员工为主，通过导师定期的现场指导，维系及提升门店员工的服务水平。指导培训的内容包括知识、工作技能及综合素质。

（1）知识。对于门店的每一位员工来说，商品知识是培训的中心内容，要让每一位门店员工都了解并且掌握门店经营的商品类型和组成商品的品质与特性、商品的优点与利益点、商品的包装情况、商品的用途及其限制、商品的独到之处与商品的保修保养技巧等知识，从而使他们能为顾客提供优质的服务，使顾客能够放心地、满意地购买本店的商品。

（2）工作技能。门店员工的工作技能通常包括服务技能和店务作业技能两种。

服务技能培训的目的在于帮助员工按照规范统一的服务准则为顾客提供各种服务，提升员工与顾客之间的互动能力。其内容主要包括门店的服务规范，如迎送顾客、观察顾客、与顾客交谈、处理顾客投诉等。

店务作业技能培训的目的在于帮助员工按照规范统一的工作准则开展店务作业，创造富有生机的门店氛围。其内容主要包括门店作业规范，如商品陈列、整理、包装、票据处理等。

（3）综合素质。综合素质培训的目的在于提高员工的综合能力并挖掘其潜力，为员工的发展提供机会，丰富员工生活。其内容较为广泛，通常并不针对工作本身，可能涉及工作态度、人生态度、企业文化、心理健康、职业道德、社会伦理等。

3. 主管培训

主管培训以培育管理人员为主，通过不同的工作坊，让他们认知自身价值、提升管理技巧。门店主管培训主要包括店长培训、店助人员培训等。

（1）店长培训。店长培训课程应偏重于门店管理及相关的财务、法律等方面的知识，具体内容包括门店管理报表的制作及账务处理，如业绩分析表、班次常规分析表、利润表等可以观察门店营运情形的报表；门店形象的管理；基本法律常识；报税须知，如各类申报书的特批、申报书的填写、报税应准备事项等；盘点工作须知，如盘点的意义、专有名词的解释、盘点作业流程、盘点结果计算表等。

（2）店助人员培训。店助人员的职责就是本着门店的经营精神与原则，对本店店员的工作进行全面的指导与协助，并维护商场的正常运作。同时，店助人员是店员与店长之间最密切的沟通者。当店长有活动或政策要告知店员时，除通过书面资料外，通常由店助人员向店员进行解说、宣导，以利推动；店员遇到任何问题或需要店长支持时，也可以通过店助人员向店长反映。总之，作为店长与店员的中间人，店助人员的工作范围相当广泛。为了从中协调，以达到上传下达的效果，店助人员必须具备丰富的专业知识、良好的沟通能力，这也是对其进行培训的重点。

（二）门店员工培训的常用方式和方法

1. 门店员工培训的常用方式

门店员工培训的具体方式与门店的规模和结构关系很大。一般来说，培训的常用方式有门店自己培训、门店与学校合作培训、专业培训机构培训。

2. 门店员工培训的常用方法

门店员工培训的常用方法有岗位训练法、课堂教授法、讨论法、个案研究法、角色扮演法、模拟训练法、行为示范法等，如表 6-6 所示。

表 6-6 门店员工培训的常用方法

培训方法	具体说明
岗位训练法	说给他听：解释作业方法、标准及重要性； 做给他看：示范正确动作； 让他做做看：请他实际操作； 检查看看：修正错误之处并给予回馈
课堂教授法	适合学员人数众多，利用各种媒体辅助的集中上课法。师资质量对教育效果影响很大
讨论法	以开放式问题，引导学员进行讨论
个案研究法	以实际发生的案例为素材，分析背景、原因、发生过程，做出诊断，找出理论依据或研究解决办法
角色扮演法	按照预先设计的剧本或主题，由学员扮演剧本角色，通过体验学习改变行为
模拟训练法	用模拟器模拟与现场相同的条件、状态，让学员体验这些条件，练习在实际条件下运用学到的知识
行为示范法	通过表演者的示范，使其他学员看到事态发展的多种可能的倾向，并根据各种倾向考虑对策

（三）门店员工培训的流程

1. 培训需求分析

培训需求分析是指对门店的未来发展、任务的内容及员工个人情况进行分析，从而发现培训需求。它通常在组织层面、作业层面和个人层面三个方面进行。

2. 培训目标确定和培训计划制订

培训目标可以是有层次的，包括从总体目标到每一个项目所要达到的子目标。对于门店而言，培训目标大体上可分为三种。

（1）了解自我。通过培训，增加员工对自己、自己在门店中的角色及自己与他人交往中的角色的了解，提高员工的自我认识。

（2）提高技能。通过培训，员工的知识技能水平得以提高，既掌握了有关工作的概述和理论，又能在实践应用中得心应手。

（3）转变态度。通过培训，员工可改变对工作、门店的认知，提高工作积极性，从而以更好的状态投入到工作中。

培训计划可分为长期计划与短期计划。长期的培训计划应考虑门店的发展及其目标，从长远出发来制订培训课程计划并编制预算；短期的培训计划则主要针对每个不同项目，对培训内容、活动进行具体规划。在培训计划中，根据已定的培训目标，确定培训的组织形式、课程设置、师资、教材、培训方式、授课方法、考核评价方式及培训时限等一系列工作。

3. 培训准备

培训与开发在门店中是否能成功进行，主要取决于是否在适当的情况下对特定的员工进行适当的培训。在培训准备中，主要考虑的问题有：培训课程的设计、培训教师和受训员工的选择、培训时间和地点的确定、培训设备和经费准备、培训规章制度的制订等。

4. 培训具体实施和控制

具体实施培训是实质性工作阶段，即培训教师教、受训员工学。在培训过程中，要随时进行培训的控制，要抓住培训目标的大方向，注意观察，与培训教师进行沟通，与受训员工及时交流，运用适当的方式，及时取得培训过程中的有关信息，纠正培训过程中产生的偏差，使培训取得预期效果。

5．培训评估

每次培训结束后要及时进行评估，要在培训结束现场给每个学员发一张培训评估表。评估对象包括培训教师的表达能力、培训教材是否符合实际、培训时间安排是否合理等。

任务 19　员工绩效考核

【工作情景图】

工作情景图如图 6-2 所示。

图 6-2　工作情景图

任务情景

小许开了一家母婴店，因为二胎时代的来临，店里生意越来越火爆，门店面积不断扩大，店员也由开始的 3 人变成了 10 人。但小许发现虽然生意红火了，店员的状态却开始出现问题，老店员积极性大不如从前，新店员上手慢，产品介绍教了多次还是说不清楚，销售目标一直完不成，货架上的灰尘总是擦不干净……

小许意识到自己应采取一些方法来提高店员积极性并提升门店业绩。他想到之前看到的一句话："不执行绩效管理要比执行绩效管理的效果差 3 倍！"身边朋友也建议他要进行绩效考核，实行绩效工资，但是要怎么做，从哪里入手呢？小许有些茫然……

一、员工激励与绩效考核

员工为什么不能积极主动、全力以赴地工作？员工的工作热情为什么难以持久？员工为什么不能像老板一样勤奋地工作？这是很多门店管理者头疼的问题。俗话说"矢不激不远，人不励不奋"，店员的工作干劲来自激励。

所谓激励（Motivation）是指通过各种激发鼓励的措施调动人的积极性，使其把潜在的能力充分地发挥出来。员工激励的方法一般分为两大类：物质激励和精神激励。物质激励包括工资、福利、奖金；精神激励包括：目标激励、竞争激励、榜样激励、荣誉激励、培训激励、赞美激励和惩戒激励等。

微课学 6-1

你可以买到一个人的时间，你可以雇用一个人到指定的岗位工作，你甚至可以买到按时或计划的技术操作，但你买不到热情，你买不到主动性，你买不到全身心的投入，而你又不得不设法争取这些。

——美国通用食品公司总裁C·弗朗克斯

请学习微课——“七招激将法”（扫描右侧二维码），然后把学习要点记录下来！

目标激励：________________________________

竞争激励：________________________________

榜样激励：________________________________

荣誉激励：________________________________

培训激励：________________________________

赞美激励：________________________________

惩戒激励：________________________________

[微课：七招激将法]

绩效考核是实现有效激励的前提，因为只有在管理者和员工清楚其本人工作现状的基础上才能选择合适的激励方法。

员工的工作成绩、效果称为绩效。员工绩效考核（Performance Examine）是指对照企业目标和绩效标准，采用科学的考核方式，评定员工行为、工作业绩及发展情况等，最终将评定结果反馈给员工，通过考核结果对员工未来的工作进行正面引导的过程，是企业管理中的一个重要环节。

绩效考核可以促使利益分配更加公平。利益包含两个方面，一是薪酬利益，薪酬和绩效是密不可分的，一般企业在设定薪酬时会将薪酬分为固定工资和绩效工资，绩效工资的发放正是依据绩效考核的结果；二是机会利益，绩效考核是对员工进行奖惩、培训、辞退、职务任用与升降等的基础与依据。与利益不挂钩的考核是没有意义的，通过绩效考核把员工聘用、职务升降、培训发展、劳动薪酬相结合，可以充分发挥企业的激励机制，帮助员工通过考核发现问题、改进工作方法，找到差距进行提升，这既有利于企业健康发展，也有利于员工不断自我激励和成长，最后达到双赢。

二、绩效考核内容

绩效考核内容也称为绩效考核维度或绩效考核范围，是企业管理层战略意图的体现，通过考核的内容将公司提倡、弘扬、鼓励或打击的行为展现出来，帮助员工聚焦正确方向。每个企业的战略、经营重点、市场环境不同，绩效考核的目的就不同，在绩效考核内容上会有所侧重和不同，但一般来说会包含以下三个方面。

（一）工作能力

工作能力是指员工具有的与其工作相关的基本技能和素质。工作能力是完全可以测量评估出来的，其考核标准来自岗位的特定能力要求。每个岗位都有特定的能力要求，如岗位核心能力、专门技能、胜任本岗位任务所特有的操作能力、相关逻辑思维能力、创新能力、分析问题及解决问题能力、客户沟通能力、内外部协调能力、团队管理能力、表达能力、写作能力、计算能力、网络技术能力、外语水平等，岗位不同要求重点也不同。根据岗位的能力要求考核该岗位的员工，可以使每个员工都明确自己工作能力的水平和明确提高自己能力的方向。

（二）工作过程

工作过程主要是指员工的工作方式和工作行为，是工作态度的一种体现。很多企业将工作过程考核简单地归结于出勤率的考核，其实出勤率不能完全代表员工的勤奋敬业，应该将外在的考勤和内在的敬业结合起来。考核内容应该包括员工日常工作的积极性、主动性、创造性、协作性、责任心和纪律性等，如对公共规则（包括社会规则和企业规则）和公共纪律（包括社会纪律和企业规章制度）的遵守情况、服务员的微笑和态度、待人接物的方式、客户服务意识、执行力、廉洁奉公、主人翁意识等方面的考核。工作过程属于软指标的考核维度。

（三）工作结果

工作结果即工作业绩，是指员工完成的工作任务和产出的成果，它通过完成工作任务的数量、质量和效率来体现，是绩效考核的核心。对工作结果的考核一方面包含对本职工作任务完成结果的考核，另一方面包含对企业和部门目标完成情况的考核，另外还包含对与其他岗位或部门协作配合完成情况的考核。工作结果属于硬指标的考核维度。

课堂小实训 6-5

如果你是一家母婴店的老板，你认为店员的哪些行为或素质是非常重要的？

三、绩效考核方法

绩效考核方法总体上可以分为：结果导向型的绩效考核方法，如业绩评定表法（评分表法）、目标管理法、关键绩效指标法（KPI）等；行为导向型的绩效考核方法，如关键事件法、行为观察比较法、行为锚定评价法、360 度绩效考核法等；特质型的绩效考核方法，如图解式考核量表法等。绩效考核方法如表 6-7 所示。门店绩效考核通常采用结果导向型的绩效考核方法，选取影响业绩的关键指标，制订相应的考核方案和表格。

表 6-7　绩效考核方法

导向性	具体方法	相关内容	优点	缺点
结果导向型	业绩评定表法（评分表法）	利用所规定的绩效因素（如完成工作的质量、数量等）对工作进行考核，把工作的业绩与评定表中的因素进行逐一对比打分，然后得出工作业绩的最终结果	可以进行定量比较，考核标准比较明确，便于得出评价结果	标准的确定性问题，要求评定表制订者对工作必须非常了解；考核者可能带有一定的主观性，不能如实考核

续表

导向性	具体方法	相关内容	优点	缺点
结果导向型	目标管理法	是最典型的结果导向型绩效考核方法，将目标分解为一个个小目标，考核员工目标的完成情况，使员工能够向目标方向努力，从而在一定程度上有利于保证目标的完成	能够通过目标调动员工积极性；有利于在不同情况下控制员工努力的方向；同时员工相对比较自由，可以合理地安排自己的计划和应用自己的工作方法	目标设定时可能有一定的困难，目标必须具有激发性和具有实现的可能性；对员工的行为在某种程度上缺少一定的评价
	关键绩效指标法（KPI）	将对绩效的考核简化为对几个关键指标的考核，将关键指标作为考核标准，把员工的绩效与关键指标做比较进行考核。在一定程度上可以说是目标管理法与帕累托定律的有效结合	标准比较鲜明，易于做出考核	对简单的工作制订标准难度较大；缺乏一定的定量性；绩效指标只是一些关键的指标，对于其他内容缺少一定的考核，应当予以适当注意
行为导向型	关键事件法	通过对工作中最好或最差的事件进行分析，对造成这一事件的工作行为进行认定，从而做出工作绩效考核	针对性比较强，对考核工作表现十分有效	对关键事件的把握和分析可能存在某些偏差
	行为观察比较法	对各项考核指标给出一系列有关的有效行为，将观察到的员工的每一种工作行为都同评价标准进行比较评分，观察该行为出现的次数的考核方法。将每一种行为上的得分相加，得出总分	能够有一个比较有效的行为标准，可以帮助形成工作岗位指导书	观察到的工作行为可能带有一定的主观性
	行为锚定评价法	侧重于具体可衡量的工作行为，通过数值给各项考核项目打分，也就是对每一项职务指标做出评分量表，量表分段是实际的行为事例，然后给出等级对应行为，将工作中的行为与指标对比做出考核。它主要针对的是那些明确的、可观察到的、可测量到的工作行为	考核指标有较强的独立性，考核尺度较精确；对具体行为进行考核时准确性高一些	适用的考核对象一般是从事具体工作的员工，对从事其他工作的员工则适用性较差；另外，一个员工的行为可能出现在量表的顶部或底部，科学设计有助于避免这种情况，但实际上难免出现类似情况
	360度绩效考核法	包括来自上级、同事、下属及客户的评价，也包括被评者自己的评价	比较全面地进行考核，易于做出比较公正的评价，同时通过反馈可以促进工作能力，也有利于团队建设和沟通	因为评价来自各方面，所以工作量比较大；也可能存在非正式组织，影响评价的公正性；还需要员工有一定的知识参与考核

续表

导向性	具体方法	相关内容	优点	缺点
特质型	图解式考核量表法	是一张列举了达到成功绩效所需要的不同特质（如适应性、合作性、工作动机等）的特质表，每一项特质给出的满分是 5 分或 7 分，考核结果一般是如“普通”“中等”或“符合标准”等的词语	这种方法适用范围广、成本低廉，几乎可以适用于门店内所有或大部分的工作和员工	针对的是某些特质，但不能有效地给予行为方面的引导；不能提出明确又不具威胁性的反馈，反馈对员工可能造成不良影响；一般不能单独用于升迁的决策

四、绩效考核原则

绩效考核是一项科学、复杂的管理行为，考核不是目的，激发员工发展、促使公司成长才是最终意义。如果不能坚持全面、系统和辩证的原则，则很难将绩效考核落到实处。

1. 客观公平原则

2. 严格原则

3. 一个上级原则

4. 结果公开原则

5. 结合奖惩原则

6. 差别原则

（以上内容的详细阐述请扫描右侧二维码）

五、绩效考核流程

在门店实际操作中，绩效考核的流程一般包括五个主要环节，即绩效考核方案制订、绩效考核方案实施、绩效考核结果应用、绩效反馈和绩效改进。绩效考核流程图如图 6-3 所示。

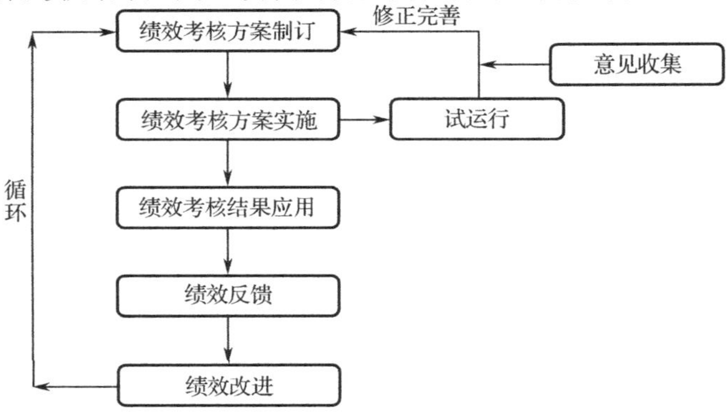

图 6-3　绩效考核流程图

（一）绩效考核方案制订

绩效考核方案是整个绩效考核过程的重点，对考核实施和结果应用具有指导作用，制订绩效考核方案要尽可能地严谨和全面。其制订程序如下。

1. 进行岗位分析

绩效考核能否达到预期的目标，很关键的一点在于考核的指标和标准是否具有客观性和公正性。而要做到这一点，岗位分析是关键。只有明确了岗位的信息，才能设计出科学的绩效考核标准。岗位分析是对企业各类岗位的性质、任务、职责、劳动条件和环境，以及员工承担本岗位任务应具备的资格条件所进行的系统分析与研究，一般包含岗位的基本信息、设立岗位的目的、工作职责和内容、岗位的组织结构、权利与责任、任职资格、工作条件、相关工作关系等内容。

2. 确定绩效考核指标

根据岗位工作任务确定的考核内容被称为考核指标，岗位不同，考核指标也不同。考核不可能面面俱到，每个岗位员工会承担很多的工作任务，如果考核指标抓不住重点与关键，势必造成员工把握不住工作的重点与关键。因此在确定绩效考核指标时要抓住关键绩效指标。绩效考核指标的设定必须符合 SMART 原则，如表 6-8 所示。

表 6-8　绩效考核指标设定的 SMART 原则

SMART 原则	具体要求	案例分析
S（Specific） 明确的、具体的	考核指标要清晰、明确，不能过于笼统	案例：保持门店清洁 问题：门店范围太广、清洁的标准不明确 正确方式：在工作期间门店地面无纸屑、污渍、水渍，货架货品摆放整齐无破损
M（Measurable） 可量化的	考核指标不可以模糊，必须数字化	案例：基本达成销售计划 问题：是否基本达成无法衡量 正确方式：截至每月最后一日，达成月初销售计划的 90%以上
A（Attainable） 可实现的	考核指标设定要合理，不能太高也不能太低，要在基于现实的基础上具有一定的挑战性	案例：今年顾客数达到 1000 人（去年 200 人） 问题：5 倍的顾客人数是否合理，一般来说在翻一番的基础上再适当增加才是合理的 正确方式：今年顾客数达到 500 人
R（Relevant） 实际性的、相关性的	考核指标要与实际工作相关，与门店目标相符，具有实际意义	案例：具有熟练的英语对话能力（针对便利店营业员岗位） 问题：具有熟练的英语对话能力对店员要求高，对于便利店营业员而言只要具有能够销售商品的英语对话能力即可 正确方式：具有简单的商品销售英语对话能力
T（Time bound） 有时限性的	考核指标要有时限性，需要规定完成的时间	案例：能熟练进行商品介绍 问题：不可能进店第一天就能熟练进行介绍 正确方式：在试用期一个月结束后能够熟练介绍店内的每一件商品

课堂小实训 6-6

请根据绩效考核指标的设定原则指出以下指标的问题，并进行修改。

（1）做好顾客服务工作：________________

（2）送货积极，效果良好：________________

（3）不使用手机：________________

3．确定绩效考核指标权重及评分标准

绩效考核指标权重是某绩效考核指标在整体评价中的相对重要程度，通过权重值的高低可体现工作岗位的侧重点、考核重点及指标的指导性。指标权重的设计有很多种方法，如主观经验法、层次分析法、权值因子法等，但普遍遵循以下 4 个原则。

（1）以门店总体目标为导向，与公司目标实现关联度越强的指标，权重应当越大。

（2）对于影响总体目标达成的关键短板，希望重点改善或重点加强的指标，权重大些。

（3）每一个指标的权重一般在 5%～30%之间，并且为 5%的倍数。如果某个指标的权重太高，可能会使被考核人只关注这一个指标而忽视其他指标，而如果某个指标的权重过低，则不能引起被考核人的重视，被考核人很可能会直接放弃这个小分。

（4）无论用哪种方法确定指标权重，一定要保证各项指标权重的取值范围在 0 到 1 之间，且同一层级的所有考评指标权重总和为 1。

课堂小实训 6-7

绩效考核带来的麻烦

某品牌服装专卖店对其销售员实施绩效考核，其中确定的绩效考核指标有销售额、老顾客回头重复购买次数、新顾客数量、接待顾客数量、顾客投诉次数 5 个业绩指标，根本没考虑员工的品行指标，并且规定业绩指标占 100%，其中“销售额”指标权重为 40%，“老顾客回头重复购买次数”指标权重为 10%，“新顾客数量”指标权重为 25%，“接待顾客数量”指标权重为 15%，“顾客投诉次数”指标权重为 10%。销售员看到这种规定，开始琢磨起来，结果大家都对新顾客很热情而对回头的老顾客比较冷淡，甚至有销售员请亲戚朋友帮忙，冒充顾客到店里闲逛以提高自己接待顾客的数量。最后绩效考核结果出来了，经常迟到早退、日常工作表现最不好的小娟虽然销售额不高，但是凭借“新顾客数量”指标和“接待顾客数量”指标的超高得分，居然在所有销售员中排名第二。对此，大家都有些不服但又不知道如何反驳。

问题：

（1）案例中出现了怎样的麻烦？为什么会出现这样的麻烦呢？

（2）案例给了我们什么启示？

评分标准是在指标权重基础上的具体评分要求，评分标准的设定常用如下方法。

（1）层差法。

层差法是指将考核结果分为几个层次，实际执行结果落在哪个层次内，该层次所对应的分数即为考核的分数。

例如，期望的销售目标完成率是 80%以上，假设该项指标的权重为 15%，计分方式分为以下四种：

① 100%以上（包括 100%），得 15 分。

② 100%～90%之间（包括 90%），得 10 分。

③ 90%～80%之间（包括 80%），得 5 分。

④ 80%以下，得 0 分。

（2）减分法。

减分法是指针对标准分进行减扣而不进行加分的方法。当在考核过程中发现有异常情况时，就按照一定的标准扣分，如果没有异常则得到满分。

例如，对顾客服务态度恶劣或被顾客投诉，经确认属实，则每发现一次便扣 5 分。

（3）比率法。

比率法是指用指标的实际完成值除以计划值或标准值，计算出百分比，然后乘以指标的权重分数，得到该指标的实际考核分数。

计算公式：实际考核分数=$A \div B \times 100\% \times$相应的分数（$A$ 为实际完成值，B 为计划值或标准值）

例如，月销售目标完成率=实际销售金额÷计划销售金额

如果月销售目标完成率在月考核中占有 30%的权重，即 30 分，所得的分数为：月销售目标完成率×30。

4．形成绩效考核方案

在完成前面的步骤以后，就可以制订出整体的绩效考核方案了，包括考核目的、考核范围、考核周期、考核方式、考核流程和考核结果应用、绩效考核表（见表 6-9）等内容。

表 6-9 门店营业员岗位月度绩效考核表

被考核人姓名： 考核时间： 年 月 日 考核人签字： 总分：

序号	类别	考核内容	基本分	考核标准	考核人评	得分
1	关键业绩指标30%	完成本店月销售目标	20	20 分×达成百分比		
2		完成毛利率	5	5 分×达成百分比		
3		达成报耗率在规定指标之内	5	高于指标自赔，并且不得分		
4	重点工作项目50%	接待顾客做到迎客与送客，举止文明，并能在本柜台不看说明书的情况下正确介绍商品性能、用途、用法、用量、禁忌和注意事项	8	介绍商品用途错误导致顾客投诉 1 次扣 10 分，不热情接待 1 次扣 2 分，看说明介绍 1 次扣 1 分，如有禁忌和注意事项没说明 1 次扣 5 分		
5		及时记录负责区域内的商品在陈列过程中的养护管理，做到账实相符，发现质量问题及时报告质量管理员并记录，不弄虚作假，对商品陈列要及时丰满	7	盘点中账实不符每个品种扣 1 分，有质量问题未及时上报 1 次扣 4 分，如上报未登记 1 次扣 3 分，陈列不丰满 1 次扣 2 分		
6		负责对陈列的商品按要求分类摆放，做到清洁整齐，对效期不足 12 个月的品种，必须将品名、数量、有效期等逐一登记并及时上报部门经理	6	没有按要求摆放查出 1 次扣 2 分，货架商品不整齐清洁 1 次扣 1 分，效期商品上报不完整扣 2 分		
7		及时上报负责区域内的订货计划，由负责人及时向门店业务部门传递商品信息，到货后及时通知顾客购买	5	未填写订货计划而缺货 1 次扣 2 分，货架有 1 个品种缺货扣 1 分，没有传递商品信息 1 次扣 1 分		
8		顾客要退换货时，态度要好，要检查商品是否合格及是否本店出售的	5	发生退换货时态度强硬扣 2 分，如没有检查该商品就直接退换货 1 次扣 3 分		

续表

<table>
<tr><th>序号</th><th>类别</th><th>考核内容</th><th>基本分</th><th colspan="5">考核标准</th><th>考核人评</th><th>得分</th></tr>
<tr><td>8</td><td rowspan="3">重点工作项目50%</td><td>按标准要求，完成本岗位职责和工作流程，并且要全力以赴配合质检部门内部自查和上级部门的日常检查工作</td><td>5</td><td colspan="5">在质检部门按标准进行自查或上级部门日常检查中，发现本岗位不符合标准中带星条款的任一条款扣5分，在整改期内不符合一般条款的任一条款扣2分</td><td></td><td></td></tr>
<tr><td>9</td><td>积极完成各项促销任务，尤其是效期商品和店内重点促销商品</td><td>10</td><td colspan="5">10分×达成百分比</td><td></td><td></td></tr>
<tr><td>10</td><td>保持店内、店外的清洁，每日清扫，并监督音乐播放是否流畅</td><td>4</td><td colspan="5">未打扫1次扣2分，如音乐停止1次超过3分钟扣1分</td><td></td><td></td></tr>
<tr><td rowspan="2">11</td><td rowspan="4">工作态度20%</td><td rowspan="2">始终保持积极的工作状态，以身作则，遵守规章制度，与时俱进</td><td rowspan="2">5</td><td>优</td><td>良</td><td>中</td><td>尚可</td><td>差</td><td rowspan="2"></td><td rowspan="2"></td></tr>
<tr><td>5</td><td>4</td><td>3</td><td>1</td><td>0</td></tr>
<tr><td>12</td><td>有效沟通和良好的上下级关系</td><td>5</td><td>5</td><td>4</td><td>3</td><td>1</td><td>0</td><td></td><td></td></tr>
<tr><td>13</td><td>6S工作管理：整理、整顿、清扫、清洁、素养、安全</td><td>10</td><td colspan="5">本岗位中未达到6S中任何一项标准，每项扣2分</td><td></td><td></td></tr>
<tr><td colspan="11">绩效考核面谈记录</td></tr>
<tr><td colspan="2">考核面谈时间</td><td colspan="2">年　月　日</td><td colspan="3">考核人签字：</td><td colspan="4">被考核人签字：</td></tr>
<tr><td colspan="2">面谈目的及纪要</td><td colspan="9"></td></tr>
<tr><td colspan="2">面谈结果评估</td><td colspan="9">A．面谈效果很好，完全达到预期目的　B．面谈效果较好，基本达到预期目的
C．面谈效果一般，部分达到预期目的　D．面谈效果差，基本没有达到预期目的</td></tr>
</table>

知识链接

门店绩效考核方案（参考范例）

一、考核目的

二、考核范围

三、考核周期

四、考核方式

五、考核流程

六、考核结果应用

七、附则

附表《××岗位月度绩效考核表》

×××店

×年×月×日

请扫描右侧二维码查阅详细的门店绩效考核方案（参考范例）。

（二）绩效考核方案实施

实施绩效考核方案的过程中有以下几点注意事项。

（1）第一次推行绩效考核方案之前需要试运行。无论前期方案做得多么完美、准备工作做得多么充足，在推行过程中还会发生很多问题。通过试运行既能够保证制度方案的权威性，又能够让问题及时得到解决，可以及时调整方案。试运行时间可以是一个月或三个月，最长不超过半年。

（2）要对绩效考核的目的和意义进行培训。组织被考核人员进行培训，在培训过程中要明确绩效考核的目的和意义，消除实施过程中的误解。

（3）在考核前期需每天通报数据，并每周召开总结会进行过程总结，实时关注每名员工的数据达成情况、考核奖金实得情况，最好能做到每天或每周通报。

（三）绩效考核结果应用

绩效考核不是为了单纯的考核，只有将考核和结果应用相结合才更有价值。绩效考核的结果主要应用于绩效奖惩和绩效改进两个方面。

绩效奖惩是指根据绩效考核的结果进行管理决策，如招聘、晋升、培训与开发、薪酬调整等，它包括绩效奖励和绩效惩罚两个方面。绩效奖励一般包括参与绩效奖金分配、参评优秀员工、获得职务晋升、获得涨薪或培训资格等，绩效惩罚一般包括降低薪资待遇、降低职务、扣除绩效奖金、末位淘汰等。

绩效改进是指通过分析绩效考核结果，诊断员工存在的绩效问题，找到产生绩效问题的原因，制订绩效改进计划以提高员工的工作绩效。

（四）绩效反馈

绩效反馈是指结合绩效考核结果与员工进行绩效面谈，共同探讨绩效考核中出现的问题和原因，制订绩效改进计划，形成最终的绩效合约。

（1）回顾考核指标和标准，分析绩效差距。主要采用以下方法。

① 目标比较法：是指将考评期内员工的实际工作表现与绩效计划的目标进行对比，寻求工作绩效的差距和不足的方法。

② 水平比较法：是指将考评期内员工的实际业绩与上一期的工作业绩进行比较，衡量和比较其进步或差距的方法。

③ 横向比较法：是指在各部门或单位内，员工间进行横向比较的方法。

（2）客观评价员工的工作表现及能力，肯定优秀之处，指出不足之处。

（3）倾听并讨论员工表现不足的原因，提供改进建议。

① 个人体力条件：性别、年龄、智力、能力、经验、阅历。

② 心理条件：个性、态度、兴趣、动机、价值观、认识论。

③ 企业外部环境：资源、市场、客户、对手、机遇、挑战。

④ 企业内部环境：资源、组织、文化、人力资源制度。

（4）探讨员工发展计划，鼓励员工持续进步，共同探讨下一周期的绩效目标。

在进行绩效反馈时应该注意遵循多问少讲、对事不对人、着眼未来的原则，使员工感受到真诚，实现有效沟通。

（五）绩效改进

在绩效改进过程中需要根据改进计划对员工进行提醒和督促，帮助员工朝着目标持续努力。

（1）对个人的改进计划需要持续观察和定期验证改进效果。通过绩效面谈、分析不足而共同制订的改进计划，如果没有跟踪检查，很容易沦为形式。因此在制订改进计划时要有阶段性目标，在每个阶段及时进行检查，一方面让员工感受到被重视，另一方面也可以提高计划达成率。对于考核结果差、改进不明显的员工，可以选择调整到另一个岗位上再观察。对于之前表现较好，但某一阶段表现差的员工，应该及时了解其生活和工作情况。如发现问题，则给予能力范围内的最大帮助。

（2）对于绩效考核中普遍出现的问题，要及时组织集中沟通或培训，以做出整体改进。

【项目实训】

活动 1：全班同学自行分组，每 4～6 人为一组。选择一家连锁门店，对门店的组织结构、岗位设置和人员配备情况进行调查。

活动要求：每组提交调查报告一份，报告应对该门店的人事结构和人员配置的状况进行分析和评价，报告中需绘制出该门店的岗位设置图。

活动 2：假如你是一家即将开业的便利店的店长，现在由你来负责招聘公司新员工。请根据所学内容，为门店设计新员工招聘广告和制订新员工培训计划。

活动 3：请到附近的餐厅、超市等门店进行绩效考核方面的调查，完成以下两个任务。

（1）调查其是否有绩效考核。如有，请收集员工绩效考核的关键指标，并填写绩效考核调查表（见表 6-10）。

表 6-10　绩效考核调查表

序号	门 店 类 型	有无绩效考核	关键绩效指标
1			
2			
3			
4			
5			
…			

（2）收集员工对绩效考核的意见，尝试思考改进措施，并填写绩效考核意见表（见表 6-11）。

表 6-11　绩效考核意见表

序号	绩效考核意见	改 进 措 施
1		
2		
3		
…		

【项目检测】

一、单选题

1.（　　）方法简单，成本较低，但主观性强。主要根据决策者对某项工作和承担者资格的理解，在分析应聘者所有资料的基础上，凭主观印象做出决策。

A．诊断法　　B．统计法　　C．评价法　　D．调查法

2.（　　）是指对招聘中的费用进行调查、核实，并对照预算进行评价的过程。

A．成本效益评估　　B．录用人员评估　　C．数量评估　　D．质量评估

3.（　　）目的是教育新进员工按照确定的工作流程、规则、习惯及工作方法等标准程序去操作，让他们可以尽快融入公司这个大家庭。

A．店助人员培训　　B．指导培训　　C．迎新培训　　D．主管培训

4.（　　）不属于门店员工培训的常用方法。

A．岗位训练法　　B．课堂教授法

C．讨论法　　D．门店与学校合作培训

5.（　　）以实际发生的案例为素材，分析背景、原因、发生过程，做出诊断，找出理论依据或研究解决办法。

A．模拟训练法　　B．个案研究法　　C．行为示范法　　D．讨论法

6.（　　）是整个绩效考核过程的重点，对考核的其他阶段具有指导作用。

A．绩效方法　　B．绩效指标　　C．绩效考核方案　　D．绩效改进

7.（　　）是确保考核指标和标准具有客观性和公正性的关键。

A．岗位分析　　B．岗位基本信息　　C．任职条件　　D．权利与责任

8.（　　）是指用指标的实际完成值除以计划值或标准值，计算出百分比，然后乘以指标的权重分数，得到该指标的实际考核分数。

A．层差法　　B．说明法　　C．减分法　　D．比率法

9．根据绩效考核结果使员工参与绩效奖金分配、参评优秀员工、获得职务晋升、获得涨薪或培训资格等属于（　　）。

A．绩效改进　　B．绩效奖励　　C．绩效惩罚　　D．绩效反馈

10．对员工出勤率的考核属于（　　）的考核。

A．工作能力　　B．工作方式　　C．工作过程　　D．工作结果

二、多选题

1．招聘广告的内容主要包括（　　）。

A．单位情况简介　　B．岗位工作描述　　C．岗位任职资格

D．应聘的联系方式　　E．应聘者的准备工作

2．面试可分为（　　）。

A．结构化面试　　B．非结构化面试　　C．半结构化面试

D．诊断面试　　E．评价面试

3．以下需要做背景调查的应聘者有（　　）。
A．收银员　　B．会计　　C．运营总监
D．销售总监　　E．出纳
4．绩效考核的内容一般包括（　　）。
A．工作能力　　B．工作过程　　C．工作结果
D．工作专心程度
5．（　　）属于结果导向型的绩效考核方法。
A．业绩评定表法　　B．目标管理法　　C．关键绩效指标法
D．360 度绩效考核法
6．制订绩效考核方案包括以下哪些环节？（　　）
A．进行岗位分析
B．确定绩效考核指标
C．确定绩效考核指标权重和评分标准
D．制作绩效考核表
E．绩效反馈
7．（　　）属于绩效考核结果应用。
A．连续两个月评为“不合格”的，降一级技能工资
B．连续 3 个月个人综合评分达到 95 分以上的，可申请进行工资级别调升
C．分析员工绩效不合格的原因
D．帮助员工制订绩效改进计划
8．进行绩效面谈时需要注意（　　）。
A．对事不对人，客观评价员工表现
B．要倾听员工自我评价及绩效差距原因
C．以提升为目的，着眼员工未来发展
D．沟通的中心放在我们，而不是你

三、简答题

1．简历中的“危险”信号一般有哪些方面？
2．门店员工培训的常用方法有哪些？
3．绩效考核的内容包含哪三个方面？
4．绩效考核的流程是怎样的？
5．绩效考核方案包括哪几部分？

四、案例分析题

1．案例一

以下是顾客跟一家环境幽雅、高格调的西餐厅服务员的对话。
顾客：焗意大利粉里面的卡彭是什么？
服务员：这个……我不是很清楚……（尴尬地笑）
顾客：羊排好不好吃？
服务员：我个人不是很喜欢，因为我之前吃过羊肉，觉得很腥。

顾客：可我们在北京的时候常吃烤羊肉，很喜欢。所以，还是给我们来一份羊排吧！

服务员：好的。那请问您需要什么汁？

顾客：有什么汁？有没有蜜汁？

服务员：蜜汁？蜜汁是怎样的？

顾客：甜甜的啊！

服务员：我们有茄汁、黑椒汁……但不知道有没有蜜汁，我先去问问吧！

顾客：好的。（服务员去了厨房，过了一会儿回来了）

服务员：不好意思！我们没有蜜汁。那请问您想要什么汁呢？

顾客：那到底有什么汁？

服务员：（写了一张纸条递给顾客看，上面写着：茄汁、黑椒汁、烧汁、红酒汁）我们就这几种汁了，您是想要哪一种呢？

顾客：那烧汁是怎样的？甜的吗？

服务员：这个我也不是很清楚，我再去问一下吧！（又去了厨房，五分钟以后回来了）

服务员：我问过了，这个烧汁是不甜的。

顾客：（很失望）好吧！那我要茄汁吧！

结合案例，请回答：

（1）你看完这段对话以后有什么感受？

（2）你觉得员工培训有必要吗？

（3）作为一家餐厅负责人，你觉得服务员应该接受哪些培训？

2．案例二

老王开了一家家具卖场，聘请了二十多个销售员。老王很不屑于绩效考核，他认为人与人之间是依靠感情来维系的，绩效考核是冷冰冰的数据，把人与人之间的距离拉远了，不利于团队良好的氛围。他通过自己的观察，不定期对表现好的员工进行表扬，并根据当时的心情进行物质奖励，对表现不好的员工进行公开批评。对于业绩下滑的员工他会找机会谈话，好言好语进行鼓励。但一段时间后老王发现员工离职率一直居高不下，他总是要不停地招聘销售员，而在职的销售员士气也不高涨。

结合案例，请完成下列事项：

（1）试从绩效考核的意义方面分析老王目前的困境。

（2）帮助老王设立一套绩效考核方案。

【项目导航】

请回顾本项目的任务知识点，并扫描右侧二维码，填写思维导图。

【项目评价】

教师组织学生填写任务完成情况评价要素表（见表 6-12），对本次实训过程中学生的完成情况进行综合评估。

表 6-12　任务完成情况评价要素表

组别：　　　　　　　　　　　　　　　学生姓名：

序号	考核点	分值（100 分）	得分	累计积分账户
小组评价		共 20 分		
1	态度与纪律	4		
2	出勤情况	4		
3	参与活动时与人沟通的能力	4		
4	参与讨论的积极性	4		
5	团队合作的表现	4		
本人评价		共 40 分		
6	能以思维导图的形式总结门店员工招聘的实施过程	3		
7	能设计招聘广告	3		
8	能概括门店培训内容、方法与流程	4		
9	能复述绩效考核的意义	3		
10	能用流程图总结绩效考核的流程	3		
11	能区分绩效考核的方法	4		
12	能模拟情景，运用所学的简历筛选与笔试、面试技巧知识开展一次招聘甄选活动	6		
13	能设计培训计划并予以执行	3		
14	能尝试设定绩效考核指标和具体考核标准	3		
15	能制订一份完整的绩效考核方案	8		
教师评价		共 40 分		
16	对人事管理知识的掌握	20		
17	对人事管理技能的掌握	20		
本次实训分数小计				

累计积分账户说明：90～100 分积 5 分，80～89 分积 4 分，70～79 分积 3 分，60～69 分积 2 分，60 分以下积 1 分。

项目七　财务管理

项目描述

门店的财务管理涵盖了收受现金、开具票据、刷信用卡、开立发票、收银作业等，门店店长及员工必须了解一定的财务基础知识。门店想在残酷的市场竞争中立于不败之地，最好的办法就是在提高收入的同时降低成本费用，也就是所谓的开源节流。

本项目共有两个任务，主要介绍收入与利润管理和成本与费用管理的基本内容，旨在帮助学生学习如何做好门店的财务管理工作。

项目目标

知 识 目 标	技 能 目 标
（1）能解释客单数与客单价的含义。 （2）能概述提高利润的方法。 （3）能复述成本和费用的含义。 （4）能概述成本费用的控制管理方法	（1）能够运用客单数与客单价提高门店销售额。 （2）能为门店做好经营过程中的成本费用控制。 （3）会运用所学的知识甄别门店经营的各项开支，并灵活运用成本费用管理方法控制成本

任务 20　收入与利润管理

【工作情景图】

工作情景图如图 7-1 所示。

图 7-1　工作情景图

任务情景

大学毕业的小赵凭借在服装行业打工多年的经验，和朋友小龚创办了一家服装店。营业的首月，小赵就遇到了大困扰，生意明明很好，为什么却没有利润？到底收入和利润应该怎样计算？小赵陷入了沉思……

一、门店销售收入的确定

销售收入又称销售额，取决于商品销售数量与平均售价。门店内商品只有被顾客购买并支付了货款，才能确认为销售收入。

门店的销售收入公式如下：

销售收入=客单价×客单数（成交笔数）

为更好地理解销售收入及接下来的有关内容，下面介绍一些相关概念。

（一）客单价

客单价是指在一定时期内，每位顾客消费的平均价格，或者每位顾客平均购买商品的金额。它不仅取决于顾客当次购买商品的数量，也与当次购买的平均商品单价相关。

客单价公式如下：

客单价=顾客购买商品数×平均商品单价

（二）顾客、消费者、交易比例

顾客并不完全等同于消费者，只有实现销售行为的顾客才是消费者。光顾门店的顾客成为消费者的比例称为交易比例。

（三）来客数、目标顾客、进店率

来客数又称顾客数或客流量，是指光顾门店的顾客总数。目标顾客的进店率决定了来客数。目标顾客是指对门店有一定的认知度、愿意并且可能到门店消费的顾客群。进店率包括两层含义：一是将潜在消费意愿转换成消费行为的目标顾客比例，二是目标顾客的回头率。

来客数公式如下：

来客数=目标顾客×进店率

课堂小实训 7-1

某服装店对 7 月来访顾客做了相关统计。来访顾客共 1800 人，其中 600 人购买了商品，平均每位顾客购买商品的金额为 300 元。请计算该服装店 7 月的销售收入额是多少？

二、利润

商品销售业绩的最终衡量标准不是销售额，而是利润。一个零售企业可能因销售很好而周转不错，但这不是目的，利润最大化才是最终目标。利润标准一般有以下三种。

（一）毛利润

毛利润等于销售净额减去所售商品成本。如果除能够直接追溯到该商品上的成本外没有其他费用，那么这是一个很好的标准。但是，有时候情况并不如此，如不可以直接将所有广告和销售费用与某一商品线联系起来。

（二）贡献毛益

贡献毛益是销售净额减去所售商品成本和所有可直接追溯到该商品上的费用之后的余

额。广告费用等是可以直接与某一商品线联系起来的。

（三）营业利润

营业利润是销售净额减去所售商品成本、直接费用、所有间接费用的分摊额。这种方法只能在能够合理分摊间接费用的情况下使用。

在以上三种衡量标准中，企业常用的是毛利润。其原因有两个：第一，这个数字是最精确的，因为销售额和所售商品成本都是由商品线或商品项目直接计算出来的，这是毛利润法相对于贡献毛益法和营业利润法的一个显著优点。第二，许多行业协会定期公布商品线的毛利率数据，使企业可以将自己的业绩与其他企业进行比较。若是个人开的门店，使用营业利润法较为简单和方便。

因此，利润的形成可以表示如下：

营业利润=营业收入-营业成本-营业税金及附加-销售费用-管理费用-财务费用+投资收益

利润总额=营业利润+营业外收入-营业外支出

净利润=利润总额-所得税费用

其中，营业收入是指企业销售商品和提供劳务实现的收入，如服装店因卖衣服而取得的收入就是营业收入。营业外收入是指企业非日常生产经营活动形成的、应当计入当期损益、会导致所有者权益增加、与所有者投入资本无关的经济利益的净流入。简单来说，营业外收入就是与门店日常经营活动无关的业务所产生的收入，如违约金收益等。

营业成本和营业外支出也是同样的关系。

课堂小实训 7-2

某便利店 2004 年的营业收入为 60 万元，营业成本为 30 万元，销售费用为 5 万元，投资收益为 20 万元，管理费用为 15 万元，无财务费用，营业税金及附加为 10 万元，请计算该便利店 2004 年的营业利润是多少？

三、提高利润的方法

利润是门店生存和发展的基础。那么如何提高门店的利润呢？简单地说就是开源节流，即增加销售额和控制经营开支。从门店经营的角度讲，做好以下几方面工作，就能促进门店利润的提高。

（一）增加销售额

1．结合商圈特点，实施定向突破

门店经营业绩受所在商圈的大环境影响，门店的各种经营活动开展都须以商圈的特性为依托。基于对商圈的了解来制订门店的经营策略，可精确定位顾客，采取针对性措施，最大限度挖掘门店潜力。

一般而言，在核心商圈、次级商圈和边缘商圈中，核心商圈是门店经营的前沿阵地，是必须尽力争取的核心地带。

在制订经营策略时，应首先了解门店周边业态状况，是居民区、工业区、商业区还是综

合区？然后结合该区域人口数量、年龄结构、消费能力、竞争对手等情况，决定门店的经营特色、经营品类、发展方向与实施战略，以与顾客的消费需求相吻合，实现收益最大化。

2. 增加来客数

（1）流动人潮的提升。流动人潮和门店地理位置有相当大的关系。另外，通过举办各种促销活动可以增加流动人潮，同时促销活动能够激发顾客进店的欲望，对进店率的提升也有很大帮助。

（2）进店率的提升。除举办促销活动提升进店率外，将流动人潮诱导入店也是很重要的手段，采用的方法有店铺橱窗的美化、重点商品的促销，以及POP广告、吊牌、彩旗的布置等。

（3）交易比例的提升。这与商品的陈列、价格及购物气氛相关。展示活动能够刺激顾客冲动性购买。另外，切不可忽略服务的重要性，店员亲切的服务态度及适时专业地回答顾客的各种询问也可提高交易比例。

3. 提高客单价

由公式“客单价=顾客购买商品数×平均商品单价”可以看出，诱使顾客提高购买商品数和购买单价较高的商品成为提高客单价的两个关键因素。

如何提高顾客购买商品数？除依靠促销活动外，将相关性的商品陈列在一起，使顾客在购买某一商品时顺便购买相关商品。齐全的商品让门店所设定的目标顾客能一次购足。

如何吸引顾客购买单价较高的商品呢？第一个方法是加大包装，吸引顾客购买单价较高的新包装商品。第二个方法是附加价值，即对于高单价商品，提供赠品、活动参与数、包装、免费送达等仅一部分人可享有的附加价值，可提高顾客购买高单价商品的兴趣。

（二）增加毛利润品种销售额

1. 深入挖掘重点单品潜力

重视黄金单品的打造。通过对其深度挖掘，让店员全面了解其特性，以增加销量，使该商品成为门店销售中的中坚力量，从而带动其他类别商品的销售及增加门店毛利润。

2. 优化品类结构，理顺运营思路

（1）建立适合于市场的品类结构。清晰的品类结构，一方面能够使商品管理变得简单，增加在库商品的动销率，减少库存压力；另一方面有助于降低耗损，提升门店的整体利润。

（2）营销政策向自营品种倾斜。围绕自营品种，确定日常销售方案，纳入大型促销活动，进行店内气氛营造，持续对店员开展专业培训等，这些措施有利于集中优势力量，提振销量。

（三）控制无谓利润损失

1. 建立价格管理机制，避免毛利润损失

（1）加强市场管理。门店应将市场调查日常化，对主要竞争对手开展服务、品类、价格等方面调查，依据调查结果，调整经营策略，避免因疏于这方面的工作而造成客源流失和毛利损失。另外应密切关注市场价格动态，随行情走势，做出正确决策。

（2）管理好折扣权限。对于非折扣日打折，须经授权后方可执行，杜绝员工自行折扣。

（3）建立门店价格调整流程。门店需要调整商品价格时，须填写价格调整申请表，经审核后，方可执行新的价格。

2．加强内部管理，实行标准化操作

（1）管理好营业外收入。门店废旧纸皮的销售、加工费等其他费用应纳入门店财务管理。杜绝扔弃纸皮和私吞门店运营外收入。

（2）管理好门店赠品。门店赠品视同商品，应指定责任人，建立赠品发放台账，确保账货相符。员工不得私自领取、冒名领取门店各种赠品。如发现此种情况，将按照有关规定处理。

（3）管理好会员积分及代金券。门店应杜绝收银员利用职务便利，给自己及家人会员卡积分，再通过积分兑礼，换取赠品，侵占公司财产的行为。门店还应加强对代金券的管理，切实按要求发放和使用代金券，避免代金券的滥发滥用，给公司利润造成损失。

微课学 7-1

请观看微课——提升利润的方法（扫描右侧二维码），然后把学习要点记录下来！

[微课：提升利润的方法]

任务 21　成本与费用管理

【工作情景图】

工作情景图如图 7-2 所示。

图 7-2　工作情景图

任务情景

小杨是日日鲜果店的店长，他最近一直在思考门店成本与费用给门店发展所带来的问题——如何提高门店的利润水平？面对这个问题，小杨刚开始时将问题的焦点放在了市场、商圈等因素上。但近期由于天气炎热，不少水果很快就腐烂了，店内水果损耗加大，于是，他转移了问题焦点，开始思考如何利用门店有限的各种资源，减少浪费，强化内部管理，降低门店运营成本……

一个门店想在竞争激烈的市场中立于不败之地，最有效的方法是在提高收入的同时将成本降到最低，即开源节流。只有将这方面工作做好，才能实现门店利润最大化。

一、认识成本与费用

门店成本是指对象化了的产品或劳务的费用，即已归属于受益对象（劳务或产品）的费用。一般情况下，可将成本分为营业成本和费用两部分。营业成本也称直接成本，通常是指门店为社会提供商品及各项服务而进行的业务经营过程所发生的各种直接支出与耗费。

费用也称间接成本，是指不属于产品的直接支出，而必须用其他方法分摊的费用。按企业会计准则，费用即在生产经营过程中发生的各项耗费。门店经营中常见的费用如表 7-1 所示。

表 7-1　门店经营中常见的费用

常见的费用	具 体 项 目
销售费用	销售费用是指企业在销售商品或提供劳务过程中发生的各种费用，包括销售人员的薪酬、商品维修费、运输费、装卸费、包装费、保险费、广告费和业务宣传费、展览费等费用。 商品流通企业（批发、零售企业）在购买商品过程中发生的费用，包括运输费、装卸费、包装费、保险费、运输途中的合理损耗和入库前的挑选整理费等，也属于销售费用
管理费用	管理费用是指企业为组织和管理生产经营发生的其他费用，包括企业在筹建期间内发生的开办费、行政管理部门发生的费用（包括固定资产折旧费、修理费、办公费、水电费、差旅费、管理人员的薪酬等）、业务招待费、研究费、技术转让费、相关长期待摊费用摊销、财产保险费、聘请中介机构费、咨询费（含顾问费）、诉讼费等费用
财务费用	财务费用是指企业为筹集生产经营所需资金发生的筹资费用，包括利息费用（减利息收入）、汇兑损失及相关的手续费、企业发生的现金折扣或享受的现金折扣等费用
注意：门店在筹建期间、清算期间所发生的费用，只能分别列入筹建期间的开办费用或清算费用，而不能记入财务费用	

课堂小实训 7-3

请选择学校附近任一商店进行成本与费用管理情况调查，并对该商店的费用进行分类。

如果不是专业记账，这些费用也就没有必要逐项区分开来。在计算利润时，把它们作为期间费用统一扣除，并在下面列明每一项具体费用。同时，可以根据自己的实际情况，制订相应的利润表。

利润表是一种比较报表，为了清楚地反映各项指标的报告期初数及从年初到报告期为止的累计数，在利润表中一般分设“本年累计金额”和“本月金额”两栏。下面通过案例进行说明。

小刘、小梁、小黄三人合伙开了一家名为万人秀的服装店。开业 1 个月后，他们发现虽然顾客很多，销量也不错，但却是亏损的。他们根据开业 1 个月的数据（见表 7-2），制作了一个利润表（见表7-3）。

表7-2　万人秀服装店开业1个月的数据

类　目	金额（元）	类　目	金额（元）
现金收入	226 000.00	计算机折旧	75.00
赊销收入	13 000.00	收银设备折旧	225.00
自用费用	7000.00	开业费用	16 000.00
营业成本	152 000.00	工资费用	35 000.00
税金及附加	800	水费	300.00
转让费摊销	3000.00	电费	1100.00
装修费用摊销	1400.00	物业管理费	500.00
道具	17 250.00	利息费用	1000.00
其他用品	8000.00	店租	30 000.00

表7-3　万人秀服装店利润表

项　目	具 体 内 容	本年累计金额（元）	本月金额（元）
一、营业收入		246 000.00	246 000.00
	1．现金收入	226 000.00	226 000.00
	2．赊账收入	13 000.00	13 000.00
	3．自用费用	7000.00	7000.00
减：营业成本		152 000.00	152 000.00
二、毛利润		94 000.00	94 000.00
减：税金及附加		800.00	800.00
减：期间费用		113 850.00	113 850.00
	1．店租	30 000.00	30 000.00
	2．转让费摊销	3000.00	3000.00
	3．装修费用摊销	1400.00	1400.00
	4．道具	17 250.00	17 250.00
	5．其他用品	8000.00	8000.00
	6．计算机折旧	75.00	75.00
	7．收银设备折旧	225.00	225.00
	8．开业费用	16 000.00	16 000.00
	9．工资费用	35 000.00	35 000.00
	10．水费	300.00	300.00
	11．电费	1100.00	1100.00
	12．物业管理费	500.00	500.00
	13．利息费用	1000.00	1000.00

续表

项　目	具 体 内 容	本年累计金额（元）	本月金额（元）
三、营业利润（亏损以“-”号填列）		-20 650.00	-20 650.00
加：营业外收入			
减：营业外支出			
四、利润总额（亏损以“-”号填列）		-20 650.00	-20 650.00
五、净利润（亏损以“-”号填列）		-20 650.00	-20 650.00

二、门店成本控制的基本原则

（一）责权利相结合原则

成本控制需要严格按照经济责任制的要求，贯彻责权利相结合的原则，才能使成本控制发挥真正的效益；成本控制需要明确经济责任，并赋予责任者相应的实施成本控制权力；成本控制需要明确责权利的关系，调动责任者在成本控制中的积极性和主动性。

（二）例外管理的原则

由于门店发生的实际费用常常与预算有差异，所以在进行成本控制时需要重点关注费用超乎寻常的情况。如果差异不大，则没必要一一查明原因，只需关注非正常的例外事项，并做好及时反馈。

（三）经济效益的原则

提高经济效益不仅仅依靠降低成本的绝对数，而且依靠实现相对节约，取得最佳经济效益，以较少的消耗取得更多的成果。

（四）全面介入的原则

全面介入就是要对成本进行全员、全过程、全部控制。全员控制是指让店内所有员工都建立成本意识，参与成本控制，认识成本控制的重要意义，全员行动。全过程控制是指对经营的整个过程进行控制，并将控制的成果写在有关报表上，从而发现缺点和问题。

三、门店成本费用的控制管理方法

成本费用控制是门店按照成本费用管理制度和预算要求，对门店成本费用进行预测、决策、预算、核算、监督、考核和分析等工作的总称。在运营中，有效控制各项费用是非常重要的，尤其是人力成本，当然其他费用控制如水电、包装费等也不容忽视。

（一）人力成本控制

人力成本是指为取得和开发人力资源而产生的费用支出，包括人力资源取得成本、开发成本、使用成本和离职成本。如何加强对人力资源成本的控制，成为门店财务管理的一个新课题。人力成本控制管理内容如表 7-4 所示。

表 7-4　人力成本控制管理内容

人力成本控制类型	具体管理内容
人力资源取得成本控制	（1）门店可以采取转包、内部提拔和内部调用等方式满足店内应急需求； （2）及时向社会公开招聘综合素质更高的员工，以利于培训及提升工作质量，减少因员工流失导致工作效率低下、招聘成本和培训成本增加等一系列问题； （3）制订合理的晋升和淘汰机制，优化人才结构
人力资源开发成本控制	（1）建立符合门店实际情况的培训体系，加强员工培训，提升员工工作效率； （2）制订有针对性的培训计划，使员工快速成长，形成生产力
人力资源使用成本控制	（1）优化组织结构，精兵简政； （2）调整薪酬制度，使工资的杠杆倾向于有能力的员工，如增加工资浮动比例、降低固定工资比例、对月度绩效考核优秀者给予奖励
人力资源离职成本控制	规范员工入职、离职管理工作，降低门店的用工风险成本

课堂小实训 7-4

职工薪酬是指企业为获得职工提供的服务或解除劳动关系而给予的各种形式的报酬或补偿，包括短期薪酬、离职后福利、辞退福利和其他长期职工福利。短期薪酬是指企业在职工提供相关服务的年度报告期结束后 12 个月内需要全部支付的职工薪酬，因解除与职工的劳动关系而给予的补偿除外。短期薪酬具体包括职工工资、奖金、津贴和补贴、职工福利费、医疗保险费、工伤保险费和生育保险费等社会保险费、住房公积金、工会经费和职工教育经费、短期带薪假期、短期利润分享计划、非货币性福利以及其他短期薪酬。

问：上述所提及的职工薪酬属于人力成本哪一类的内容？

（二）采购成本控制

（1）建立、完善严格的采购制度和程序，做好采购成本控制的基础工作，使采购工作有章可依。

（2）运用降低商品成本的方法和手段。

（3）灵活运用付款条款的选择降低采购成本。

课堂小实训 7-5

A 公司是婴儿食品行业中排名靠前的大企业，过去在采购方面都要花费将近 3 亿美元，由于 A 公司处于高利润的行业，因此对采购成本控制并不在意。然而，近几年经济逐渐回调，市场增长速度开始减慢，A 公司的管理层终于意识到需要花费更大的力气以保住更大的利润。于是从今年年初开始，该公司聘请了有关专家为公司制订了一套电子采购策略，通过集中购买和消除大量的企业行政管理费来节省公司开支，但最后发现收效甚微。

于是，该公司的管理层对各部门的采购环节都进行了严格的审查与分析，最后发现该公司在制作包装盒时，使用的纸材比竞争对手的纸材更厚而且更贵。此外，公司还发现，使用铁罐包装的商品在上色过程中，整个流程需要四道工序，而实际上一道工序也能满足销售要求。经过一番商议，公司管理层决定对其他可能影响到采购成本的因素（如商品原料、包装与运输等方面）重新进行地区调整，缩减采购成本。

思考：案例中 A 公司一开始在成本与费用管理上存在什么问题？随后，又如何解决这一问题？

（三）水电费、杂费等控制

作为门店管理者，在日常的门店管理中要加强对店员的培训与指导，增强店员的节约意识，为门店节约一分一毫。具体的水电费、杂费控制管理内容如表 7-5 所示。

表 7-5　水电费、杂费控制管理内容

项　目	具体管理内容
基本要求	员工下班后必须关闭各项电源，如照明、空调、计算机等；门店员工下班时需检查带电设备及演示商品的电源是否已关闭
照明	白天减少不必要的照明，进出仓库等地方要随手关灯
计算机、空调等设备	长时间离开办公室应及时关闭计算机显示器，下班时必须关闭计算机电源； 夏天空调温度尽量调到 26 度； 制订货梯相关制度，禁止员工空手乘货梯
用水	水龙头旁放置“节约用水”提示牌，以便提醒员工； 下班后应关闭热水器电源； 停用场外部分水龙头，防止长流水现象
其他	水电费属进项税额可予抵扣的项目，如为增值税一般纳税人，店长应安排相关人员每月及时到电力局、自来水公司开具发票，以免税额未抵而多交增值税； 集中采购办公用品，以节约杂费

（四）促销费用控制

促销费用是非常重要的可控费用，一般包括广告、赠品、礼金券及工具等花费的相关费用，在促销方面，应尽量做到精打细算，力求用最少的促销成本达到最佳的促销效果。

（1）做好促销成本预算。促销的最终目的是提高销量或提升品牌知名度，所以要充分考虑成本与预期收益的问题。

（2）想方设法降低各项促销开支。例如，销售人员可以一次性选购庞大的礼品，然后逐次使用，或者销售人员在展板、POP、宣传资料等方面多下功夫，做到既节省促销开支又不影响促销成效。

（3）严格控制预算外的费用发生。店长在组织有关人员策划促销方案时，要有财务人员参与，并让财务人员及时了解促销费用的开支进度，确定合理的支出额度，避免超额。

（4）对各项促销开支列出明细表，使促销活动的所有成本都纳入门店的有效控制范围内。

课堂小实训 7-6

晓丽是某啤酒公司的地区负责人，正在为一些无法解决的市场费用问题而苦恼。在中秋、国庆双节时，她向公司申请做了一次促销活动，虽然达成了目标，但是促销费用比预算超出许多，去找老总批准追加费用时被退了回来。她陷入了进退两难的困境。

这种情况在现实中很常见。由于当初的预算与实际情况之间出现了较大的偏差，尽管达到预期目标但却无法弥补超支费用。其根本原因是事先对促销方案没有做好充分论证，甚至是不假思索就匆忙确定了方案。所以尽管方案批下来了，但却面临追加经费的窘境。

为了避免发生这种情况，要求市场负责人员必须根据市场情况制订合理的促销方案，充分考虑市场的不确定因素。

思考：案例中晓丽苦恼的原因是什么？应如何避免这种情况发生？

（五）避免不合理损耗

根据商品的特质来避免不合理的损耗。例如，生鲜类食品怕高温，因此这类食品应该尽量存放在冷冻冰柜中，只陈列少量在外面。商品在接近保质期时，要果断进行促销，以避免更大的损失。商品陈列不当也有可能引起商品损耗。例如，罐头、饮料摆放不结实，引起倒塌而造成损坏，或者被过往顾客的推车碰撞而损坏等。因此，要科学地进行商品陈列。

总而言之，作为门店店长，应对门店的各项费用支出、费用率有总体认识，并制订切实可行的控制管理方案，严格审批费用，做好开源节流的工作。

知识链接

成本费用的控制要点

一般来说，门店应把握以下 6 个要点对成本费用支出进行控制。

店员薪资总额不得超过店内支出经费（当期如一个月、一个季度或一年的费用支出总额）的 50%;

人事费用占销售总额的比例要小于 6%;

经费占销售总额的比例要在 15%以内;

经费占销售总利益（门店营业利润总额，即门店通过经营活动所获得的利润，不包括投资净收益和营业外收入）的比例要在 80%以内;

固定费用（门店费用支出中不随销售额增加而增加的部分）占总经费的比例应在 85%以上;

变动费用（门店费用支出中会随销售额增加而增加的部分）占总经费的比例应小于 15%。

【项目实训】

活动 1：某鞋店已经经营了 3 年，但是利润一直没有增长，甚至有下滑趋势。管理者为了改善目前的状况，召集全体员工开会，建议员工们共同为改变现状各抒己见。假如你是该店的一名员工，请阐述有哪些方式可以提高企业的利润，并填写企业利润提高方法表（见表 7-6）。

表 7-6　企业利润提高方法表

序号	方　法	具 体 措 施
1		
2		
3		
…		

活动 2：请利用周末时间到商业街，以顾客身份去体验购买过程，并尝试分析有哪些原因会影响到客流量，并填写客流量分析表（见表 7-7）。

表 7-7　客流量分析表

序号	影 响 原 因	建 议 措 施
1		
2		
3		
…		

活动 3：请到附近的商店进行成本与费用调查，并填写商店成本与费用调查表（见表 7-8）。

表 7-8　商店成本与费用调查表

月度经费：	月度销售总额：
门店费用项目	费用支出额度
1	
2	
3	
…	

活动 4：请尝试运用门店成本费用控制管理方法分析商店在成本费用管理过程中存在的问题，对该商店的成本费用支出提出优化调整改进措施，并填写成本费用管理情况分析表（见表 7-9）。

表 7-9　成本费用管理情况分析表

序号	存 在 问 题	优化与调整措施
1		
2		
3		
…		

【项目检测】

一、单选题

1．销售额取决于商品销售数量与（　　）。

A．平均售价　B．单价　C．商品价格　D．成本

2．利润表是一种比较报表，在利润表中，一般分设“本年累计金额”和（　　）

A．本年累计成本　B．本月金额　C．本年利润　D．本月利润

3．顾客数=（　　）×进店率。

A．消费者人数　B．来客数　C．客单数　D．目标顾客

4．客单价不仅取决于顾客当次购买商品的数量，也与当次购买的（　　）相关。

A．总价　B．品种　C．平均商品单价　D．商品价格

5. 期间费用包括销售费用、管理费用和（　　）。

A. 财务费用　　B. 个人费用　　C. 直接费用　　D. 间接费用

6. 以下可以作为提高客单价的途径有（　　）。

A. 加大商品的包装　　B. 低价值商品的专业化营销

C. 提升进店率　　D. 卖场环境

7. 以下属于营业外收入的是（　　）。

A. 违约金收益　　B. 赊销收入　　C. 自用消费　　D. 现金收入

8.（　　）是指对象化了的产品或劳务的费用，即已归属于受益对象（劳务或产品）的费用。

A. 商品成本　　B. 门店成本　　C. 门店费用　　D. 可控费用

9. 水电费是门店经营常见的（　　）费用。

A. 营业　　B. 管理　　C. 财务　　D. 行政

10. 下列属于门店经营管理费用的是（　　）。

A. 运输费　　B. 外事费　　C. 汇兑损失　　D. 燃料费

11. 成本控制需要严格按照经济责任制的要求，贯彻（　　），才能使成本控制发挥真正的效益。

A. 例外管理的原则　　B. 经济效益的原则

C. 全面介入的原则　　D. 责权利相结合的原则

12. 一般来说，门店应注意控制店员薪资总额不得超过店内支出经费的（　　）。

A. 30%　　B. 40%　　C. 50%　　D. 60%

二、多选题

1. 以下属于管理费用的有（　　）。

A. 修理费　　B. 水电费　　C. 差旅费　　D. 技术转让费

2. 固定成本是不受业务量影响、与营业额无关的成本，如（　　）。

A. 店租　　B. 固定资产折旧　　C. 工资　　D. 进货成本

3. 顾客数又称为（　　），指的是光顾门店的顾客总数。

A. 消费者数　　B. 来客数　　C. 客流量　　D. 买家数

4. 以下哪些属于营业收入？（　　）

A. 现金收入　　B. 赊账收入　　C. 自用消费　　D. 卖纸皮钱

5. 以下哪些属于变动费用？（　　）

A. 广告宣传费　　B. 水电费　　C. 设备修理费　　D. 增值税

6. 下列费用，属于门店经营常见的财务费用的是（　　）。

A. 职工薪酬　　B. 汇兑损失　　C. 金融机构手续费　　D. 燃料费

7. 成本控制的基本原则中全面介入就是要对成本进行（　　）控制。

A. 全员　　B. 全过程　　C. 全部　　D. 全店

8. 人力成本控制管理内容包括（　　）。

A. 取得成本控制　　B. 使用成本控制

C. 离职成本控制　　D. 开发成本控制

9. 下面关于门店成本费用控制的方法说法正确的是（　　）。

A．夏天空调温度调到 26℃以下

B．制订货梯相关制度，禁止员工空手乘货梯

C．分散采购办公用品

D．要求员工下班后必须关闭各项电源

10．门店成本费用的控制管理方法应该从以下哪几个方面入手？（　　）

A．人力成本控制　　B．采购成本控制

C．促销费用控制　　D．避免不合理损耗

三、简答题

1．利润表的作用是什么？

2．期间费用有哪些？

3．门店经营中常见的费用类型有哪些？

4．门店成本控制的基本原则包括哪些方面?

5．如何做好门店成本费用控制？

四、案例分析题

一个门店的成本基本由这几个项目组成：职工薪酬、店租、水电费、固定资产折旧费、商品成本、商品损耗、业务招待费、税费、办公费及其他杂费。门店的成本可以分为可控成本和不可控成本。在门店的日常经营中，通常门店的水电费、办公费、电话费都是可控的，控制成本是增加门店利润的根本途径。

小杨作为店长，最近为了节省门店电费，对耗电成本控制如下。

（1）店内用灯开关由专人负责，做到随手关灯。

（2）灯箱定时设置：冬季，17:30 开，7:00 关；

夏季，19:30 开，5:00 关。

（3）计算机、饮水机、打印机等用电设备在晚上下班时必须关闭，减少待机能耗。

（4）统一更换节能灯源，采用 LED 灯。

（5）夏季空调温度设置不得低于 26℃。

请思考：

1．案例中小杨对耗电成本控制的做法是否可行？哪些做法可以更加完善？

2．附近的门店哪些费用是可控的？哪些费用是不可控的？请举例说明。

【项目导航】

请回顾本项目的任务知识点，扫描右侧二维码，并填写思维导图。

【项目评价】

教师组织学生填写任务完成情况评价要素表（见表 7-10），对本次实训过程中学生的完

成情况进行综合评估。

表 7-10　任务完成情况评价要素表

组别：　　　　　　　　　　　　　　学生姓名：

序号	考核点	分值（100 分）	得分	累计积分账户
小组评价		共 20 分		
1	态度与纪律	4		
2	出勤情况	4		
3	参与活动时与人沟通的能力	4		
4	参与讨论的积极性	4		
5	团队合作的表现	4		
本人评价		共 40 分		
6	能解释客单数与客单价的含义	4		
7	能概括提高利润的方法	5		
8	能复述成本和费用含义	5		
9	能概括成本费用的控制管理方法	6		
10	能够运用客单数与客单价提高门店销售额	6		
11	能为门店做好经营过程中的成本费用控制	6		
12	会运用所学的知识甄别门店经营的各项开支，并灵活运用成本费用管理方法控制成本	8		
教师评价		共 40 分		
13	对财务管理知识的掌握	20		
14	对财务管理技能的掌握	20		
本次实训分数小计				

累计积分账户说明：90～100 分积 5 分，80～89 分积 4 分，70～79 分积 3 分，60～69 分积 2 分，60 分以下积 1 分。

项目八　安全管理

项目描述

一家良好的门店除满足顾客购物需求外，还必须为其提供一个安全舒适的购物环境，同时也要为员工提供一个安全的工作环境。有效实施各项安全管理作业是门店不可推卸的责任。

本项目共有两个任务，主要介绍门店日常安全管理和门店突发事件处理的基本内容，旨在帮助学生学习如何做好门店的安全管理工作。

项目目标

知识目标	技能目标
（1）能复述门店5S管理工作理念。 （2）能列举门店常用的消防器材。 （3）能概述门店防损的类型和管理方法。 （4）能列举门店可能遇到的突发事件	（1）会使用常见的灭火器械。 （2）能模拟情景，做好门店消防安全检查工作和防损管理工作。 （3）能模拟情景，运用科学的处理流程和技巧有效地处理门店突发事件

任务22　门店日常安全管理

【工作情景图】

工作情景图如图8-1所示。

图8-1　工作情景图

任务情景

刚刚大学毕业的小李和小张合伙开了一家品牌手机加盟店，他们虽然花了很多资金进行店面的设计与装修，但店里的购物环境却始终不理想，影响了顾客的购物体验。为此，小李和小张召集店员们开了一次长会，深入研究当前门店存在的问题。有的员工反映的一个主要问题是，店里的杂物过多，箱子、盒子和手机配件都没有及时地进行整理，随意堆放。这不仅浪费了店里有限的空间，还影响到店员的日常工作。另一个主要问题是卫生问题。店里有多个卫生死角，引来了蚊虫鼠蚁，它们常常散发出恶臭的气味，极大地影响了店里的购物环境。为此，小李和小张决定重新制订一套店面的卫生管理规则，以彻底解决这些问题。

一、门店环境的定义

从不同专业、不同角度出发，人们对门店环境的理解有所不同。

从市场营销学角度出发，门店环境包括了宏观环境和微观环境。宏观环境是指门店所在地的人口、经济、自然、政治、科技和社会文化环境；微观环境是指门店周围的供应商、消费群体、竞争者和公众。

从门店的外观布置角度出发，门店由硬环境和软环境两部分组成。硬环境是指门店的地理位置、外观、内部设计和商品陈列、环境卫生等；软环境是指门店所营造的氛围、门店营销服务和公众形象。

常见的环境分类还有：按室内外分，可分为店内环境和店外环境；按运营功能分，可分为营销环境、操作区环境、仓库区环境和休息区环境。

二、门店环境维护

门店环境维护是围绕门店内外环境开展的一系列维护工作，目的是为顾客创造良好的购物环境，同时为员工提供良好的工作环境。门店环境维护与销售的开展息息相关，影响着顾客的感知和感受，对门店的经营有着积极的作用。

课堂小实训 8-1

请说说哪些品牌的优美门店环境给你留下了深刻的印象？

门店环境维护工作不仅仅是打扫卫生。由于门店环境的多样化，不同环境的维护工作有不同的特定要求。

（一）店内环境维护

店内环境维护包括商品陈列、卫生状况、收银台整理、休息区整理、气氛管理五个方面，如表 8-1 所示。

表 8-1　店内环境维护

维护项目	具体要求
商品陈列	合理地安排商品的配置，对每一样商品的陈列精心设计，保持整齐，美观
卫生状况	按照 5S 管理标准，把门店分为若干个区域，将每一个区域的清洁内容详细全面地分为若干个清洁项目，实行每日检查和清理

续表

维护项目	具体要求
收银台整理	每天对收银台台面及抽屉进行全面整理。要求无灰尘、指纹、污迹；除摆放指定设备、指定促销赠品外，不得摆放其他杂物及任何私人用品
休息区整理	对顾客的休息区域，同样要按照5S管理标准进行定时整理，给顾客创造宾至如归的感觉
气氛管理	及时更新门店里的宣传品，如海报、音乐、打折信息，并定期更新门店的宣传主题

（二）店外环境维护

店外环境维护包括店招标志、墙面和橱窗、宣传张贴物、门面卫生，如表8-2所示。

表8-2　店外环境维护

维护项目	具体要求
店招标志	店招标志要定期清理、检查，并确保电路安全。店招外观保持清洁美观，无遮盖物。如有破损要及时修理
宣传张贴物	宣传张贴物包括海报、灯箱、横幅、遮阳伞等宣传用具，要定期清洁，保持整洁美观，根据销售活动的开展，按时更换新的宣传物料
墙面和橱窗	墙面和橱窗要保持清洁，无灰尘，无遮掩，同时要时常检查有无破损、漏水等情况
门面卫生	门店外部环境的卫生要做到“三无”，即“无垃圾，无积水，无障碍物”

三、门店5S管理

5S管理起源于日本，是指在生产现场中对人员、机器、材料、方法等生产要素进行有效管理，是日本企业独特的一种管理办法。日本的许多门店在经过5S管理的改造后，销售量和顾客满意度都得到了显著提升。

（一）5S管理的定义

5S管理就是整理（SEIRI）、整顿（SEITON）、清扫（SEISO）、清洁（SETKETSU）、素养（SHITSUKE）5个项目，通过规范现场、现物，营造一目了然的工作环境，培养员工良好的工作习惯，其最终目的是提升人的品质。

5S管理在塑造企业形象、降低成本、安全工作、使工作达到高度标准化、创造令人心旷神怡的工作环境、改善门店卫生等方面发挥了巨大作用，逐渐被各国的商家应用和发展，已经成为门店管理行业的一股新潮流。

（二）5S管理的实施

1. 整理（SEIRI）

日常生产过程中经常有一些残余物料、待修品、返修品、报废品等留在现场，如已无法使用的工夹、计算器、设备等，既占地方又阻碍生产。如果不及时清除，会使现场变得凌乱。

2. 整顿（SEITON）

整顿的三要素是场所、方法、标志。

场所，即物品的放置场所原则上要100%设定，物品的保管要遵守“三定”管理原则，即定点、定容、定量，操作区域内只能放真正需要的物品；方法，即放置时不超出所规定的范围，这需要在放置方法上多做思考；标志，即放置场所和物品原则上要一对一标示，标示方法要统一。

3. 清扫（SEISO）

清扫是指当顾客户进入门店时，门店处于没有垃圾、污物、脏物的状态，顾客需要的物品马上就能被取出，且达到能被正常使用的状态。达到这种状态就是清扫的第一目的。尤其强调具有高品质、高附加价值产品的门店，更不能有垃圾或灰尘，避免造成不良的形象与工作环境。

4. 清洁（SETKETSU）

“扫”和“防”是保持清洁的两个重要方面，“扫”是指清扫，“防”是指防治。搞好清洁卫生，首先要清扫干净，而要保持下去就要靠防治。通过5S管理，纠正员工不良的卫生习惯，防止脏乱差现象发生。

5. 素养（SHITSUKE）

职业素养是保持5S管理理念的重要内在动力。良好的职业素养包括良好的职业道德、正面积极的职业心态和正确的职业价值观，是员工必须具备的核心素养，由爱岗、敬业、忠诚、奉献、正面、乐观、用心、开放、合作及始终如一等这些关键词组成。

（三）5S管理的作用

门店5S管理的五大作用可归纳为5个S，即Sales，Saving，Safety，Standardization，Satisfaction。

1. 门店5S管理是最佳推销员（Sales）

被顾客称赞为干净整洁的门店会使顾客有信心，乐于购买其产品；会有很多人来店参观学习；会使大家希望到这样的门店工作。

2. 门店5S管理是节约家（Saving）

减少不必要的商品展示、工具；减少寻找商品、工具等物品的时间；提高工作效率。

3. 门店5S管理对安全有保障（Safety）

场地宽敞、视野开阔，不堆积杂物，危险处一目了然；道路畅通，不会造成杂乱而影响顺畅工作。

4. 门店5S管理是标准化的推动者（Standardization）

以“三定”“三要素”原则规范作业现场，大家按照规定执行任务，保证工作程序稳定、产品质量稳定。

5. 门店 5S 管理创造令人满意的职场环境（Satisfaction）

创造明亮、清洁的职场环境，可以使员工有成就感、满意感。

课堂小实训 8-2

火灾隐患猛于虎

2 月 25 日 17 时 15 分，位于萍乡市区登岸西路的一家美容院发生火灾，情况十分危急。接到报警后，萍乡市消防支队调派特勤中队、跃进路中队和朝阳路中队，出动 8 辆消防车、30 多名官兵迅速赶赴现场灭火。

消防官兵赶到时，现场火光冲天、浓烟滚滚，大火覆盖了整栋 4 层居民楼的一层，浓烟笼罩了半条街，数人被困在楼上，情况十分危险。同时，起火现场位于萍乡市登岸西路，毗邻小区居民楼、宾馆和门店，临街是交通要道。时值新年第一个工作日的下班晚高峰时段，车流量大，过往群众多，若不及时处置，后果将不堪设想。

作为一名门店的管理人员，在门店开业的第一天，就应该对门店的火灾隐患进行排查，以防惨剧的发生。

问题：

1. 在门店里哪些东西容易引发火灾？
2. 如何预防火灾的发生，远离火灾的威胁？
3. 发生火灾时，应该采取什么样的措施？

四、门店消防安全

（一）门店里的易燃易爆化学物品

所谓易燃易爆化学物品，是指《危险货物品名表》GB12268—90 中以燃烧爆炸为主要特性的压缩气体、液化气体、易燃液体、易燃固体、自燃物品和遇湿易燃物品、氧化剂和有机过氧化物及毒害品、腐蚀品中部分易燃易爆化学物品。在生活中，易燃易爆化学物品一般指以下几类物品：

（1）易燃液体，如乙醚、汽油、甲醇、二硫化碳、丙酮、苯、乙醇、丁醇等；

（2）易燃、容易自燃及遇水燃烧的固体，如硝化棉、赛璐珞、赤磷、黄磷、影片、钾、钠、电石等；

（3）易燃及助燃气体，如氢气、乙炔气、煤气及氧气等；

（4）能成为爆炸混合物或引起燃烧的氧化剂，如氯酸钾、氯酸钠、硝酸钾、过氧化钠、硝酸等；

（5）其他类型物品，如白磷（能自燃）、爆竹等。

（二）易燃易爆化学物品标志

门店里的易燃易爆化学物品往往并不显而易见，例如，库房产品、布草物料、产品空盒的堆头、泡澡煮药包、电磁炉、电烧水壶（大功率设备）和软装材料、电线等都容易成为导火索。

为提高店员的警惕性和防范意识，所有易燃易爆化学物品都应在显眼处粘贴相应的标志（见图 8-2），并进行严格管控。

图 8-2 常见易燃易爆化学物品标志

（三）门店消防隐患控制

为了防止发生电器火灾，在日常工作中要做到以下几点。

（1）及时更换残旧老化的电源线，不要私自增加用电量大的电器。

（2）定期检测检修各区域用电设施设备。

（3）正确使用漏电保护开关。

（4）饮水机、电磁炉、电热水壶、微波炉、电风扇、仪器设备等电器不要在同一个插座上同时使用。

（5）仓库产品的码放要和用电设施保持一定的安全距离。

（6）营业结束后，关闭一切电源。

（7）保持消防通道安全畅通。

（8）切莫乱扔烟头和火种。

（9）发现危及消防安全的行为要及时制止。

（10）员工要掌握消防器材的使用方法，定期检验检测消防器材。

五、门店消防设施

（一）常见的消防器材

消防器材是指用于灭火、防火及处置火灾事故的器材，包括以下几类。

（1）灭火类工具，即各类灭火器，如二氧化碳灭火器（见图 8-3）、1211 灭火器、干粉灭火器、酸碱泡沫灭火器、四氯化碳灭火器、灭火器挂具、机械泡沫灭火器、水型灭火器、其他灭火器具等。

（2）报警类工具，如火灾探测器、报警按钮（见图 8-4）、报警器、火灾报警控制器等。

图 8-3 二氧化碳灭火器

图 8-4 报警按钮

（3）消火栓系统：消火栓箱、消防水枪、水带接扣、管牙接口、消防水带，以及室内消火栓和室外消火栓（见图 8-5）。

图 8-5　室内消火栓和室外消火栓

（4）水箱，是指主要用于火灾中的供水设备，能更好地防止火灾的蔓延。
（5）其他器材，如消防专用斧头、防烟面罩、防火服、消防门和逃生通道指示灯等。

（二）常见灭火器的种类

灭火器的种类很多。按移动方式，可分为手提式灭火器和推车式灭火器；按驱动灭火剂的动力来源，可分为储气瓶式灭火器、储压式灭火器、化学反应式灭火器；按所充装的灭火剂，可分为泡沫灭火器、干粉灭火器、卤代烷灭火器、二氧化碳灭火器、清水灭火器等。

1. 手提式干粉灭火器

2. 手提式 1211 灭火器

3. 35kg 推车式干粉灭火器

4. 泡沫灭火器

5. 四氯化碳灭火器

6. 二氧化碳灭火器

（该部分内容的详述请扫描右侧二维码）

（三）门店日常消防检查

1. 灭火器检查

灭火器是扑救初期火灾的必备工具，灭火器实行“三定”管理，即定人、定位、定期。

2. 消防栓箱及消防栓检查

消防栓为消防救援最有效的手段之一，室内及室外消防栓不得埋压、阻塞、迁移、栓锁、拆除或占用，如必须变动时，须经公司主管部门批准后办理。

3. 消防应急灯、安全出口指示灯检查

发生停电、火灾等突发灾害时，消防应急灯、安全出口指示灯为人员疏散和消防作业提供应急照明及疏散指示。

4. 疏散警铃检查

发生突发事件时，疏散警铃用于通知员工紧急疏散。疏散警铃由使用部门责任人每月定期检查一次，并在检查表中记录、签名。警铃测试前应通知相关员工。

六、门店防损管理

（一）门店损耗的定义

对于损耗，各大门店都有自己的理解。例如，沃尔玛公司认为损耗是指去向不明的钱和物。这种损耗的定义明确地把商品破损从损耗中排除。而有一些门店则认为任何一种商品的损耗都应归结到损耗中。然而任何一家门店的损耗数字均来自盘点，因此渐渐形成了一种概念，即“所谓损耗是指账面金额与盘点金额之间的差额”。从严格意义上讲，商品的损耗是指商品的流失、商品使用价值及商品价值的降低。

（二）门店损耗的类型

门店损耗一般来源于多个方面，包括：外部盗窃、内部盗窃、文件损耗、盘点错误和内部管理不完善等。

1. 外部盗窃

外部盗窃是指盗窃者是外部人员的盗窃，它有四种主要形式：职业盗窃团伙盗窃、惯偷、占小便宜、欺诈等。外部盗窃常常发生在超市、服装专卖店、商场等人流密集的区域，店员的小疏忽、小失误和流程上的各种漏洞都会让犯罪分子有机可乘。

2. 内部盗窃

内部盗窃一般是指员工通过实施不正当或违法的行为使公司的财物和金钱受到损失的盗窃。美国零售业做过统计：零售企业里至少有30%的员工有偷窃的念头，即使加上严密的防范和控制，仍然有10%的员工想偷窃；只有10%的员工是诚实的；而其他80%受以上两种人的影响。在许多超市的同行中，内部盗窃行为造成的损失是外部盗窃的10倍以上。常见的内部盗窃情况如表8-3所示。

表8-3　常见的内部盗窃情况

盗 窃 类 型	
收银员漏扫商品或窃取现金	服务台员工空退货
收货员伪造出货单据	仓库员工偷吃偷喝
楼面员工藏匿商品	防损员监守自盗
促销员/清洁工侵占商品	管理人员数据作假

3. 文件损耗

文件损耗（Paper Shrink）是指由系统流程问题或员工操作失误造成的损耗，具有损耗产生隐蔽、损耗金额巨大、不易被人重视、新店问题严重、掩盖其他来源等特点。

常见的文件损耗情况如表8-4所示。

表 8-4　常见的文件损耗情况

错误类型	错误原因
采购立项错误	收货条码和销售条码不一致
收货错误	收货员工点错或输错数量； 同一订单重复确认； 商品串收或收货单位搞错
卖场员工错误	商品调拨没有记录； 赠品促销拿商品当作赠品
库存管理错误	负库存错误处理
收银员错误	复合条码商品或易混淆商品串卖； 输错数量键； 以基本码销售未减库存

（三）门店防损管理

防损管理是指防止和减少门店的损失、降低和预防损耗的一系列相关工作。其内容不局限于防止偷窃，还包括防止耗材浪费、防止设备及工具非正常损失、防止设备违章操作、防止员工及顾客意外受伤、防止收银损耗等多个方面。防损管理能让门店发现并完善各部门的工作流程、多方面减少门店的财产损失，从而提高盈利。

在门店的运营管理过程中，防损管理的水平与门店的利润有直接的关系。如果防损管理不到位，就会影响门店的利润，损耗越大，门店的利润越低。因此有效控制损耗，就是增加盈利。

1．外部防盗管理

首先，加强“技防”（监控）力度，监控系统必须覆盖门店的每个角落，跟踪异常情况。

其次，加强“人防”力度，通过防损员监控，减少顾客实施不当行为的概率，同时对发现的偷盗分子，要注意做好报案的准备。

在实际工作中，可以根据三种特殊行为特征辨别有行窃动机的“顾客”，俗称“三招防盗术”。

（1）特征一：腹黑装束，即有盗窃嫌疑的着装打扮。例如，手臂上一直搁着长长的外套，用于掩饰手部的盗窃动作；盛夏穿着大外套或长袖衣服、大号的长筒雨靴，或者手拿没有关紧的雨伞等。这些都是窃贼惯用的装束。

（2）特征二：腹黑神态，即有盗窃嫌疑的神情姿态。例如，目光不自然，长时间地集中在某一个货架上；表情复杂，眼睛不断扫视四周的情况，或者摸头发、托着下巴、眼珠不停地转动装作若有所思的样子等。这些都是窃贼常有的神情。

（3）特征三：腹黑举止，即盗窃人员特有的行为举止。例如，头和脚朝向相反的方向，说明他/她并不是在挑选商品而是在伺机作案；身体过度倾斜靠向货架，或者在某一商品区域反复地走动。这些都是窃贼寻找作案时机的表现。

微课学 8-1

请同学们观看微课“三招防盗术”（扫描右侧二维码），记录三招防盗的具体方法？

［微课：三招防盗术］

知识链接

防范顾客的异常行为

作为门店防损的第一线，防损员应该对顾客的以下行为多加注意。

1. 购买的商品明显不符合顾客的身份或经济实力。
2. 购买商品时，不进行挑选，大量盲目地选购商品。
3. 在门店开场或闭场时，频繁光顾贵重商品的区域。
4. 在门店中走动，不停东张西望或到比较隐蔽的角落。
5. 拆商品的标签，往大包装的商品中放商品，撕掉防盗标签或破坏商品标签。
6. 往身上、衣兜、提包中放商品。
7. 几个人同时聚集在贵重商品柜台前，向同一售卖员要求购买商品。
8. 顾客表情紧张、慌张、异样等。

2. 内部防盗管理

加强内部防盗管理主要从以下几个方面入手。

（1）要针对员工偷窃行为制订专门的处罚办法，并公布于众，严格执行。

（2）严格要求员工上下班时，从规定的通道出入，并自觉接受保安人员的检查；员工所携带的皮包不得带入卖场或作业现场，应存放在指定地点。

（3）对员工的购物情况要严格进行规定，禁止员工在上班时间去购物或预留商品；员工在休息时间所购商品应有发票和收银条，以备保安人员或防损员检查。

（4）门店员工如携带物品、手袋等离开门店，应自觉让门店店长或防损员检查，门店店长或防损员有责任做好该项检查工作。

3. 文件损耗管理

（1）制作一系列收银员作业规范及考评措施；

（2）收银员结账收银的基本动作准确；

（3）收银员每天换不同收银台，避免滋生不良行为；

（4）收银监察人员随时利用监控系统，监督各个时段收银金额状况，若有异常，立即检查；

（5）加强收银员吃饭、交接班时间的监察；

（6）避免收银员利用退货键、立即更正键消除已登录的商品。

4. 完善内部管理

（1）加强后台管理系统的制度化、标准化、合理化；

（2）规范有关制度，包括：进货管理、厂家进出管理、商品进出管理、员工出入管理等；

（3）所有店内促销变价的商品，通过后台管理程序统一管理；

（4）注意对厂商供货价格变价的严格管理，变价措施实施后，店内的价格卡、POP 广告应同步修正；

（5）根据管理制度，确定商品编码原则；

（6）退货管理遵循先进先出的原则；

（7）进退货资料建档作业应及时完成，以“今日事今日毕”为原则，确保商品库存正确无误；

（8）制作标准盘点规范措施。

任务 23　门店突发事件处理

【工作情景图】

工作情景图如图 8-6 所示。

图 8-6　工作情景图

任务情景

小李是兴旺便利店的新店员，负责协助门店的日常经营和管理。有一天，一位顾客一边吸烟一边挑选商品，并随手把烟头扔下后离开。小李当时正忙于整理货架商品，忽然闻到一股烧焦的味道。原来刚才顾客留下的烟头把纸盒包装的商品点着了，并迅速冒起浓烟。小李把火扑灭时，已经造成一定的损失。他反思着这次门店失火的起因及处理流程，并思考如果失火时有其他顾客在场或火势太大无法立刻扑灭时，应该如何处理呢？

一、常见的突发事件

在门店运营中，虽然已经做到严密的日常防范，但有时也难免会有突发事件。突发事件具有突然性和难以应付的特点，会对门店造成不同程度的影响和损失。因此，我们应该对门店突发事件进行规范管理，对突发事件进行分类，并制订处理方案，有针对性地解决问题。突发事件可按程度的轻重和造成损失的大小分为一般突发事件和严重突发事件。

一般突发事件包括盗窃、骗取现金商品、顾客损毁商品、轻微意外伤害、突然停水停电等。

严重突发事件包括火灾、抢劫、严重意外伤害、自然灾害、发现或怀疑爆炸物、打架斗殴、电话恐吓等。

二、突发事件处理的基本原则

（1）预防为主，计划为先。平时应注重日常的安全防范工作，定期检查，消灭隐患，减少突发事件的发生，为各项突发事件制订好充分的处理方案。

（2）处理迅速，合理有效地解决问题。发生突发事件时，应沉着冷静，有序地处理事件，安排任务要职责分明，反馈迅速，不要盲目地进行处理和操作，服从现场管理人员的指挥，并随机应变适当调整策略，尽快地妥善处理突发事件。

（3）以人为先，尽量避免人员伤亡，减少财物损失。所有的救援工作应以确保门店员工、顾客生命安全为前提，本着“先救人后救物”的原则，要及时抢救人的生命，其次才是减少财物的损失。

知识链接

突发事件应急处理小组的建立

在突发事件发生时，为了有序、迅速地做出应变处理，尽量避免人员伤亡和减少财物损失，最重要的是要有突发事件应急处理预案，并建立突发事件应急处理小组，明确人员分工和处理办法，这样才能有针对性、有效地处理好问题。突发事件应急处理小组中的人员分工安排如下。

总指挥——由店长担任，负责指挥现场的工作，掌握全店员工的动态，并及时向连锁企业总部主管部门汇报事件的发展状况和应变处理情况。

副总指挥——由副店长或值班长担任，负责切断电源，协助总指挥执行各项任务。

救灾组——负责检查、维护与使用各种救灾器材，拆除障碍物，执行灾害抢救等任务。

人员疏散组——及时通过广播传达店内的危险状态，迅速打开各安全门和收银通道，协助顾客疏散到安全的地方，并同时防止不法人员乘机偷窃。

财物抢救组——主要负责抢救收银机区域、现金室的现金，以及计算机中的重要文件、软盘和计算机设施等。

通信报案组——负责对外报案和内外通信联络等。

医疗组——负责伤员的抢救及紧急医护工作。

以上各组应设立组长，由组长指派组员执行任务。店长应把突发事件应急处理小组成员列成名册，并在店内指定位置张贴“防灾器材位置图”和“人员疏散图”。

三、一般突发事件的处理

（一）盗窃处理

1. 处理盗窃行为的重要原则

（1）对于未成年人，应通知法定代理人前来处理。

（2）与未成年人签订调解协议时，须有法定代理人共同签字。

（3）不能限制盗窃者的自由，也不能扣留其证件、物品。

（4）只能要求其赔偿盗窃商品的门市价值。

（5）处理事件时应在办公室等公开场所。

（6）调查、处理盗窃事件时，应由公司内部高层主管或有关部门处理；若事态严重，则应报警。

2. 事前预防

（1）确保店内光线充足，在店内死角增加反光镜、监控系统等辅助设备。

（2）店内工作人员应不断巡视，密切留意人多聚集处，随时注意可疑之人，以良好的服务态度接近该类人员，以示警告。

（3）尽量将单价高的商品陈列在柜台附近，以便收银员就近管理。还可以采取集中的方式，把单价高易丢失的商品集中到一个相对较小的区域，形成类似“精品间”的购物空间，这也是一种很好的“安全”的商品陈列方式，有利于防窃。

（4）金钱管理方面，应每日上缴或存入指定银行。

（5）非营业时间，应分开保管大门钥匙和防盗门钥匙。

（6）留意员工的言行举止是否有怪异现象。

3. 事中处置

（1）当感觉顾客将商品放进口袋或隐藏到其他地方，但无法确认时，不要轻易揭发，应有技巧地查证或使其知难而退，或者对隐藏商品的顾客说“你要××商品吗？”“让我替你包装商品”等，给予顾客有表示“购买”的机会。

（2）若经提醒后，顾客仍未有购买的意思，应在顾客欲离开卖场之前礼貌拦阻，以平静的声音说：“对不起，有件事情想请您澄清，请给我一点时间。”并邀请至办公区内做适当处理。

（3）一般情况下的处理方式是收回被偷的物品和金钱，但情况严重时，如对方态度强硬恶劣或有暴力行为的，应交由警方处理。

（4）在处理盗窃事件时，不要把顾客当作“窃贼”，说话要自然冷静，尽可能引导其“购买”，不要以“调查”的态度对待顾客。不可使用暴力，更不可进行搜身。

（5）处理盗窃事件，应力求和平解决，不可趁机要求顾客赔偿超出其盗窃商品价格的金额，态度上避免过于强硬。如果误会了顾客，应对顾客表示道歉，并向顾客详细解释错误发生的经过，希望能得到顾客的谅解。

4. 事后处理

（1）检查事前预防的注意事项中是否存在漏洞，并做出改善。

（2）将本次案件做成对员工进行培训时的案例，以提高员工处理盗窃事件的能力。

课堂小实训 8-3

在春节的前几天，某超市人气很旺。但每天盘点商品时，都发现有几样商品无故丢失，于是超市加强了附近展柜的看管。某天上午，店员发现一男子来到展柜前，将货架上的商品拆开后一包包地塞进双肩包，没有付款就想穿过人群离开。该店员机智地当场把这名男子礼貌拦阻，并做出了适当处理。

超市工作人员称，该男子每天都来偷几样东西，包括沙琪玛、糖果、牛肉干、巧克力等，每天都偷同样的东西，一共偷了 10 天。如果当时店员没有及时发现，将会对超市造成更大的损失。

请回答：

1. 假如你是发现盗窃男子的店员，你会如何处理？
2. 这个案例给你什么启示？请从事前预防、事中处置和事后处理的角度来分析。

（二）骗取现金商品处理

1. 事前预防

（1）不要背对或视线离开已打开的钱财放置处或保险箱。

（2）收到顾客所付钱财，在确定金额符合后才可把钱放入放置处。

（3）收到顾客大钞时，应注意钞票上有无特别记号并辨识是否是假钞。

（4）注意顾客以“零钱掉落法”及“声东击西法”等骗取已打开的钱财放置处或保险箱中的现金。

（5）在日常营运过程中，要对员工进行防骗的教育训练，使其熟练掌握防范技巧。常见的顾客行骗手段还有以少骗多、商品未结账，以及“半抢”的方法等。

2. 事中处置

在门店现场发现顾客有骗取商品嫌疑时，应礼貌提醒其放下商品或排队结账；如结账时发现顾客使用伪钞，应请其更换钞票或使用电子支付方式结账。经提醒后，顾客还是不结账的，要立即汇报上级处理，切不可因人手不足、顾客拥挤等原因而疏忽。

3. 事后处理

如果发生了被骗事件，要将其做成示范案例，提醒员工注意，并在员工培训中予以强调，避免再度发生类似情况。

课堂小实训 8-4

【案例一】

两位顾客在结账时，故作熟悉，给收银员造成一种两人认识、一起结账的假象。当扫描了一半时，前一位顾客将一部分已装袋的商品拎走，当收银员结束扫描正要收钱时，后一位顾客说收银员多结账，他与前一位顾客并不认识，他没买过账单上半部分的商品。

【案例二】

两位顾客买了一推车的物品，趁过节期间商场拥挤，故意拿一张坏的信用卡结账。因无法结账，顾客向收银员提出先把账单打出来，然后去 ATM 取款，留下一人帮忙看商品。当一人去“取款”时，看商品的顾客趁收银员忙碌的时候悄悄带着商品离开。

请根据以上两个案例思考：

1. 收银员应如何防止以上情况发生？
2. 面对以上所发生的情况，收银员应如何应对？

（三）顾客损毁商品处理

1．事前预防

（1）店员应正确引导顾客体验门店的样品，随时观察顾客的行为，及时制止有可能损坏样品的行为。

（2）如果顾客带着孩子购物，应礼貌提醒孩子尽量不要打闹，以免意外损坏商品。

（3）应在店内设置一些标语，提醒顾客在观赏、选购商品时要小心，尤其对于易碎易坏的商品，应注明“小心轻放”“轻拿轻放”等字样。

（4）严禁酗酒者进入，小心防备恣意生事者。

2．事中处置

（1）如果顾客不小心损坏了商品，应礼貌地要求顾客留下，并将其引离销售区进行妥善处理。

在顾客的见证下检查商品的损坏情况。

根据商品损坏的情况，与顾客协商赔偿。如果损坏的商品可以修复，那么门店可以按照具体情况决定是否让顾客支付所需要的修复费用，或者按优惠价让顾客买下。

（2）如果顾客故意损坏商品，应及时制止其破坏行为，并阻止员工和顾客围观，以免影响门店营业，必要时拨打 110 报警。

（3）要在店长在场的情况下处理事件。

3．事后处理

（1）检查事前预防的注意事项中是否存在漏洞，并做出改善。

（2）将本次案件做成案例，在对员工进行培训时予以强调，以提高员工处理顾客损毁商品事件的能力。

课堂小实训 8-5

假如你是商场的营业员，当你发现顾客在挑选商品时出现以下情况，你会做出怎样的处理？

1. 商场人多拥挤，顾客无意碰撞玻璃杯导致其破裂。
2. 顾客试衣服时，无意间让嘴唇上的口红弄脏了衣服。
3. 在营业员的提醒下，顾客依然不注意，触碰了商场的一款名贵挂钟，导致该挂钟零件损坏。

（四）轻微意外伤害处理

轻微意外伤害是指因门店设施造成的轻微伤害，如割伤、商品掉下砸伤、摔伤等。

1．事前预防

（1）门店要经常检查是否存在安全隐患，有无容易造成伤害的装潢和商品陈列。例如，是否有破碎的玻璃，商品陈列架、POP 展示架是否有突出的尖锐物，走道上是否有积水或障碍物等。

（2）加强员工安全作业的管理。例如，制订、执行员工搬运重物、员工登高等的安全措施规定。

（3）准备好急救药箱，备有棉签、碘酒、止血贴等。

2. 事中处置

（1）若是员工受伤，视情况决定是否需要送医院治疗。对于伤势严重者，应通知其家人及向企业总部有关主管部门汇报。

（2）若是顾客受伤，对于轻微受伤者，应派人将其扶到员工休息室休息，或者用基本药物救治，并由店长送小礼物致歉。对于伤势严重者，应及时送医院治疗，并通知其家人及向企业总部有关主管部门汇报，由上级领导出面并赠送礼物致歉。

3. 事后处理

（1）反思事情发生的原因和处理结果，并做成个案报告，上报总部。

（2）在员工培训时，将处理过程和结果传达给员工，提高员工处理轻微意外伤害事件的能力。

（五）停电处理

1. 事前预防

（1）为了防备临时停电，门店要事先准备好应急灯、手电筒等临时照明设施，有条件的可购置发电装置。

（2）提前了解电力部门的停电计划，及时做好充分的准备工作。

2. 事中处置

（1）停电时，应及时与有关单位联系，了解停电原因。如果只是本店所在楼层停电，可找工程保障部电工解决；如果是电力局的原因导致整个区域停电，应了解停电时间。若停电时间很长，需要小型发电机支援时，则通知工程部门和上级主管部门。

（2）店长立即锁好金库、店长室，收银员应迅速关好收银机抽屉。

（3）安抚好顾客，致歉并请顾客谅解因停电所带来的不便，安排员工疏散顾客。同时在店外张贴通知，向店外顾客解释不能进店的原因。

（4）店长应迅速将人员分配至收银台附近及卖场里，以保证现金和商品的安全。

3. 事后处理

（1）检查卖场内外是否有异常情况，清点店内财物和商品。

（2）检查生鲜食品和冷藏食品是否有因为停电而出现质量问题的情况，如有，应及时处理。

（3）待一切恢复正常后再开始营业。

（4）填写事故报告单，在门店存档，并向上级部门和相关部门汇报。

四、严重突发事件的处理

（一）火灾处理

火灾按程度分为轻度火灾和重大火灾。轻度火灾即一般的小火警，发现人员应立即报告店长，店长应组织员工用门店的灭火器材灭火。若发生重大火灾，应按重大火灾处理程序处理。

1. 重大火灾处理程序

（1）马上拨打 119 火警电话，并报告店长，说明起火地点、火势大小等情况，关掉除电灯外的所有电器设备。

（2）通过广播告知全体员工，并根据“突发事件应急处理小组”的编制执行任务，启动消防应急预案，根据情况调动门店其他人员进行支援。

（3）义务消防人员各司其职，扑救火灾。以疏散人员为第一事项，按照应急疏散路线疏散门店内顾客和员工，使其迅速撤到安全地点。听从总指挥的安排，镇定地抢救财物和重要资料等，并把贵重物品转移至安全位置，最大限度地减少火灾损失。

（4）把受伤的员工和顾客送往医院救治。

（5）火灾事故后，对事故起因进行调查，并制订整改方案。相关部门按整改措施进行整改，由公司进行验收。

2. 处理重大火灾的注意事项

（1）以确保人身安全为首要事项，不要为了抢救财物而危及自身安全。

（2）如出现浓烟，应匍匐在地上爬行，可用毛巾、口罩捂住口鼻并迅速离开火灾现场。

（3）不要触摸电器设备，不要使用电梯，尽量通过安全门或楼梯疏散。

（4）抢救的金钱财物和重要资料应交由专人看管，避免歹徒趁火打劫。

课堂小实训 8-6

假如你是某超市的营业员，某一天 15:00 时，保安人员突然通知你，超市里的仓库着火了，要求大家立刻离开超市。当时超市内有不少顾客，听到失火消息时，有的顾客开始不相信，接着就看到了浓烟，这时超市里的顾客都着急了。

请分析：

（1）遇到此事，你应该怎么办？

（2）假如火势不断变大，难以控制，应如何逃生？

（3）应如何避免此类事件的发生？

（二）抢劫事件处理

劫匪的主要目的是抢劫金钱或财物。金钱有价，但人的生命无价。当与劫匪处于高度紧张的状态时，为确保人身安全，应尽量按劫匪的要求去做，避免刺激劫匪而导致不堪设想的后果。

1. 事前预防

（1）收银台的现金不宜存放太多，达到一定额度时要转放到保险柜。

（2）高单价的商品在不影响销售的情况下可陈列在有锁的柜台里。

（3）营业员要时刻保持警惕，留意在店外徘徊、鬼鬼祟祟的人。

（4）保持店内干净、整洁、明亮，不得堆叠大量的物品，避免影响店面的能见度。

（5）店员不要穿戴贵重物品上班，以免劫匪窥视。

（6）可装置监视器或安全系统。

2. 事中处理

（1）保持冷静，不做无谓抵抗，以确保人身安全为主。

（2）尽量记住劫匪的特征，如相貌、身高、体重、大致年龄、口音、服装、携带的武器等。

（3）尽量和劫匪拖延，不要接电话，以防激怒劫匪。

（4）劫匪离开时不要追逐，注意劫匪使用的交通工具和离去的方向，尽可能记下车牌号，并观察是否有同伙。

（5）劫匪离开后应立即拨打 110 报警，保持现场完整，并尽快通知卖场有关人员。

（6）清点现金及商品，将损失核算后上报公司，并协助警方调查。

3. 事后处理

（1）对预防措施的各项要点进行改进，避免再有类似事件发生。

（2）联系公安部门，请他们重点关注。

（3）将本次案件做成案例，在对员工进行培训时予以强调，以提高员工防范抢劫、抗击抢劫的能力。

知识链接

发生抢劫事件时，记住歹徒的特征是破案的关键，也是警方所需要的重要线索。门店可备有歹徒特征表（见表 8-5），当发生抢劫事件后，目击的店员可通过填写歹徒特征表来记录重要线索。

表 8-5 歹徒特征表

1. 事发时间	年 月 日 时 分
2. 歹徒人数	人（若超过两人，请多填一份）
3. 性别	□男 □女
4. 身高	□150cm 以下 □150～160cm □160～170cm □170～180cm □180～190cm □190cm 以上
5. 脸型	□圆脸 □方脸 □瘦长脸 □瓜子脸 □其他
6. 身材	□矮胖 □瘦小 □中等 □瘦长 □其他
7. 口音	□普通话 □方言（ ）
8. 抢劫工具	□刀 □枪 □绳索 □其他
9. 年龄	□15～20 岁 □20～30 岁 □30～40 岁 □40～50 岁 □50～60 岁
10. 发型	□男 □平头 □光头 □烫发 □戴帽 □其他 □女 □长发 □短发 □烫发 □戴帽 □其他
11. 服装款式	□西装 □休闲装 □运动装 □套装 □夹克 □背心 □其他
12. 服装颜色	□上半身 色 □下半身 色
13. 鞋子	□拖鞋 □皮鞋 □球鞋 鞋子颜色： 色

续表

14．面貌特点	□戴眼镜 □戴口罩 □有痣 □有疤 □蓄胡子
15．身体特征	□走路不稳 □其他
16．抢劫装备	□汽车 □摩托车 □自行车 □徒步
17．逃跑方向	□东南 □西北 □任选方向
18．损失估算	□钱 □物

（三）自然灾害防范处理

1．台风

（1）预防措施。

门店的安全部门应每日关注天气状况，注意台风的方向。店长检查门店招牌、门窗、自动照明设备等是否完好，在收银台处备好手电筒，并了解门店是否有水淹记录或处于地势低洼处，事先做好预防工作。依据历史资料预估台风登陆期间所需的订货量。

（2）状况处理。

台风来袭时，若有灾害发生（包括停电、停水、水淹等情况），应立即向上级报告，将重要文件、账册、现钞、支票等转移到安全地带，再设法转移商品。事后检查店内设施是否有受损现象，是否有商品受损，依公司规定报告商品及装潢设备的损失等灾情统计数据。

2．水灾

（1）预防措施。

了解附近地势及排水道设施，门店排水系统是否通畅；小件商品尽量陈列在较高的位置；检查应急灯能否正常使用；依据历史资料合理控制库存。

（2）状况处理。

水灾发生时，应先拔掉靠近地面的电源，若进水很大，总电源也要关掉。贵重物品优先转移到店内较高的位置密封好，重要的单据、报表、发票要收集起来，并装箱。

水退后，须请维修人员彻底检查开关、电线、机器设备等是否安全，排除安全隐患后才能开机运转。检查商品受损情况，清洗场地，整理商品，恢复营业，并把商品和设备的受损情况报告总部相关部门。

课堂小实训 8-7

2018 年 7 月 11 日，受第 8 号台风“玛莉亚”的影响，浙江省温州市苍南县沿海的霞关镇发生海水倒灌，对沿海门店、住户造成很大的损失。在这次海水倒灌中，众多沿海门店的卷帘门、木质门被倒卷的海浪打烂，门店进水，导致不同程度损失。其中受损最严重的超市被海浪打破门店卷帘门后，店内进水，大量货物被卷走；损失最严重的是电器区和香烟区：水倒灌进了存有大量货物的地下仓库，损失超过 100 万元。

请思考：

1. 超市中最容易被台风水灾影响的商品有哪些？
2. 沿海门店应如何对台风和水灾做好预防工作？
3. 台风发生后，应采取什么措施避免人身伤害和商品损失？

（四）打架斗殴事件处理

如果是公司内部员工发生打架斗殴事件，应及时阻止，了解原因，避免影响正常营业，并把责任人送至相关部门进行处理。

如果是顾客之间发生打架斗殴事件，事发现场的工作人员应进行劝解，并第一时间通知负责人。若多人围观则要疏散围观人员；若对门店营业造成严重影响，应及时拨打 110 报警并向上级部门报告。

若外来人员到门店滋事，工作人员应在确保自身安全的前提下，尽量劝说对方，以理服人，不应与其发生肢体冲突。认清对方的外貌特征、人数、车牌号码等，了解滋事的原因，并向上级部门报告。

（五）恐吓事件处理

如果员工收到炸弹威胁电话，应做到以下几点。

（1）保持冷静，仔细聆听威胁者在电话中的讲话。

（2）向威胁者提问以下几个问题并记录好答复内容。

① 定时炸弹何时引爆？

② 是什么类型的炸弹？

③ 炸弹在商场的什么位置？

④ 炸弹是什么样的？

⑤ 威胁者从何处打来电话？

⑥ 为什么要放置炸弹？

（3）记录答复内容的同时，也要记下有关信息。

① 威胁者的声音是男性还是女性，是年轻的还是年老的，以及其口音、语调和背景声音。

② 通话时间。

（4）立即汇报给店长与物业安全部门，店长通过广播紧急疏散店内顾客和员工，物业安全部门立即报警。

（5）利用商场的闭路电视系统录下整个事件。

（6）警方到来后，配合警方搜寻可疑物，发现可疑物体不可随意挪动，应等候警方处理。

【项目实训】

活动 1：请到附近的超市参观超市的消防安全设施，进行有关调查，并填写消防设施调查表（见表 8-6）。

表 8-6　消防设施调查表

年　　月　　日

消防设施调查内容		
（一）水灭火系统		
1．消防水泵是否运转正常	正常□ 有故障□	

续表

消防设施调查内容		
2. 室内外消火栓是否完好，供水是否正常	正常□ 有故障□	
3. 应放空的供水管网是否完全放空，是否有积水现象	放空□ 未放空□	
4. 消防水罐水量是否充足	充足□ 缺水□	
5. 各种喷头是否完好	正常□ 有故障□	
6. 对现场消防设施、器材的维护、保养情况	有记录□ 无记录□	
7. 消防设施是否清洁，有无跑、冒、滴、漏情况	正常□ 有故障□	
（二） 火灾自动报警系统		
1. 报警系统是否完好、正常	正常□ 有故障□	
2. 消防中心控制器是否完好、正常	正常□ 有故障□	
3. 报警按钮是否正常	正常□ 不正常□	
4. 防、排烟系统是否完好、正常	正常□ 不正常□	
（三）其他消防设施		
其他消防设施、器材是否完好、合格	合格□ 不合格□	
总结，即主要问题和整改要求		

活动 2：请收集门店突发事件的案例。

（1）学生分小组进行活动，每个学生都在网上或到附近的门店收集门店曾发生过的突发事件案例。

（2）填写门店突发事件案例分析表（见表 8-7），并进行小组讨论学习。

表 8-7 门店突发事件案例分析表

案例名称	
案例内容	
突发事件原因分析	
突发事件处理过程	
应采取的防范措施	

（3）每小组选出 1 个优秀案例进行分析。

活动 3：请利用课余时间到校园超市进行调查，找出校园超市对突发事件防范不足的地方，针对这些不足提出改进建议并填写防范突发事件情况调查表（见表 8-8）。

表 8-8　防范突发事件情况调查表

序号	防范突发事件不足之处	建　议
1		
2		
3		
…		

【项目检测】

一、单选题

1.（　　）维护包含商品陈列、卫生状况、收银台整理、休息区整理、气氛管理五个方面。

A．店外环境　B．店内环境　C．宏观环境　D．微观环境

2．门店 5S 管理的理念来源于哪个国家？（　　）

A．英国　B．美国　C．德国　D．日本

3．门店 5S 管理中的整顿的日文发音是（　　）。

A．SEIRI　B．SEITON　C．SEISO　D．SETKETSU

4．（　　）维护包括店招标志、墙面和橱窗、宣传张贴物、门面卫生。

A．店外环境　B．店内环境　C．宏观环境　D．微观环境

5．使用手提式 1211 灭火器的第一个步骤一般是（　　）。

A．摇一摇　B．拔掉保险栓　C．对准火源　D．握紧手柄

6．（　　）属于一般突发事件。

A．火灾　B．抢劫　C．严重意外伤害　D．盗窃

7．为了避免顾客损毁商品，应严禁（　　）进入门店。

A．孕妇　B．小孩　C．酗酒者　D．老人

8．以下不属于轻微意外伤害的有（　　）

A．割伤　B．一氧化碳中毒

C．摔伤　D．商品掉下砸伤

9．门店抢劫事件的处理过程应不包括（　　）。

A．保持冷静，不做无谓抵抗

B．记住劫匪的特征

C．尽量和劫匪拖延，不要接电话，以防激怒劫匪

D．劫匪离开时追逐劫匪

10. 水灾发生时，门店内进水，应首先（ ）。

A. 拔掉靠近地面的电源　B. 把贵重物品转移到店内较高的位置

C. 收集重要的单据　D. 收集报表、发票，并装箱

二、多选题

1. 门店里的易燃易爆化学物品并非显而易见，以下物品中火灾隐患较大的是（ ）。

A. 大功率电池　B. 空盒子堆　C. 布草物料

D. 旧电线　E. 电烧水壶（小功率设备）

2. 灭火器是扑救初期火灾的必备工具，灭火器实行“三定”管理，即（ ）。

A. 定时　B. 定人　C. 定位　D. 定期

3. 门店损耗一般来源于多个方面，包括（ ）、盘点错误和内部管理不完善等。

A. 商业诈骗　B. 内部盗窃　C. 外部盗窃　D. 文件损耗

4. 以下哪些行为属于异常的顾客行为？（ ）

A. 在门店开场或闭场时，频繁光顾贵重商品的区域

B. 在门店中走动，不停地东张西望或到比较隐蔽的角落

C. 拆商品的标签，往大包装的商品中放商品，撕掉防盗标签或破坏商品标签

D. 往身上、衣兜、提包中放商品

5. 以下哪些情况不属于文件损耗？（ ）

A. 收货员工点错或输错数量　B. 防损员监守自盗

C. 促销员/清洁工侵占商品　D. 管理人员数据作假

6. 严重突发事件包括（ ）。

A. 火灾　B. 抢劫　C. 严重意外伤害

D. 发现或怀疑爆炸物　E. 打架斗殴

7. 突发事件处理的基本原则包括（ ）。

A. 预防为主，计划为先

B. 处理迅速，合理有效地解决问题

C. 先救物后救人

D. 盲目进行处理和操作

E. 以人为先，尽量避免人员伤亡，减少财物损失

8. 门店预防被骗取现金商品的措施有（ ）。

A. 不要背对已打开的钱财放置处

B. 收到顾客所付钱财，在确定金额符合后才可把钱放入放置处

C. 收到顾客大钞时，应注意钞票上有无特别记号并辨识是否是假钞

D. 注意顾客以“零钱掉落法”骗取已打开的钱财放置处的现金

E. 在日常营运过程中，要对员工进行防骗的教育训练，使其熟练掌握防范技巧

9. 处理重大火灾的注意事项包括（ ）。

A. 以确保人身安全为首要事项

B. 以抢救财物为首要事项

C. 如出现浓烟，应匍匐在地上爬行，可用毛巾、口罩捂住口鼻并迅速离开现场

D. 不要使用电梯，尽量通过安全门或楼梯疏散

E．抢救的金钱财物和重要资料应交由专人看管，避免歹徒趁火打劫

10．发生抢劫事件时，应记住歹徒的特征，包括（　　）。

A．相貌　　B．身高　　C．体重

D．大致年龄　　E．口音

三、简答题

1．店外环境维护的内容是什么？
2．5S 管理的作用可以归纳为哪 5 个 S？
3．报警类消防工具有哪些？请列举几个。
4．外部防盗管理的注意事项有哪些？
5．如何预防顾客损毁商品事件的发生？
6．如何处理顾客在门店内发生的轻微意外伤害？
7．台风来袭前，门店应采取什么预防措施？
8．如何处理顾客在门店内发生的打架斗殴事件？

四、案例分析题

李某、张某、王某来到某市一超市准备实施盗窃，不料被正在整理商品的店员小陈发现。李某用随身携带的尖刀威胁小陈，双方发生厮打，店内工作人员发现后都前来制止。张某和王某趁混乱时将收银台内的现金及香烟十条抢走，李某也趁机逃脱，超市因此而造成损失。

结合案例，请分析：

1．在突发事件发生时，小陈和店内其他工作人员在处理过程中出现了什么问题？
2．如果你是店内工作人员，你将如何妥善处理这次突发事件？

【项目导航】

请回顾本项目的任务知识点，扫描右侧二维码，并填写思维导图。

【项目评价】

教师组织学生填写任务完成情况评价要素表（见表 8-9），对本次实训过程中学生的完成情况进行综合评估。

表 8-9　任务完成情况评价要素表

组别：　　　　学生姓名：

序号	考核点	分值（100 分）	得分	累计积分账户
小组评价		共 20 分		
1	态度与纪律	4		
2	出勤情况	4		

续表

序号	考核点	分值（100 分）	得分	累计积分账户
3	参与活动时与人沟通的能力	4		
4	参与讨论的积极性	4		
5	团队合作的表现	4		
本人评价		共 40 分		
6	能复述门店 5S 管理工作理念	4		
7	能列举门店常用的消防器材	5		
8	能概括门店防损的类型和管理方法	5		
9	能列举门店可能遇到的突发事件	6		
10	能总结门店突发事件的处理流程和技巧	4		
11	会使用常见的灭火器械	5		
12	能模拟情景，做好门店消防安全检查工作和防损管理工作	5		
13	能模拟情景，运用科学的处理流程和技巧有效地处理门店突发事件	6		
教师评价		共 40 分		
14	对门店安全管理知识的掌握	20		
15	对门店安全管理技能的掌握	20		
本次实训分数小计				

累计积分账户说明：90～100 分积 5 分，80～89 分积 4 分，70～79 分积 3 分，60～69 分积 2 分，60 分以下积 1 分。